EL ARTE DEL
LIDERAZGO

EL ARTE DEL
LIDERAZGO

DESARROLLE HABILIDADES
PARA LIDERAR EL PUEBLO DE DIOS

JON BYLER

GRUPO NELSON
Una división de Thomas Nelson Publishers
Desde 1798

NASHVILLE DALLAS MÉXICO DF. RÍO DE JANEIRO

© 2014 por Jonathan Byler

Publicado en Nashville, Tennessee, Estados Unidos de América. Grupo Nelson, Inc. es una subsidiaria que pertenece completamente a Thomas Nelson, Inc. Grupo Nelson es una marca registrada de Thomas Nelson, Inc. www.gruponelson.com

Título en inglés: *The Art of Christian Leadership*

© 2008 por Jon Byler

Publicado por Global Disciples, 315 W. James St. #202, Lancaster, PA 17603, EE.UU.

Editora en Jefe: *Graciela Lelli*
Traducción: *Eugenio Orellana*
Adaptación del diseño al español: *Grupo Nivel Uno, Inc.*

ISBN: 978-1-60255-961-5

Impreso en Estados Unidos de América

14 15 16 17 18 RRD 9 8 7 6 5 4 3 2 1

DEDICATORIA

Este libro está dedicado a los pastores alrededor del mundo, hombres y mujeres con un corazón para Dios, especialmente aquellos que trabajan en partes del globo donde cuentan con muy pocos recursos y oportunidades para el aprendizaje. Admiro su fe y su valor y oro para que Dios le anime mientras le da a él todo lo que tiene. Mi oración es que Dios le use para levantar una nueva generación de líderes como Cristo en carácter, conocimiento práctico y habilidades efectivas para guiar a otros.

CONTENIDO

INTRODUCCIÓN

¿Qué hace que un líder cristiano sea efectivo? Muchos de nosotros nos enfrentamos a esta pregunta. Como no tengo todas las respuestas, permítame que le cuente mi propia experiencia de líder.

Cuando tenía veintiún años, consciente de que Dios me había llamado a un ministerio cristiano de tiempo completo, comencé mi preparación. Después de recibir mi título en ministerio cristiano, me di cuenta de que mi hermoso diploma no me garantizaba una plena preparación para el ministerio, así es que me fui por un año a trabajar como aprendiz de un experimentado iniciador de iglesias. Aquello me dio una tremenda experiencia pero aún seguía siendo un novato en materia de liderazgo. En 1991 me fui a Kenya, África Oriental, para pastorear una iglesia recientemente establecida. Por los siguientes cinco años me entregué en alma y corazón a ese trabajo, cometiendo mi cuota de errores y disfrutando de algunos éxitos. La iglesia creció de 30 a 250 y, paralelamente, comencé otras dos congregaciones. Durante ese tiempo fui llamado para ser supervisor, lo que me permitió trabajar por varios años con quince iglesias en aquella región. En mi relación con aquellos pastores, surgió en mí la inquietud por el liderazgo. Quería ver aquellas iglesias prosperando y creciendo, pero las cosas no salían como yo esperaba. Por supuesto, los pastores podían dar excelentes testimonios sobre cómo Dios estaba bendiciendo sus iglesias, pero cuando yo las visitaba, veía los mismos rostros del año anterior. ¿Qué estaba pasando? ¿Qué había que hacer para fortalecer aquellas iglesias? ¿Por qué había algunas que crecían mientras que otras no? «Si estos pastores pudieran estudiar en un instituto bíblico», pensaba, «las cosas serían diferentes». Empecé entonces a fijarme en aquellos pastores que habían asistido a un instituto bíblico. Era evidente que algunos habían aprovechado la experiencia, pero otros volvían peor. Mi pregunta seguía sin una respuesta.

Luego, se me ocurrió que el problema era el medio ambiente. Quizás algunos de los pastores trabajaban en lugares difíciles con gente pobre y sin educación, lo que impedía el crecimiento de sus iglesias. Por ese tiempo, un amigo muy cercano sin preparación teológica se fue a una lejana región para comenzar una iglesia. Dentro de unos cuantos años tenía una iglesia fuerte y estaba iniciando otras. ¡Tuve que descartar otra de mis teorías!

Mientras tanto, continuaba entregando mi vida a los líderes. Enseñé en un instituto bíblico, comencé en la iglesia un programa de Educación Teológica por Extensión (ETE), realicé seminarios para líderes y oré con los pastores a los que supervisaba. Muchas de mis preguntas seguían sin respuesta. Que algunas de esas personas pudieran ser líderes y otras no, era una decisión soberana del Dios Altísimo acerca de lo cual yo no podía hacer nada.

Entonces, fui llamado a trabajar en el Centro de Discipulado Cristiano, un ministerio dedicado a preparar líderes. En mis estudios sobre el liderazgo había sido especialmente desafiado e influenciado por materiales producidos por el reverendo John Maxwell. Él me enseñó que «todo se levanta o se viene abajo a causa del liderazgo»[1] y que el líder no nace sino que se hace. Me dio una esperanza fresca en cuanto a que el liderazgo puede aprenderse y me proveyó de recursos prácticos e ideas que han afinado mi enseñanza. ¡Gracias, reverendo Maxwell!

Con renovado vigor y fresca determinación empecé a hacer una diferencia en las vidas de los líderes, primero en Kenya a través del Instituto de Entrenamiento de Liderazgo y ahora internacionalmente.

Al reflexionar sobre lo que hace efectivo a un líder cristiano, he identificado tres componentes esenciales: carácter, conocimiento y cualidades de líder. El carácter tiene que ver con asuntos tales como los motivos, la integridad, la sujeción, la relación del líder con Cristo, con su familia, etc. El conocimiento incluye una comprensión básica de la Biblia así como la autoconciencia. Y las cualidades de líder son las habilidades que hacen que otros deseen seguir al líder e incluyen un amplio espectro de habilidades tales como saber cómo conectarse con los demás, cómo comunicar la visión, cómo establecer metas y cómo manejar bien el tiempo, entender a diferentes tipos de personas, preparar a otros, formar equipos de trabajo, cómo manejar conflictos, etc.

Como las tres patas de un taburete, cada una es necesaria para que el líder pueda mantenerse de pie. Sin conocimiento, un líder no puede comunicar la verdad con eficiencia a la vez que no puede beneficiarse de los vastos recursos que le ofrece la Palabra de Dios para su fortaleci-

> Tres componentes esenciales del liderazgo cristiano: carácter, conocimiento y cualidades de líder.

miento. Sin embargo, conocimiento sin carácter hará del líder un arrogante y engreído, y así no podrá mantener su liderazgo por mucho tiempo. Algunos líderes tienen conocimiento y un buen carácter pero son ineficaces pues les faltan las cualidades propias de un líder. Son excelentes personas y aman profundamente a Dios pero sus iglesias no llegan a alcanzar su pleno crecimiento y potencial porque ellos no son buenos líderes. Estas áreas son la *cabeza*, el *corazón* y las *manos* del liderazgo. David, el rey-pastor, combinó estas tres cualidades en una forma admirable. Con la *cabeza* conocía a Dios tan bien que se le llamó «un hombre conforme el corazón de Dios» (1 Samuel 13.14). La Biblia también dice de él «Y los apacentó conforme a la integridad de su *corazón*, los pastoreó con la pericia de sus *manos*» (Salmos 78.72, cursivas del autor).

En mi ministerio, Dios me ha llamado a concentrarme primeramente en dos de las tres patas del taburete: carácter y cualidades de liderazgo. Esto en ninguna manera implica una falta de respeto por aquellos a quienes Dios ha llamado para que dediquen sus vidas a preparar líderes con conocimiento. Ellos tienen una función esencial en cuanto a desarrollar líderes y valoro su contribución.

Mi libro *El corazón del líder* se concentra en el carácter. En él, exploro asuntos del carácter tales como motivos, el quebrantamiento, el liderazgo de servicio, la autoridad, el perdón, etc. Estos son asuntos que nos forman como líderes y constituyen áreas en las cuales Dios necesita trabajar con nosotros antes que lleguemos a estar en condiciones de dirigir a otros. Para mí, ese libro es fundamental, por lo cual recomiendo con entusiasmo que se lea primero o, a lo menos, simultáneamente con este. Aquí ofrecemos un breve resumen de él.

Este libro, compañero del otro, se concentra en las cualidades del liderazgo. Estoy seguro que los principios delineados aquí ayudarán a cualquier líder a ser más eficiente y a llamar a otros a que lo sigan. Sin embargo, lamentaría profundamente ayudar a líderes con un carácter débil para que tengan una gran influencia sobre los demás. Howard Hendricks lo dice con toda claridad: «Hoy por hoy, la más grande crisis es una crisis de liderazgo. Y el peligro más grande del liderazgo es una crisis del carácter. Piense en esto: dar a una persona técnicas de administración y habilidades de liderazgo sin integridad es simplemente hacer de él el mejor artista de la estafa». De nuevo, con toda vehemencia lo insto a que profundice en su carácter a la vez que desarrolla sus habilidades.

Ambos libros se han escrito para quienes están en las esferas de liderazgo o aspiran a estarlo en la iglesia, especialmente el liderazgo pastoral. Los principios, sin embargo, son aplicables a todos los líderes cristianos en cualquier nivel y ambiente.

Oro para que este libro sea de provecho para su vida, que haga de usted un líder más eficiente en la iglesia, el hogar y en la sociedad. Léalo, reflexione y reaccione. Use la sección «Asignación para la acción» al final de cada capítulo para dejar que el material lo haga pensar y llegue a cambiar su vida. Después que la haya cambiado, puede usarlo para enseñar a otros. Para este tipo de entrenamiento se pueden adquirir lecciones individuales con folletos para los estudiantes. El siguiente material de este libro se puede encontrar, bajar e imprimir visitando el sitio del autor, www.LeadersServe.com:

Apéndice A: Mi identidad en Cristo
Apéndice B: Cuadro para la evaluación del tiempo
Lista de líderes potenciales
Prueba de personalidad

RECONOCIMIENTOS

Quiero dejar constancia de la función que varias personas han desempeñado en mi vida para hacer una realidad este libro.

Primero y ante todo, reconozco en el Señor Jesucristo al único líder perfecto. Como mi Señor soberano, está diariamente cambiando mi vida para ser más como él es. Reciba toda gloria y honor.

Segundo, quiero reconocer a mi amada esposa, Loice. Ella ha sido usada por Dios más allá de lo que se pueda imaginar para hacer de mí un líder más efectivo. Gracias, Loice, por tu constante apoyo, por tus tiernos regaños y por tus palabras de aliento.

Finalmente, quiero agradecer a todos aquellos líderes cuyos libros y enseñanzas me han orientado e inspirado: John Maxwell, John Haggai, Bruce Wilkinson, Zig Ziglar, Neil Anderson, Ralph Mahoney, Rick Warren y otros demasiado numerosos para mencionarlos a todos. Allí donde me ha sido posible, he tratado de dar crédito a la fuente correspondiente. Mucho del material del capítulo seis sobre prioridades ha sido modificado de la presentación en vídeo del reverendo John Maxwell *Priorities, the Pathway to Success* [Prioridades, el camino al éxito]. A todos los que han influenciado grandemente mi vida y liderazgo, ¡muchas gracias!

RESUMEN DE
EL CORAZÓN DEL LÍDER

El libro compañero de este, *El corazón del líder*, pone el fundamento para nuestro enfoque en las habilidades para el liderazgo. Léalo primero, si le es posible, aunque aquí le ofrecemos un resumen.

El liderazgo cristiano tiene tres componentes esenciales: el carácter, el conocimiento y las cualidades. Este libro se enfoca en el primer componente, el carácter, que es lo que determina un servicio exitoso y prolongado en el liderazgo cristiano. Con carisma y simpatía se puede montar algo exitoso de breve duración pero sin un carácter sólido no se puede organizar y mantener algo que dure. Muchos líderes tienen un vasto conocimiento y muy efectivas cualidades de liderazgo pero carecen del carácter adecuado. Carácter es *las cualidades y rasgos que hacen a una persona, el centro de su ser, el corazón de lo que se es.* Cuando Dios escoge a un líder, el carácter es más importante que la habilidad. Los que siguen a un líder también se fijan en el carácter porque un buen carácter produce confianza y seguridad, sin lo cual es imposible un liderazgo efectivo. El desarrollo del carácter es un proceso que dura toda la vida, demanda mucho trabajo y se logra mediante decisiones diarias, especialmente a través de tiempos de dificultad. En esto no hay atajos. Construir el carácter requiere tiempo y paciencia.

En el mundo existen muchas clases de líderes. Algunos procuran complacer a la gente, otros buscan beneficio personal. Hay quienes tienen un corazón auténtico por los demás y hay otros a quienes esto no les interesa. Algunos comunican, otros mandan. Algunos ayudan en el trabajo, otros dan órdenes y observan. En Lucas 22, Jesús enseñó a sus discípulos que, a diferencia del concepto de liderazgo del mundo que está basado en la autoridad, *sus seguidores tenían que ser líderes-servidores.* En Lucas 22.27 les dijo: «Yo estoy entre vosotros como el que sirve». Siguiendo su ejemplo, el liderazgo cristiano se caracteriza por el servicio, que quiere decir *dar*, no *recibir.* Para el mundo, «siervo» y «líder» son opuestos. Pero Jesús, el más grande de los líderes de la historia, dice que usted debe ser un líder que sirva para que cambie corazones e iglesias. El primer ejemplo de su modelo de liderazgo lo encontramos en Juan 13, donde lava los pies de sus discípulos y les enseña, en forma rotunda, acerca de su futuro liderazgo. Él, entonces, fue a la cruz como la expresión suprema de su liderazgo sacrificial. **En el reino de Dios, el verdadero poder para influir viene cuando somos servidores.**

En el mundo natural, algo que se quiebra pierde su valor. En nuestras vidas espirituales, lo opuesto es la verdad: mientras más quebrantados estemos, más útiles seremos en el reino. *Quebrantamiento es una rendición absoluta al señorío de Jesucristo.* Jesús enseñó esto en Lucas 9.23–26, donde comienza diciendo: «Si alguno quiere venir en pos de mí, niéguese a sí mismo, tome su cruz cada día, y sígame». Aquí Jesús habla de una experiencia cristiana profunda en la que pocos de sus seguidores piensan. El llamado de Jesús a negarse uno a uno mismo es tan radical que a menudo nos hacemos los desentendidos y asumimos que está dirigido a otros y no a nosotros; o solo a un grupo selecto de seguidores. Pero no es así, sino que está dirigido a todos. El quebrantamiento y una rendición total a su señorío implican la muerte o la negación del *yo.* Usted podrá experimentar la vida cristiana abundante solo mediante esta muerte que debe producirse todos los días. El verdadero avivamiento viene como fruto de corazones y vidas quebrantados y sometidos y se prueba en la interrelación. Dios no lo hará responsable a usted por lo que otras personas pudieran hacerle sino por la forma en que reacciona. El quebrantamiento revolucionará su vida, comenzando en el hogar, donde se revela la verdadera naturaleza. También afecta grandemente su liderazgo, capacitándolo para recibir críticas sin ponerse a la defensiva. Un líder quebrantado no piensa muy alto de sí mismo, se alegra con los triunfos de otros, es transparente con la gente y sirve a todo el que lo necesite. Esta es la clase de líderes que se necesitan desesperadamente en el hogar, en la iglesia y en la sociedad.

En el liderazgo cristiano, los motivos son tan importantes como el trabajo. En 1 Pedro 5.1–4 se nos exhorta así: «Cuiden como pastores el rebaño de Dios que está a su cargo, no por obligación ni por ambición de dinero, sino con afán de servir, como Dios quiere. No sean tiranos con los que están a su cuidado, sino sean ejemplos para el rebaño». El liderazgo cristiano nunca debería ser forzado ni dictatorial sino que debe manifestarse como un sentido claro del llamamiento de Dios. Sin este llamamiento, el ministerio cristiano rápidamente se transformará en una carga tan pesada que conducirá rápidamente al desgaste; en cambio, cuando el líder responde a un llamamiento recibe energías a través de la visión sobrenatural de Dios, por lo que el servicio llega a ser algo emocionante y gratificador.

Este llamamiento protege al corazón de muchos motivos equivocados. El primer motivo del líder cristiano es *servir,* tratando siempre de *dar* en lugar de *recibir.* Esto requiere un amor genuino, preocuparse por los demás, desear verlos prosperar y crecer. El segundo motivo es *mostrar,* procurando ser modelo para los demás. Esto requiere un cuidadoso examen de su vida para estar seguro de que es un buen ejemplo. El tercer motivo es *satisfacer,* tratando de complacer al gran pastor, Cristo Jesús. La más grande recompensa para un líder fiel está descrita en el versículo 4: «Así, cuando aparezca el Pastor supremo, ustedes recibirán la inmarcesible corona de gloria».

Sus palabras son poderosas. Pueden alentar o desalentar, decir verdad o mentiras, producir paz o tensión. Ya que su «lengua» es un instrumento tan poderoso, Dios se preocupa por lo que usted habla, especialmente debido a que lo que hace un líder es magnificado ante los ojos de los demás. Jesús quiere que su pueblo abandone las conversaciones sucias, como Pablo lo dice en Efesios 4.29: «Eviten toda conversación obscena». Las conversaciones obscenas pueden darse en diferentes formas. Decir mentiras puede hacerse en forma directa o dando una falsa impresión, haciendo que otros crean algo que nosotros sabemos que es falso o, incluso, «exagerando la verdad». Otras formas de un hablar inconveniente incluye hacerlo bajo el descontrol provocado por la ira, el lenguaje obsceno, las palabras tontas, los chistes «picantes», hablar demasiado, la adulación, jurar, los chismes, las calumnias. Definitivamente, Jesús quiere que nuestras lenguas sirvan a los demás de edificación. Hablar con tal propósito satisface las necesidades de otros, beneficia a quienes escuchan y, por lo demás, debe ser la forma de hablar *exclusiva* del creyente. Esto parece imposible, pero Dios ha provisto la forma de cambiar el estilo en que hablamos. Esto comienza con la confesión de nuestros pecados y el ruego a Dios para que cambie nuestros corazones, lo que ocurre en la medida en que memorizamos la Palabra de Dios. Haga de esto un hábito y déle tiempo a Dios para que cambie el uso de su lengua.

La veracidad es un área de nuestro hablar que tiene un gran impacto en nuestro carácter y en nuestra capacidad de dirigir. Aunque hoy por hoy es más y más difícil encontrarse con la verdad, la Biblia es clara en cuanto a esperar de nosotros que seamos veraces. La falsedad, especialmente si es un pecado generacional, es de una poderosa influencia; sin embargo, Dios nos puede hacer libres de este flagelo. En el aparente conflicto entre hablar *verdad* y expresar *amor*, la exhortación que nos hace Efesios 4.15 es *hablar la verdad en amor*. No es fácil ser veraz; con frecuencia, mentir es mucho más fácil que decir la verdad ya que es una parte de nuestra naturaleza pecadora y es alentada por nuestra cultura. A menudo, mentimos directamente pero en otras ocasiones mentimos con la exageración, con palabras engañosas a nuestros hijos dejando en ellos impresiones falsas, guardando silencio cuando otros están mintiendo o practicando el engaño en los negocios. La veracidad comienza en el hogar, en la honestidad con el cónyuge y en la comunicación con los hijos. En el trabajo es esencial aun cuando nos veamos tentados a ocultar la verdad para evitar perder un negocio o el propio trabajo. A los líderes se les tiene en un nivel muy alto, por lo que deben comunicar cuidadosamente la verdad siguiendo estos tres principios: 1) dé siempre a la gente información confiable; 2) no oculte información a menos que sea estrictamente necesario; 3) asuma la culpa en lugar de traspasarla a otro u otros. Aunque es difícil, la recompensa por ser veraz es la *confianza*, sin la cual un líder no puede dirigir. Aprender a ser líderes veraces requiere un compromiso personal, la confesión de pecados y pedirle a Dios que cambie nuestros corazones, memorizar su Palabra y confiar en él para que nos instale en la verdad.

Para el liderazgo cristiano es esencial un entendimiento apropiado de la autoridad. La Escritura enseña cuatro principios fundamentales de autoridad. Primero: *La autoridad la establece Dios*, comenzando en el hogar, luego en la iglesia o el ministerio, el gobierno, el trabajo y el ámbito educacional. Segundo: *Dios espera sumisión a la autoridad*, respetando a los que están sobre usted y apoyándolos con buen ánimo en su liderazgo. Esto provee tanto protección como una auténtica libertad. Tercero: *Dios lo capacita a usted para someterse a la autoridad* recibiendo corrección, admitiendo sus errores y faltas, siendo responsable y mostrando verdadera libertad y respeto.

Cuarto: *Dios es ejemplo de sumisión a la autoridad*. En la encarnación, Jesús el Hijo se sometió al Padre incluso hasta su muerte en la cruz. El apóstol Pablo dijo a sus discípulos: «Sed imitadores de mí, así como yo de Cristo» (1 Corintios 11.1). En su sumisión, Jesús y Pablo proveen el modelo perfecto para todos los líderes cristianos.

Se requiere que todos los cristianos perdonen, especialmente los que tienen liderazgo. Se nos ordena perdonar a los demás así como Dios nos ha perdonado en Cristo. Perdonar es una decisión que tenemos que hacer y un acto de nuestra voluntad, no de nuestros sentimientos. No perdonar nos afecta espiritual, física, emocional y socialmente, incapacitando nuestras vidas como si lleváramos una carga muy pesada. El perdón comienza con usted mismo, decidiendo mirar al pasado a través de la sangre de Cristo. Luego sigue con su hogar incluyendo a sus padres, cónyuge, hijos, familiares. Después extiende el perdón hasta alcanzar a amigos, socios tanto cristianos como no cristianos y todos aquellos que están bajo su liderazgo. Como lo enseñó Jesús, el perdón es para todos y para todo y deberá ofrecerse tan a menudo como las circunstancias lo requieran. Hay por lo menos cinco resultados al perdonar: 1) reconciliación con Dios; 2) reconciliación con el prójimo; 3) crecimiento en la fe; 4) fortalecimiento de la vida de oración; 5) liberación de emociones negativas. A pesar de los beneficios de perdonar, su naturaleza carnal y su cultura se resisten a perdonar. Aunque su cultura lo incita a desquitarse en lugar de a perdonar, en Cristo perdonar es una parte integral de la nueva vida y de la nueva cultura que usted experimenta al caminar en obediencia.

Muchos líderes han tendido a poner su servicio al reino sobre todo, incluyendo a sus familias, pero ser líder de la familia es un prerrequisito para el liderazgo cristiano. La instrucción de Pablo en 1 Timoteo 3.4–5 da estas calificaciones para el líder cristiano es puntual: *Debe gobernar bien su casa y hacer que sus hijos le obedezcan con el debido respeto; porque el que no sabe gobernar su propia familia, ¿cómo podrá cuidar de la iglesia de Dios?* Por lo tanto, ser líder de la familia debe preceder al llamado de Dios al ministerio y sirve como preparación para el ministerio.

La familia debe ser la prioridad número uno toda vez que Dios estableció desde el principio como el fundamento de toda la agrupación social, incluyendo la iglesia. En la práctica, una familia fuerte capacita al líder para que ministre efectivamente y de hecho sirve como la mejor validación de tal ministerio. Hacer de la familia la prioridad número uno comienza con darle tiempo a su cónyuge y después, a los hijos. Tiempo con ellos podría incluir tanto enseñanza/aprendizaje como diversión. Invertir una buena cantidad de tiempo con ellos produce excelentes resultados tanto en su ministerio inmediato como en la formación de líderes fuertes para la generación que viene. La relación familiar amorosa provee fortaleza en el ministerio a la vez que es un testimonio de la vitalidad de su fe cristiana.

Muchos líderes se esfuerzan por hacer un buen trabajo de liderazgo pero se olvidan que cuando tengan que moverse a otra posición deben salir bien. En el proceso de salir de un trabajo es esencial tener claros los motivos, para lo cual es útil buscar consejos sabios de otras personas. Aclare cuál es su responsabilidad al salir. Pida que los que quedan oren por usted y les den su bendición aunque haya conflictos u otros problemas. Salir con integridad requiere que usted valorice su relación con todos sus hermanos y hermanas en Cristo. Cuando deje un trabajo, su salida debe ser total, dejando atrás cosas y objetos que deben quedar para uso de la persona que llegue a ocupar su lugar.

Finalmente, comience su trabajo como líder pensando en el final. La Biblia menciona a un buen número de líderes que comenzaron bien pero que terminaron muy mal debido a orgullo y a que dejaron de obedecer al Señor. Estudiar las vidas de los ejemplos bíblicos de Uzías y Salomón revela varias razones por las que estos líderes fallaron y que les impidió terminar bien. Entre estas razones están hacer lo que les pareció bien ante sus ojos, el orgullo, el envanecimiento por los éxitos, olvidarse de Dios, establecer sus propias leyes, descubrir cuál es la identidad básica de uno en el trabajo o ministerio, y el no tratar con pecados escondidos. Finalizar la carrera con integridad requiere humildad, una meta clara para mantenerse sirviendo al Señor, guardando su Palabra, tratando con cualquier pecado personal, manteniendo una perspectiva de vida apropiada, reconociendo su vulnerabilidad y siendo responsable ante sus pares que le animarán y exhortarán. Siga los ejemplos de Pedro, Jacobo, Juan, Pablo y muchos líderes contemporáneos que han finalizado bien. Asegúrese de la victoria de Dios mientras anda en humildad con él, nunca asuma que sus fuerzas de hoy le asegurarán la victoria mañana. Mi oración es que tanto usted como yo terminemos bien nuestra carrera.

Resumen por W. Lee Troup

Dirigirse a usted mismo

Usted no puede conquistar reinos completamente hasta que se conquiste absolutamente a sí mismo.

— MYLES MUNROE[1]

Antes que podamos conquistar al mundo, debemos conquistarnos a nosotros mismos. Un líder es alguien que ha aprendido a obedecer una disciplina que le ha sido impuesta desde fuera y que la ha hecho una disciplina mucho más estricta desde dentro. Quienes se rebelan contra la autoridad y desprecian la autodisciplina, que eluden las severidades y se resisten a los sacrificios, no califican para ser líderes. Muchos que abandonan el ministerio están suficientemente dotados pero tienen grandes áreas de sus vidas flotando libres del control del Espíritu Santo. Las personas flojas y desorganizadas nunca logran establecer un verdadero liderazgo. Por lo tanto, la progresión de la disciplina en la vida de un líder es como sigue: primero, se somete a la disciplina que viene desde fuera. Al hacerlo, está desarrollando disciplina desde dentro. Cuando este proceso se ha cumplido, entonces Dios le permite aplicar disciplina a otros. Ha llegado a ser un líder.

—J. OSWALD SANDERS EN *Liderazgo espiritual*[2]

Capítulo 1

EL LÍDER ENTIENDE EL
LIDERAZGO

Pedro se restregó los ojos y apartó las cobijas. Mientras la luz del día entraba por la ventana, pudo oír a los vecinos cómo se preparaban para comenzar otra semana de trabajo. Se sentó en la cama recordando las cosas que habían sucedido el día anterior, el primer domingo en su nueva iglesia. Se sentía contento con su nuevo nombramiento. La iglesia a la que lo habían asignado parecía la ideal para un recién graduado del seminario bíblico. Al recordar el seminario, dirigió la mirada al hermoso diploma que colgaba en la pared de su cuarto. Todos sus esfuerzos habían valido la pena. La gente ya lo empezaba a llamar «Pastor Pedro», grata melodía a sus oídos. Sonrió al recordar el sermón que había predicado, una pieza maestra de homilética que puso en evidencia su conocimiento profundo de la Escritura. Todos lo habían felicitado. Una dama en particular le dio efusivamente la mano al tiempo que lo felicitaba por el mensaje. ¡Qué emocionante!

Luego, al recordar la reunión de la directiva esa tarde, no pudo sino fruncir el ceño. Los ancianos habían rechazado su propuesta de cambiar la hora de inicio del servicio. A lo mejor estaban molestos porque hizo el anuncio sin consultarles. Tampoco estaban conformes con la idea de cambiar el estilo de la adoración. Parecían no darse cuenta que el pastor era él y que Dios lo había puesto allí para guiarles. Pero pronto, se dijo, entenderán. Con ese pensamiento se incorporó y se dirigió a la ducha.

Como muchos líderes de la iglesia, Pedro tenía conocimiento bíblico, un buen corazón y deseos de ser líder. Pero le faltaba mucho por aprender en cuanto a liderazgo. No entendía los tres principios fundamentales del liderazgo que son lo que concentrarán nuestra atención en este capítulo.

PRINCIPIO UNO: LA SENCILLEZ EN EL LIDERAZGO

«Liderazgo es influencia. Ni más, ni menos».

¿Qué es liderazgo? Si usted les hace la pregunta a veinte personas, lo más probable es que obtenga veinte respuestas diferentes. Muchos consideran el liderazgo algo complicado y casi imposible de definir. Es cierto. La práctica del liderazgo es un arte que se toma toda la vida desarrollarlo; sin embargo, entender el sentido de liderazgo es relativamente simple.

LIDERAZGO ES INFLUENCIA

El líder es alguien que conoce el camino y guía a otros a que lo sigan. El líder ejerce influencia sobre la gente, sea para bien o para mal. John Maxwell lo dice en esta forma simple: «El liderazgo es influencia. Eso es todo. Nada más, nada menos».[1] Esta definición tan concisa ha ayudado a millones de personas a entender lo que es el liderazgo.

Los líderes cambian la dirección de las vidas de otros a través de las palabras y del ejemplo. Influyen en las personas para que hagan cosas que de otro modo jamás harían. Animan, inspiran y unen a las gentes para alcanzar una meta común. Los líderes son agentes de cambio en el mundo. ¡Los líderes influyen!

LIDERAZGO NO ES POSICIÓN

Si liderazgo es influencia, no es simplemente ostentar una posición. Pedro no se había dado cuenta de esto. Él asumió que su posición de liderazgo le daba derecho de hacer cambios y que la congregación los aceptaría. Pero ya que no había constituido una influencia para los miembros de la junta, el escenario estaba montado para una confrontación por el poder. Si bien una posición de liderazgo provee una plataforma desde la cual se puede influir a los demás, no es garantía de que se vaya a dar esa influencia. Quienes tratan de dirigir basados únicamente desde una posición generalmente se transforman en dictadores que gobiernan por intimidación. Estos métodos raramente producen resultados positivos de largo plazo. No estamos diciendo que la posición carezca de importancia; habrá quienes le respeten y lo sigan por un tiempo debido a la posición, pero eso es, realmente, el nivel más bajo del liderazgo. Si la gente lo sigue únicamente porque usted es el jefe, le diré que está en serios problemas.

Si el verdadero liderazgo es ser una persona de influencia, mucha gente en posición de liderazgo no son la más alta influencia del grupo que están «dirigiendo». Los verdaderos líderes del grupo son aquellos que influencian a los demás.

He aquí una forma sencilla para identificar a un verdadero líder. La persona a la que otros escuchan es el verdadero líder. Por ejemplo, en la junta de una iglesia el presidente propone pintar las oficinas de color azul. Se produce una discusión con algunos que están de acuerdo con el azul y otros que prefieren verde. Antes que se llegue a una decisión, los miembros de la junta esperan que hable una persona en particular. Después de oír su opinión, todos dicen estar de acuerdo. Esa persona es un verdadero líder. Sea que ostente o no esa posición o ese título, ha influido en el grupo. Esto pudo haber sido especialmente instructivo para Pedro que acababa de ser instalado en una posición de liderazgo.

Otra forma de detectar a los verdaderos líderes en una iglesia es preguntar: «¿A quién debería acudir si yo quisiera comenzar algo en la iglesia? ¿Para saber qué pasa?». Escriba sus nombres en un papel. Solo ha incluido a las personas clave en cuanto a influencia en su iglesia. Se trata de líderes, tengan o no oficialmente tal posición.

Este principio es sencillo pero tiene implicaciones profundas. Al enseñar esto a muchas personas los observo cómo luchan con esas ideas que son tan contrarias a lo que se les ha enseñado. Para algunos, esta definición de liderazgo es una amenaza a su posición. Es importante que ellos entiendan que no hay nada de malo en una posición, pero si tiene que decirles a los demás que usted es el líder, en realidad no lo es. Si en la reunión de la junta, Pedro hubiese golpeado con el puño en la mesa y dicho: «¿No se han dado cuenta de que yo soy el pastor?» habría estado haciendo uso de su posición, pero no habría estado dirigiendo.

En la práctica, muchos son líderes sin haberse dado cuenta. La madre que influye en su hijo para que sea amable al hablar es un líder. El creyente maduro que enseña a orar al recién convertido está ejerciendo una influencia poderosa. Claramente, el liderazgo no es solamente para un grupo selecto en la parte superior del organigrama; es para todos los que hacen un impacto en las vidas de los demás.

Además, como los verdaderos líderes de una iglesia o de una organización influencian a los demás, el grupo finalmente llegará a ser como son ellos. Después que usted ha sido líder por algún tiempo, su gente será más como es usted. Si son orgullosos y arrogantes, lo son porque usted es orgulloso y arrogante. Si son gente piadosa, es porque usted es piadoso. **Su organización es un reflejo de lo que es usted.** Esto debería ser motivo de mucho gozo o... de serio abatimiento.

> Su organización es un reflejo de lo que es usted.

Finalmente, este principio enseña que el verdadero líder en una iglesia u otra organización de voluntarios puede ser la persona a quien mayormente se acude.

En el mundo de los negocios, cuando el jefe pide algo los empleados se apresuran a complacerlo porque saben que de otra manera pueden enfrentarse al despido. El jefe contrata y despide a su arbitrio. Pero en la iglesia, las cosas son diferentes. El líder solo tiene el poder de influir. Si la congregación decide que no están a gusto con usted o con la iglesia, no tienen más que buscar otra iglesia y usted no los puede detener. Solo se quedarán si usted influye en ellos para que se queden. Es, por lo tanto, imperativo que los líderes de una iglesia aprendan y practiquen el arte de dirigir mediante la influencia.

Cuando usted entiende este principio puede preguntarse: «¿A quién estoy influyendo y cuán bien lo hago?». Y aun más importante: «¿Cómo puedo aumentar mi influencia en personas a las que puedo ayudar a alcanzar una mayor madurez en Cristo?». Su mayor privilegio como líder es influir y capacitar a sus seguidores para que sean más como Jesús e influir a otros para que lleguen a ser como él.

Tómese un momento para pensar en su liderazgo. ¿Cuánto de su liderazgo se efectúa por influencia? ¿Cuánto por posición? ¿Qué necesita cambiar?

PRINCIPIO DOS: LA IMPORTANCIA DEL LIDERAZGO

La sencillez del liderazgo podría hacer pensar que los líderes no son necesarios. La verdad es lo opuesto: son esenciales. Se los necesita con desesperación. Alguien quizás diga que no necesitamos líderes, que cada persona puede ser su propio líder. Es probable que quienes así piensan hayan sufrido una gran desilusión con un liderazgo tan pobre que llegaron a pensar que no hay nada peor que un mal liderazgo. Sin embargo, un rápido vistazo a una nación sin liderazgo podría convencerles de lo contrario.

El mundo está clamando por líderes. Muchas naciones están bregando con problemas masivos de pobreza, deudas y enfermedades. El clamor del hombre común es por un liderazgo competente y afectuoso. En forma instintiva, la gente reconoce que muchos de sus problemas son realmente asuntos de liderazgo. Incluso hasta un campesino sin educación sabe que el mal estado de los caminos que le obstaculizan llevar sus productos al mercado es el resultado de un liderazgo pobre. Todos reconocemos que con un buen liderazgo a cualquiera nación le va a ir bien. Toda familia, toda comunidad y todo grupo necesitan líderes capaces.

La iglesia también los necesita desesperadamente. No es difícil comenzar una iglesia. Con un buen sistema de sonido y algún dinero puedo ir a muchas áreas del mundo, predicar durante una semana y reunir gente como para comenzar una nueva iglesia. Así, podría comenzar 52 iglesias en un año. ¿Por qué no intentarlo? Porque hay demasiado pocos líderes calificados para la nueva iglesia. A lo largo y ancho del mundo confrontamos una crisis de liderazgo en la iglesia y nuestros esfuerzos evangelísticos deben ir acorde con el desarrollo del liderazgo.

¿Cuántos grupos pequeños tiene su iglesia? ¿Por qué no tiene más? Creo adivinar la respuesta. «Es toda la gente que tenemos. Estamos orando por más personas. ¡Error! Usted no tiene más grupos porque no está preparando líderes. Un buen líder puede inscribir gente que quiera unirse al grupo. Su iglesia solo podrá crecer tan rápido como se desarrolle su liderazgo.

LOS LÍDERES SON IMPORTANTES PORQUE HACEN QUE LAS COSAS SE HAGAN

Sin liderazgo no son muchas las cosas que ocurren. Cuando la gente se reúne, casi todos los grupos comienzan saludándose y haciendo bromas. A veces, ocupan rápidamente los asientos. Pero nada ocurre sino hasta que el líder dice: «Vamos a cantar un himno». La gente se calla, se acomoda en sus asientos, comienza a cantar y las cosas empiezan a ocurrir.

Los líderes hacen que las cosas sucedan al compartir ideas. Los líderes proveen ideas para la acción. Ven potencial donde los demás no ven nada. E inician un plan de acción. Ven los problemas y encuentran las soluciones. Observan el crecimiento y dicen: «Podríamos comenzar un segundo servicio».

Los líderes hacen que las cosas sucedan al proveer dirección. El líder dice: «Vamos a orar» con lo cual está dando al grupo una dirección. Un pastor puede decir: «La de hoy será una reunión evangelística», con lo cual está ayudando a los demás a ver una meta y a moverse en esa dirección.

Los líderes hacen que las cosas sucedan al proveer motivación. Sin liderazgo mucha gente se siente desanimada. Necesitan un líder que los motive y los dirija a través de una visión loable y una comunicación efectiva. Animan a la gente y mantienen la alta. Esta motivación es crucial para fortalecer el liderazgo y debe hacerse sobre una base de continuidad.

LOS LÍDERES SON IMPORTANTES PORQUE «TODO SE LEVANTA O SE VIENE ABAJO A CAUSA DEL LIDERAZGO»

Bajo un buen liderazgo, las organizaciones, las naciones y las iglesias crecen fuertes. Con un liderazgo pobre, todo declina. Veamos la experiencia de los hijos de Israel en el Antiguo Testamento. Cada vez que tenían un buen rey, prosperaban. Bajo un liderazgo pobre, se iban para abajo espiritual, física y moralmente. Como ya hemos observado, «todo se levanta o se viene abajo a causa del liderazgo».

Este principio es verdad en la iglesia de hoy día. ¿Qué hará que su iglesia o su organización crezca? ¿La economía? ¿La formación teológica del pastor? ¿La capacidad financiera de la congregación? Estas cosas pueden afectar el crecimiento pero no son la causa fundamental. **Solo una cosa impide el crecimiento de su organización... el liderazgo.**

Usted nunca podrá levantar una iglesia más allá de su habilidad para dirigir a la gente, ni podrá dirigir a un nivel más alto del nivel en que se encuentra. Usted es el «techo» de su organización. La gente no irá más allá del lugar al que usted ha llegado. Esta es la razón por la que decimos que la iglesia está «bajo su liderazgo».

> Usted es el «techo» de su organización.

La gente, en forma natural, sigue a líderes fuertes, a los que respetan. Por lo tanto, si usted es un «número 5» como líder, será bastante difícil ser líder de «personas número 6» o de «personas número 7». Pero si alcanza un nivel más alto, podrá atraer a personas no solo de más altos niveles sino en mayor número. Soy consciente de que esta es una verdad que puede doler. Usted querrá culpar a algo o a alguien por el tamaño del grupo que dirige. Resista esa tentación y hágase una autoevaluación. He visto el crecimiento de muchas iglesias. Al principio, una iglesia nueva crece rápidamente pero luego se estanca. Puede detenerse en su crecimiento cuando ha llegado a 40, 110 o a 800 personas. Pero casi cada iglesia alcanza un nivel en el cual deja de crecer. ¿Qué ha pasado? La iglesia ha crecido hasta alcanzar el nivel de su líder. Ha llegado al máximo y, entonces el crecimiento se detiene. La gráfica a continuación ilustra este principio. La única forma para que una iglesia crezca más es que el líder crezca y aprenda cómo influir a más personas.

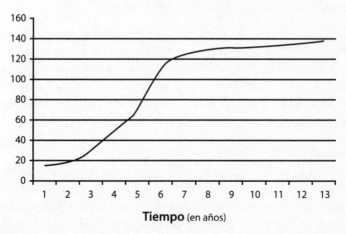

Patrón de crecimiento típico de una iglesia

Tiempo (en años)

Si esto es difícil de aceptar, permítame compartir mi experiencia en mi propia iglesia. Comencé con fe y entusiasmo. Y trabajé duro. Dios nos bendijo. Y la iglesia creció. Cuando la iglesia llegó a las 250 personas, nos detuvimos. Yo seguí trabajando duro pero cuando ya no hubo crecimiento me dije, para conformarme: «Ahora estamos creciendo más espiritual que numéricamente». Solo después de dejar la iglesia y reflexionar pude ver lo que había sucedido: la iglesia había alcanzado «mi techo». Yo había sido capaz solo de dirigir a 250 personas por lo que el crecimiento se detuvo. ¡Y me propuse nunca más detenerme en mi crecimiento! Mientras dirigía el Centro para Discipulado Cristiano continuamente pensaba que si yo dejaba de crecer, el ministerio también se detendría. Después de algunos años, me llamaron para ser el pastor jefe de una iglesia con 800 miembros. Como todo se levanta o se viene abajo a causa del liderazgo, decidí con las fuerzas de Dios mantenerme creciendo.

PRINCIPIO TRES: LA SERIEDAD DEL LIDERAZGO

Si usted ha entendido los dos primeros principios, entonces está en condiciones de entender este tercero: la seriedad del liderazgo. Su capacidad de dirigir determinará el crecimiento de su iglesia u organización. Otros lo están observando para ver cómo lo capacita Dios. Si va a tomar el liderazgo seriamente, hay dos pasos que tiene que dar.

Paso uno: empezar a crecer como líder

Debido a que «todo se levanta o se viene abajo a causa del liderazgo» el crecimiento personal en el liderazgo es esencial. Piense en esto: usted es el líder; otros lo siguen. Si ellos le superan en crecimiento, ¡los líderes serán ellos! Su crecimiento determina no solo cuán lejos puede llegar sino hasta dónde puede llegar la gente que le sigue. Hay tres cosas que usted puede hacer para empezar a crecer.

Reconozca que el liderazgo es algo que se puede aprender

Todo el que desee crecer puede mejorar sus habilidades de liderazgo y su efectividad en el reino de Dios. El líder no nace; se hace. Usted puede aprender a fijarse metas, a comunicarse, a establecer relaciones y a cómo influir en la gente. Este libro está dedicado a ayudarle a desarrollar sus cualidades de liderazgo. Si practica estos principios, va a crecer en su capacidad como líder. Deténgase ahora por un momento y pídale a Dios que haga de usted un líder efectivo.

Reconozca su potencial de crecimiento

Dios le ha dado el potencial para hacer cosas grandes para él. Él lo creó para dirigir. Piense en todo lo que puede ocurrir en su vida si empezó a crecer.

Desee en Cristo todo lo que él creó para que usted lo sea. ¡Por qué conformarse con menos! **¡Sea todo lo que puede ser en Cristo!** Si usted no está yendo hacia delante, se está deslizando hacia atrás.

Muchos cristianos se conforman con menos de lo mejor que pueden llegar a ser. Prefieren quedarse como seguidores o como líderes débiles cuando tienen el potencial para ser grandes líderes. Hoy día, lo reto a que empiece a cumplir los propósitos que Dios tiene para usted. ¡Levántese y sea el líder que él creó y quiso que usted fuera!

¡Decídase a crecer!

¡Este es el tiempo de hacer decisiones! Con todo su potencial para crecer, no será mucho lo que ocurra hasta que usted se decida a crecer. Los irlandeses tienen el dicho: «Tú tienes que procurar tu propio crecimiento sin importar lo grande que sea tu abuelo».

El crecimiento personal es algo que tiene que decidir usted. Nadie podrá hacerlo por usted. Debe estar dispuesto a pagar el precio. Para crecer, tiene que estar dispuesto a cambiar. No hay crecimiento sin cambio. Gail Sheely ha dicho: «Si no cambiamos, no crecemos. Si no crecemos, no estamos realmente viviendo. El crecimiento exige una entrega temporal de la seguridad».[2]

> «Usted tiene que procurar su propio crecimiento sin importar lo grande que sea su abuelo».

Este crecimiento lo va a llevar más allá de su zona de comodidad. Usted debe tener pensamientos nuevos y debe hacer cosas diferentes. En el momento pueden parecer dolorosas y difíciles. Como dice Ronald Osborne: «Acometa algo que sea difícil; lo hará a usted mejor. A menos que trate de hacer algo que está más allá de lo que hasta ahora ha dominado, nunca va a crecer».[3]

¿Cómo puede crecer usted? Piense en la palabra C-R-E-C-E-R:
Considere tener una pasión por crecer
Recréese en la lectura
Empiece a organizar su vida
Camine trabajando mientras aprende
Ejercite lo que vaya aprendiendo
Repase mediante la práctica sus nuevos conocimientos

C: CONSIDERE TENER UNA PASIÓN POR CRECER

Pídale a Dios que encienda un fuego en su alma de tal manera que le dé una pasión por crecer, para mantenerse leyendo, pensando, cambiando y aprendiendo. Transfórmese en un aprendiz permanente. Esta pasión por crecer no está en competencia con otros, es una lucha dentro de usted para llegar a ser todo lo que Dios quiso que usted fuera.

Esta pasión es un deseo continuo de mejorarse y desarrollarse, además de una disposición por seguir aprendiendo mejores formas de pensar y actuar.

Esta pasión por crecer es una búsqueda que se prolonga por toda la vida. Si usted no está creciendo, está empezando a morir. Un árbol o crece o se muere. Cuando deja de crecer, está empezando a morir. ¿Tiene usted una pasión por crecer? ¿Está dispuesto a perseverar en forma diaria?

R: RECRÉESE EN LA LECTURA

Una de las mejores maneras de crecer es leer. La lectura es a la mente lo que el ejercicio es al cuerpo. ¿Qué buen libro ha leído usted últimamente? ¿Qué pensamientos nuevos ha tenido? ¿Qué nuevas ideas acerca de la naturaleza de Dios? ¿Qué ha aprendido acerca de usted mismo que le ayude a ser más como Cristo?

Una de las cosas negativas sobre muchas de nuestras escuelas es que alientan la lectura principalmente para pasar un examen. Los profesores deberían darnos el deseo y poder para leer. ¡Usted puede leer! ¡En preparación para su examen final de la vida, este es el tiempo para leer!

Usted ya es lector toda vez que está leyendo este libro. Siga leyendo hasta que lo termine. Los libros tienen un costo para el comprador pero este va a poner a prueba su voluntad de crecer. Erasmo, uno de los padres de la iglesia primitiva, dijo: «Cuando consigo algo de dinero, compro libros; y si me queda algo, compro comida y ropa».[4] ¡Eso es compromiso con la lectura!

Un amigo me dijo: «No es bueno tener más ropa que libros». Si no tenemos dinero para libros, ¿por qué gastamos tanto en ropa? ¡Si lo exterior luce bien, asegúrese que haya algo en el interior!

Recuerde el adagio: «Quien no lee buenos libros no tiene ninguna ventaja sobre aquel que no los puede leer». Si usted no está dispuesto a leer, bien podría ser analfabeto.

Encuentre la manera de acceder a buenos libros. Únase a una biblioteca o pida libros prestados pero no pierda la oportunidad de leer.

E: EMPIECE A ORGANIZAR SU VIDA PARA TENER TIEMPO PARA CRECER

Crecer toma tiempo. Quizás usted diga: «¡La verdad es que estoy muy ocupado!». Analice su agenda y va a encontrar que muchas de sus «ocupaciones» son cosas sin importancia. La gente a la que está dirigiendo exige tanto de usted que no le queda tiempo para crecer. Pronto su buena voluntad se va a secar y ya no tendrá nada más que darles. Por eso, debe hacer del crecimiento personal una prioridad. Quizás la mejor cosa que pueda hacer por su gente sea apartar un tiempo para leer un libro, asistir a un seminario, o escuchar una grabación que le ayude en su crecimiento. Va a conseguir nuevas ideas, lo que le permitirá refrescar sus conocimientos para seguir dirigiéndolos. Deje de decir: «Cuando tenga tiempo». ¡Ya tiene todo el que necesita!

Use unos pocos minutos entre reunión y reunión para leer un capítulo de un libro. Escuche una grabación mientras está manejando su automóvil. ¡Haga lo que sea para organizar su vida para crecer!

C: CAMINE TRABAJANDO MIENTRAS APRENDE

Su meta no es acumular conocimiento sino usar lo que ha aprendido para ayudar a otros. Hay un viejo adagio que dice: «¡Practique lo que predica!». Mientras lee y aprende, haga una resolución, escríbala y póngala en práctica.

Luego enseñe a otros lo que ha aprendido. Compártalo con su cónyuge o con algún amigo. Desarrolle una lección para enseñar a quienes están bajo su cuidado. Si no utiliza lo que está aprendiendo su crecimiento no será más que intelectual. ¡Y nuestro mundo ya tiene suficientes intelectuales! La decisión para crecer es suya. Hágalo ahora mismo. ¡Cambiará su vida para siempre!

E: EJERCITE LO QUE VAYA APRENDIENDO

Ya ha quedado dicho arriba: el ejercicio es fundamental para el crecimiento. No se conforme con aprender cosas nuevas y dejarlas archivadas o guardadas en un cuaderno o en un cajón de su escritorio. Ponga a trabajar sus nuevas conquistas en materia de conocimiento. La interacción con quienes forman parte de su grupo le permitirá ir dándole una dimensión grandemente didáctica a lo que ha aprendido y eso le dará la gran ocasión de ver cómo su liderazgo produce frutos en las vidas de sus dirigidos.

R: REPASE, MEDIANTE LA PRÁCTICA, SUS NUEVOS CONOCIMIENTOS

En el aprendizaje, el repaso es fundamental para consolidar en la mente los conocimientos nuevos adquiridos; el repaso de lo aprendido tendrá un doble beneficio: transformar dichos conocimientos en incremento de su riqueza intelectual a la vez que dará al líder una mayor seguridad en sí mismo a la hora de enfrentar al grupo que dirige.

PASO DOS: EMPIECE A AYUDAR A OTROS LÍDERES A CRECER

Una vez que usted empieza a crecer, puede preocuparse del crecimiento de otros líderes. Cuando vea la diferencia que el crecimiento produce en su propia vida, piense en que ese crecimiento se puede multiplicar muchas veces en otros líderes a los que usted puede ayudar.

Muchos líderes que se sienten inseguros en su posición procuran protegerla. Desean ser los únicos que pueden satisfacer las necesidades de la gente. Les da miedo compartir su poder con otros. Esto revela una pobre autoimagen, con la que tiene que vérselas el Espíritu de Dios.

En realidad, una de las mejores maneras de construir una iglesia u organización es desarrollar a su gente. A medida que usted empieza a crecer, busque seguidores que puedan desarrollarse como líderes. Estos líderes atraerán a sus propios seguidores y así usted tendrá tanto líderes como seguidores. Como líder, su trabajo es desarrollar a otros líderes. Muchos pastores sienten que su responsabilidad es hacer toda la obra del ministerio, aunque Dios los ha llamado a «perfeccionar a los santos para la obra del ministerio» (Efesios 4.12). Su llamamiento primario es desarrollar a otros para hacer la obra de servicio.

Solo los líderes reproducen a otros líderes. Esto no sucede por accidente sino como resultado de un plan deliberado.

Lleva tiempo desarrollar a otros líderes. Según el «Principio de Pareto» el veinte por ciento de la gente en su iglesia producirá el ochenta porciento de los resultados. Un líder sabio identificará a este veinte porciento y dedicará el mejor de su tiempo a estas personas clave. Esta inversión de tiempo en sus vidas los ayudará a desarrollarse y a hacerlos líderes más efectivos. A veces, sin embargo, estas personas ya están activas y tienen sus propias agendas y no vienen buscando ayuda. Además, pastores, por sus propias inseguridades y falta de entrenamiento, gastan mucho de su tiempo con los otros miembros que parecen tener mayores necesidades. ¿Cuánto de su tiempo gasta usted preparando a otros para hacer la obra del ministerio? Si va a empezar a dedicar su tiempo y energías al crecimiento personal y al desarrollo de líderes, su iglesia llegará a ser vital, un cuerpo en crecimiento.

CONCLUSIÓN

En este capítulo, usted ha aprendido varios principios fundamentales de liderazgo.

- La sencillez del liderazgo...
  El liderazgo es influencia, no posición.
- La importancia del liderazgo...
  Los líderes son importantes porque ellos hacen que las cosas se hagan.
  Todo se levanta o se viene abajo a causa del liderazgo.
- La seriedad del liderazgo
  Comience a crecer como líder y ayude al crecimiento de

otros líderes.

Habiendo aprendido lo básico del liderazgo, usted está listo para la acción. Complete la asignación para la acción que sigue antes de continuar con el resto del libro.

ASIGNACIÓN PARA LA ACCIÓN

I. En este capítulo usted aprendió que «liderazgo es influencia». Piense en el grupo que dirige. ¿A quiénes se allegará para comenzar algo en ese grupo? (Escriba los nombres de dos o tres personas y la razón que ha tenido para considerarlos.)

1.

2.

3.

Antes de esta lección, ¿había reconocido a estas personas como líderes en su grupo? ¿Cómo puede mejorar su relación con ellos?

II. Piense en esta afirmación: «Todo se levanta o se viene abajo a causa del liderazgo». Dé un ejemplo de su propia experiencia sobre la forma en que esta afirmación es verdad.

¿Qué significa esta afirmación para la gente que usted dirige?

III. ¿A cuántas personas está usted dirigiendo actualmente? ¿A cuántos le gustaría dirigir? ¿Qué cree que va a tener que cambiar si quiere dirigir a más personas?

IV. Usted aprendió que el líder provee ideas, dirección y motivación. En una escala de 1 a 10 (con 10 como perfecto y 1 como nada, ¿cuán bueno es usted para...

_____ iniciar ideas?

_____ identificar a líderes potenciales?

_____ dirigir a las personas bajo su mando?

_____ motivar a sus seguidores?

_____ dar un ejemplo piadoso?

V. Fíjese en el acróstico para CRECER. Escoja una de las áreas que fue un desafío para usted y explique cómo se presentó el desafío.

VI. ¿Qué pasos específicos dará como resultado de este capítulo?

¿Cuándo lo hará? (Escriba la fecha o indique si ya comenzó.)

Capítulo 2

EL POTENCIAL DEL LÍDER

Tómese un momento para soñar. ¿Qué es lo más que usted puede ver logrado en su vida? ¿Qué puede alcanzar Dios a través de usted en un año? ¿En los siguientes veinte años? Si tuviera cincuenta páginas en blanco para escribir sobre su potencial en todas las áreas de su vida, ¿cuántas páginas alcanzaría a llenar?

Muchos tenemos una visión limitada de lo que Dios ha puesto dentro de nosotros. Logramos mucho menos de lo que podríamos debido a que fallamos en ver nuestro verdadero potencial.

John Maxwell dice que la mayoría de las personas usa alrededor del diez por ciento de su potencial. Los que usan hasta el veinticinco por ciento son considerados genios.[1] ¡Qué cosa! Nos preguntamos ¿qué pasaría si usáramos el cien por ciento de nuestro potencial?

> La mayoría de las personas usa solo alrededor del diez por ciento de su potencial

Antes de aprender a usar nuestro potencial, debemos entender qué es potencial. Una definición podría ser: «algo que existe como una posibilidad, que puede desarrollarse o llegar a ser una realidad».

El escritor y conferenciante Myles Munroe dice que potencial es «una habilidad latente... un poder reservado... una fuerza inexplorada... un éxito no utilizado... talentos escondidos... capacidad encapsulada... todo lo que una persona puede ser pero que aún no ha llegado a ser...

todo lo que alguien puede hacer pero que aún no lo ha hecho, todo lo que puede alcanzar pero que todavía no lo ha alcanzado, lo que alguien puede lograr pero que aún no lo ha logrado. Potencial es la habilidad no expuesta y un poder latente».[2]

El potencial tiene que ver con nuestro futuro. Todos tenemos un tremendo potencial en Cristo, pero muchos nos esforzamos por hacer realidad nuestro propio potencial, no el que Dios nos ha dado.

Nuestros problemas en relación con nuestro potencial se deben, en gran medida, a nuestra visión deficiente. No vemos las cosas con claridad. Este capítulo estará enfocado en cuatro cosas que necesitamos ver apropiadamente para alcanzar nuestro potencial en Cristo.

VEA A DIOS CORRECTAMENTE

A veces no descubrimos ni usamos nuestro potencial debido a nuestra imperfecta visión de Dios. ¿Qué tenemos que reconocer acerca de Dios?

Dios es la fuente del potencial

Todo potencial ya existe en Dios. Antes que Dios creara todo lo que existe, poseía en sí mismo el potencial para todo. En la creación, simplemente con solo decirlo trajo a la existencia lo que estaba dentro de sí. Él tenía el potencial para crear las aves y las creó. Tenía el potencial para crear las montañas y las hizo. Lo mismo puede decirse de las plantas, los animales, las estrellas y los seres humanos.

Debido a que Dios es la fuente de lo potencial, es un Dios de posibilidades. Piense en estos versículos:

- Porque para Dios no hay nada imposible. (Lucas 1.37)
- Sin embargo, como está escrito: «Ningún ojo ha visto, ningún oído ha escuchado, ninguna mente humana ha concebido lo que Dios ha preparado para quienes lo aman». (1 Corintios 2.9)
- Al que puede hacer muchísimo más que todo lo que podamos imaginarnos o pedir, por el poder que obra eficazmente en nosotros. (Efesios 3.20)

Todo potencial viene de Dios. Él es la fuente de todas las cosas.

Dios es el dador de todo potencial

Dios es no solo la fuente de todo potencial sino que también lo da. Pudo haberlo conservado para sí mismo, pero como creador lleno de amor, decidió compartirlo. Él nos da tres cosas que nos permiten tener potencial.

Dios nos da vida

Yo estoy vivo mientras escribo estas palabras. Y, como usted las está leyendo, también está vivo. Esta vida proviene de Dios. Juan 1.4 dice: «En él estaba la vida...». Nuestra vida es un reflejo y una extensión de su vida. Debido al potencial que él tiene dentro de sí y que nos dio vida a nosotros, nosotros también tenemos potencial.

Toda vida tiene potencial. Munroe dice que dentro de cada semilla de árbol hay un bosque. Piense en una semilla de maíz. Obsérvela cuidadosamente. ¿Qué ve? Quizás usted responda: «Solo una semilla». Pero mírela más atentamente. En esa semilla de maíz está el potencial para producir otras semillas de maíz. En las condiciones apropiadas, esa semilla puede producir otras 800 semillas. Y si esas 800 semillas se siembran, pueden producir 640 mil semillas en la segunda cosecha, 512 millones en la tercera y para la cuarta cosecha tiene el potencial para producir 409 billones de semillas. Esto es: sesenta y nueve semillas por cada persona viva. Una sola semilla tiene el potencial de alimentar a toda una nación e incluso al mundo entero.

Si Dios ha puesto dentro de una pequeña semilla el potencial para alimentar al mundo, ¿qué habrá puesto dentro de nosotros? Sin duda que su potencial, el de usted, es mayor que la pequeña semilla que fácilmente se puede despreciar y pisotear. La semilla no puede pensar ni planear, ni soñar ni imaginarse y no puede actuar por ella sola pero usted puede hacer todas estas cosas.

¡Mientras usted viva, tiene potencial! Y como usted es espíritu y no solo un cuerpo, vivirá para siempre. ¡Le tomará toda la vida desarrollar su potencial!

Dios nos da la mente

Dios también nos da nuestras mentes, llenas de potencial. Nuestras mentes son instrumentos fantásticos de la creación de Dios. Con nuestras mentes pensamos, soñamos y creamos. Podemos imaginarnos cosas que nunca se han hecho. Podemos crear cuadros mentales que con el potencial pueden llegar a ser realidad. Antes que cualesquiera cosas sucedan a través de nosotros, debemos concebirlas en nuestras mentes. Fíjese en el cuarto donde se encuentra ahora. Alguien «lo vio» antes que existiera. El edificio, el arquitecto, el propietario, todos lo visualizaron antes de poner la primera piedra. Sus mentes tuvieron el potencial de concebir lo que ahora es posible ver.

Nuestras mentes son poderosas, particularmente si estamos en Cristo. 1 Corintios 2.16 nos dice: «¿Quién ha conocido la mente del Señor para que pueda instruirlo? Nosotros, por nuestra parte, tenemos la mente de Cristo». Esta realidad libera tremendo poder creativo dentro de nosotros para llevar a cabo los propósitos de Dios.

La Biblia deja bien claro que somos lo que pensamos. Proverbios 23.7 dice: «Porque cual es su pensamiento en su corazón, así es él» (RVR1960). ¡Nuestros pensamientos definen lo que somos!

¡No es de extrañarse que haya una batalla espiritual por conquistar nuestras mentes! El enemigo quiere controlar la mente porque sabe de su poder. Si él puede hacernos pensar pequeño, nos quedaremos pequeños. Si puede convencernos de que somos pobres, nos quedaremos pobres. Si puede engañarnos con que nunca haremos mucho, así será.

Así, un paso muy importante hacia desarrollar nuestro potencial es cambiar nuestros hábitos de pensamiento. La manera en que pensamos nos construirá o nos desbaratará. La Escritura nos habla acerca de nuestros pensamientos:

- «En ese tiempo también nosotros vivíamos como ellos, impulsados por nuestros deseos pecaminosos, siguiendo nuestra propia voluntad y nuestros propósitos. Como los demás, éramos por naturaleza objeto de la ira de Dios» (Efesios 2.3). En nuestra vida vieja no solo seguíamos las acciones sino también los pensamientos del mundo. Después de convertidos, muchos dejaron atrás las viejas costumbres pero siguieron teniendo los mismos pensamientos. ¡Nuestra manera de pensar tiene que cambiar!

- «Por tanto, hermanos, ustedes que han sido santificados y que tienen parte en el mismo llamamiento celestial, consideren a Jesús, apóstol y sumo sacerdote de la fe que profesamos» (Hebreos 3.1). Tenemos que enfocar nuestras mentes en Jesús y pensar lo que él piensa.

- «Ciertamente, la palabra de Dios es viva y poderosa, y más cortante que cualquier espada de dos filos. Penetra hasta lo más profundo del alma y del espíritu, hasta la médula de los huesos, y juzga los *pensamientos* y las intenciones del corazón» (Hebreos 4.12; énfasis del autor). Nuestros pensamientos están siendo juzgados por la Palabra de Dios.

- «Por último, hermanos, consideren bien todo lo verdadero, todo lo respetable, todo lo justo, todo lo puro, todo lo amable, todo lo digno de admiración, en fin, todo lo que sea excelente y merezca elogio» (Filipenses 4.8). Podemos escoger pensar lo recto y lo positivo.

Como Dios nos dio nuestras mentes y el poder de controlarlas, debemos aprender a tener sus pensamientos. Memorizar y meditar en la Escritura es algo esencial. Nuestras mentes son poderosas pero también son esclavas. Nuestras mentes subconscientes creerán lo que sea que se les programe para que crean, verdad o falso. Usted puede usar esto para su beneficio diciéndose la verdad a sí mismo continuamente hasta que su mente lo crea. Los psicólogos llaman a esto diálogo interior; lo que no es otra cosa que decirse a uno mismo las cosas que se quiere que la mente inconsciente empiece a aceptar como verdad.

«Mi identidad en Cristo» (vea apéndice A) está diseñada para esto. Contiene afirmaciones de verdad sobre su relación con Dios y sobre su potencial en él. Al principio, algunas afirmaciones pueden no parecer verdaderas pero siga diciéndolas hasta que las crea. Trate de decirlo mañana y noche por espacio de treinta días y verá un cambio en su forma de pensar. Algunos llaman a esto *lavado de cerebro* y, en un sentido, lo es. ¡Nuestros cerebros necesitan *lavarse* con la verdad de la Palabra de Dios! Dios nos ha dado nuestras mentes; es determinante que usemos este maravilloso don para llevar a cabo sus planes.

Dios nos da la habilidad

Dios no solo nos da vida y mente, sino que también nos da la habilidad para hacer grandes cosas para él. Medite en los siguientes versículos:

- «Al que puede hacer muchísimo más que todo lo que podamos imaginarnos o pedir, por *el poder que obra eficazmente en nosotros*». (Efesios 3.20, énfasis del autor)
- «Todo lo puedo en Cristo que me fortalece». (Filipenses 4.13)

- «Es él el que me arma de valor y endereza mi camino; da a mis pies la ligereza del venado, y me mantiene firme en las alturas; adiestra mis manos para la batalla, y mis brazos para tensar arcos de bronce. Tú me cubres con el escudo de tu salvación; tu bondad me ha hecho prosperar. Me has despejado el camino; por eso mis tobillos no flaquean». (2 Samuel 22.33–37)

Dios es quien nos da toda nuestra habilidad, por cierto, un tremendo recurso. Pero algunos de nosotros no creemos que podemos hacer grandes cosas. Vemos a Dios como todopoderoso pero olvidamos que hemos sido creados a su imagen. Creemos en su habilidad, pero confesamos nuestra inhabilidad. Al pensar que no podemos hacer nada estamos negando el poder de Dios para hacer grandes cosas. Cantamos: «Él puede» y luego decimos: «¡Yo no puedo!». Las cosas no son así. Si él puede, nosotros también podemos mediante su fuerza.

Dios es el juez del potencial

Dios ha invertido un gran potencial en nosotros. Y está vivamente interesado en lo que haremos con ese potencial. Romanos 14.12 recuerda a los creyentes: «Así que cada uno de nosotros tendrá que dar cuentas de sí a Dios». Él nos juzgará no solo sobre la base de lo que hayamos hecho sino también de lo que pudimos haber hecho.

La parábola de los talentos en Mateo 25.14–30 nos enseña que Dios nos hace responsables de todo cuanto nos ha dado. Podemos cumplir con nuestro potencial o podemos esconderlo. Pero Dios nos juzgará.

¡Qué tragedia cuando no desarrollamos todo el potencial que Dios nos ha dado! A este respecto, Maxwell afirma: «Uno de los pecados más grandes que podemos cometer contra Dios es no desarrollar el potencial que ha puesto en nosotros».[3] Eso sería como llegar al cielo y Dios le preguntara qué ha hecho. Él escucha atentamente mientras usted enumera lo que ha hecho: enseñado una clase en la escuela dominical por espacio de diez años, guiado a treinta personas a Jesús y ayudado a diez personas a madurar en su fe en Cristo. Entonces, Dios le diría: «Hijo mío, todo eso está muy bien; sin embargo, yo te di potencial para guiar a 300 personas a mí, para escribir lecciones para la escuela dominical y traer a 100 personas a su madurez en mí. ¡Si solo hubieras alcanzado el potencial que te di!». ¡Qué momento! Lamentablemente, demasiados creyentes mueren sin haber alcanzado todo su potencial. Munroe dice que el lugar más rico en la tierra es el cementerio por todo el potencial que está enterrado allí. Libros que nunca se escribieron, canciones que nunca se compusieron, logros nunca alcanzados; todo eso, está enterrado allí. Esto debería motivarnos para desarrollar todo el potencial que Dios ha puesto en nosotros. Jesús pudo decir, al final de su vida: «Yo te he glorificado en la tierra, y he *llevado a cabo* la obra que me encomendaste» (Juan 17.4, énfasis del autor). Jesús, el Perfecto Hijo de Dios, nos da el ejemplo al cumplir totalmente su potencial. Aunque no podamos alcanzar la perfección, él nos capacita mediante el Espíritu Santo para glorificar a Dios el Padre al desarrollar lo que él ha puesto dentro de nosotros.

Esto es especialmente serio en el caso de los líderes. Cuando fallamos en cuanto a desarrollar nuestro potencial, no solamente nosotros somos afectados sino todos los que están bajo nuestra influencia.

Querido amigo, si Dios lo llamara hoy y le preguntara cuánto del potencial que él puso en usted ha usado, ¿qué le contestaría? ¿Veinte por ciento? ¿Cincuenta por ciento? ¿Ochenta? Ninguno de nosotros podría decir cien por ciento pero debemos esforzarnos para alcanzar esa meta.

Hace poco me hice esa pregunta. ¿Mi respuesta? Cincuenta por ciento. Luego me hice una segunda pregunta: «¿Qué necesito cambiar para alcanzar todo mi potencial?». Cuatro cosas vinieron a mi mente: administración de mi tiempo, salud física (dieta y ejercicio), autoimagen y decisión para asumir riesgos mayores. Estoy tratando de cambiar estas cosas. En el caso suyo quizás la realidad sea diferente, pero lo reto a que se autoexamine y establezca nuevas metas para su vida.

VÉASE A SÍ MISMO CORRECTAMENTE

¿Cuál es la opinión que usted tiene de sí mismo? ¿Qué clase de persona le parece que es? ¿Importante? ¿Insignificante? ¿Alguien que puede alcanzar cosas grandes para Dios? La forma en que se vea afectará grandemente la manera en que use su potencial. Usted necesita verse a sí mismo como Dios lo ve, nada más ni nada menos. De otro modo, Dios no podrá usarlo como es su propósito. Cuando se vea de acuerdo con la Palabra de Dios, empezará a tener una opinión apropiada de su potencial. Hay tres «declaraciones de verdad» que le ayudarán a verse apropiadamente:

PRIMERA DECLARACIÓN DE VERDAD:

«Yo soy una creación única de Dios».

Salmos 139.14–16 dice: «¡Te alabo porque soy una creación admirable! ¡Tus obras son maravillosas, y esto lo sé muy bien! Mis huesos no te fueron desconocidos cuando en lo más recóndito era yo formado, cuando en lo más profundo de la tierra era yo entretejido. Tus ojos vieron mi cuerpo en gestación». Las obras de Dios son maravillosas y usted es una de esas obras. Dígalo en voz alta: «Yo soy maravilloso». Dígalo de nuevo. Esto puede parecer extraño e incluso parecer una mentira, pero de acuerdo con la Palabra de Dios, es verdad.

Dios lo formó exactamente como quería que fuera. Sin embargo, muchas personas no se ven como una creación maravillosa de Dios. Encuentran que su nariz es demasiado corta o demasiado larga; o lamentan haber nacido en determinada nación o pueblo. Muchos viven en un mundo de «si solo...» y «pudo haber sido». «Si solo» mis padres me hubieran dado una buena educación. «Si solo» tuviera más dinero. Si me hubiera casado con... seguramente habría alcanzado el éxito.

Usted necesita aceptar por fe lo que Dios le ha dado. ¡Él lo hizo a usted único! No hay otra persona como usted, que tenga sus habilidades y su potencial. Dios no crea basura; por lo tanto, usted es «alguien» en el reino. Él lo hizo a usted «exclusivo» y su deseo es que triunfe en la vida.

SEGUNDA DECLARACIÓN DE VERDAD:

«Dios tiene un plan para mi vida».

Dios no solo lo creó como un individuo con un potencial maravilloso sino que también pensó en lo que usted podría llegar a hacer. Él planeó su potencial individual. El hecho de saber que él tiene un plan para usted debería ser una gran motivación para desarrollar su potencial.

David le dijo a Dios: «Tus ojos vieron mi cuerpo en gestación; todo estaba ya escrito en tu libro; todos mis días se estaban diseñando, aunque no existía uno solo de ellos» (Salmos 139.16). Se han escrito libros acerca de personas especiales y ¡Dios ha escrito uno sobre usted! Imagine el libro de Dios en el cual están escritos todos sus planes para usted. Una página contiene lo que él quiere que usted haga hoy, una página para mañana y cada día de su vida. ¡Qué libro más extraordinario! Aunque usted no pueda verlo con sus ojos físicos, al caminar con Cristo puede llegar a conocer sus planes para usted. Este capítulo es una parte de su plan y pretende ayudarle a descubrir lo que él quiere que conozca.

Jeremías habla del buen plan de Dios cuando dice: «Porque yo sé muy bien los planes que tengo para ustedes —afirma el Señor—, planes de bienestar y no de calamidad, a fin de darles un futuro y una esperanza» (Jeremías 29.11). Tómese unos minutos para meditar en lo que este versículo significa para su vida.

Pablo dice que el plan de Dios para nosotros es «ponerse el ropaje de la nueva esperanza, creada a imagen de Dios, en verdadera justicia y santidad» (Efesios 4.24). El plan de Dios para nosotros es que lleguemos a ser como él, siendo transformados diariamente a la imagen de Cristo. Es un plan de crecimiento y desarrollo de carácter permanente.

Estos versículos clarifican el hecho de que Dios tiene un plan específico para usted, un plan que solo usted puede cumplir. Toda vez que usted es único, su plan es específicamente para usted. Usted tiene el potencial para hacer las cosas que su hermano no tiene.

Cuando esta verdad se profundice en su espíritu, es posible que usted se sienta culpable por no haber entendido o seguido en el pasado el plan de Dios para usted. El enemigo pudiera estar tratando de enredarlo en cuanto al plan de Dios para su vida, pero le tengo buenas noticias: «¡Ayer se terminó anoche!». ¡Hoy es el primer día del resto de su vida! Tómese un minuto (¡o un mes!) para soñar con lo que Dios ha planeado para usted. Es posible que él lo haya llamado para guiar a muchos a Cristo; o para descubrir la cura para el SIDA; quizás escribir libros, iniciar nuevas iglesias, o dirigir políticamente la nación. Él pudo haber planeado para usted que enseñara, sirviera en el ministerio con niños o fuera un

«¡Ayer se terminó anoche!».

poderoso intercesor. Los planes de Dios para usted son, indudablemente, mucho más grandes de lo que usted se puede imaginar.

Henry Ford, el fabricante de autos, dijo: «No hay hombre viviente que no pueda hacer más de lo que piensa que puede».[4] Piense en el plan de Dios. Use su imaginación. ¿Qué puede hacer Dios con usted? Él tiene un plan, un gran plan, exclusivo para usted. ¡Confíe en él y empiece a desarrollar su potencial!

Piense en estas palabras de Myles Munroe: «Lo que veo cuando me fijo en usted no es todo lo que usted es. Es solo lo que ha llegado a ser hasta aquí. Su potencial es mucho más grande que lo que usted es ahora mismo. Y lo que usted llegará a ser es mucho más que lo que podríamos creer. Usted es alguien porque fue hecho por Dios, que puso algo de él en usted».[5]

TERCERA DECLARACIÓN DE VERDAD:

«Yo puedo desarrollar el potencial que Dios me dio».

Qué tremendo es pensar que Dios lo ha creado a usted como un individuo y tiene un plan maravilloso para su vida. Esta tercera declaración, sin embargo, hace que su potencial llegue a ser una realidad. Usted debe crecer para poder alcanzar su potencial. Para lograr esto, antes que nada debe descubrir su potencial y luego desarrollarlo.

DESCUBRA SU POTENCIAL PERSONAL

Para descubrir su potencial personal dado por Dios, usted debe conocerse a sí mismo íntimamente. Es posible que no quiera mirarse a profundidad, pero no hay otra manera de saber de lo que puede ser capaz. Si cree que esto lo va a transformar en un orgulloso, piense en las palabras de Pablo: «Por la gracia que se me ha dado, les digo a todos ustedes: Nadie tenga un concepto de sí más alto que el que debe tener, sino más bien piense de sí con moderación, según la medida de fe que Dios le haya dado» (Romanos 12.3). Sí. Usted puede fácilmente creerse más de lo que realmente es y eso es orgullo. Por eso, Pablo lo exhorta a pensar «de sí con moderación».

¿Qué debería conocer usted de sí mismo? Como cristiano, hay cuatro cosas que debería saber.

1. Conozca sus dones

Sus dones espirituales son cruciales para entender su potencial. Dios le da sus dones para que usted cumpla el plan divino para su vida. Pedro dice: «Cada uno ponga al servicio de los demás el don que haya recibido, administrando fielmente la gracia de Dios en sus diversas formas. El que habla, hágalo como quien expresa las palabras mismas de Dios; el que presta algún servicio, hágalo como quien tiene el poder de Dios. Así Dios será en todo alabado por medio de Jesucristo, a quien sea la gloria y el poder por los siglos de los siglos. Amén» (1 Pedro 4.10–11).

Sus dones espirituales le proveen la llave para abrir su potencial. Si usted tiene el don de enseñar, tiene el potencial para llegar a ser un gran profesor. Necesita reconocer sus dones y empezar a desarrollarlos para la gloria de Dios.

Si usted no conoce sus dones espirituales, le sugiero que lea mi libro *Use ese don* u otro similar.

2. Conozca su personalidad

Tim LaHaye ha escrito extensamente sobre el tema del temperamento o la personalidad. Él define temperamento como «la combinación de rasgos innatos que subconscientemente afectan la conducta del hombre».[6] Su temperamento afecta todo lo que hace sin que usted sea consciente de ello. Hace a algunas personas unos parlanchines y a otras unos silenciosos; algunos son activos y otros analíticos; algunos extrovertidos y otros apocados. Alguien que escribe sobre la personalidad identifica cuatro tipos principales de temperamento: sanguíneos, coléricos, melancólicos y flemáticos con una combinación ilimitada en cada uno. A los sanguíneos y a los coléricos se los califica como extrovertidos. El sanguíneo es el parlanchín, el tipo de persona que parece estar en una fiesta permanente y que tiene una gran facilidad para hacer amigos. El colérico es el líder natural que sabe lo que quiere y cómo hacerlo. ¡Es el que cambia el mundo! A la inversa, los melancólicos y flemáticos son introvertidos y tímidos. El melancólico es talentoso, pulcro y organizado. El flemático es el más fácil de llevar, tranquilo y pacificador. Cada uno de estos temperamentos tiene sus propios puntos fuertes y sus propios puntos débiles. En el capítulo nueve analizaremos con más detalles las personalidades. Entenderlas es clave para conocerse a uno mismo y a otros.

3. Conozca sus puntos fuertes

Conozca las áreas en las que usted es sobresaliente. Cada persona tiene sus puntos fuertes en carácter, habilidad y personalidad. Descubra dónde están estas características en usted. Sea agradecido por lo que hace bien; ¡es un don que Dios le ha dado! Reconocer honestamente y desarrollar sus puntos fuertes no es necesariamente una expresión de orgullo así como reconocer sus debilidades no es necesariamente una demostración de humildad. Cuando usted identifique sus puntos fuertes estará en condiciones de concentrarse en ellos y desarrollarlos.

4. Conozca sus puntos débiles

Así como debe conocer sus puntos fuertes, debe conocer también sus puntos débiles. Cada persona tiene puntos débiles que necesita confrontar y entender. Algunas de sus «debilidades» son pecado, tales como la ira y la falta de perdón. Esto usted tiene que confesarlo y arrepentirse. Otras de sus debilidades pueden no ser pecado pero necesita reconocerlas y tratar de vencerlas. Quizás usted no sea un buen administrador. Esta es una debilidad, no un pecado pero si le está impidiendo alcanzar su pleno potencial, necesita trabajar para cambiar en esta área. Al mismo tiempo, muchas debilidades no ameritan que se invierta demasiado tiempo y energía para corregirlas. Podemos obtener un mayor beneficio fortaleciendo nuestros puntos positivos.

Conocer sus dones espirituales y su personalidad debería proveerle entendimiento sobre sus puntos fuertes y los débiles. Su cónyuge o un amigo de su confianza pueden ayudarle a una mejor comprensión si usted está dispuesto a escuchar en forma sumisa. J. Oswald Sanders ofrece este consejo: «El primer paso hacia el perfeccionamiento es reconocer las debilidades, hacer las correcciones necesarias y cultivar los puntos fuertes».[7]

TRABAJE EL DESARROLLO

Cuando usted reconoce su potencial y se conoce bien a usted mismo, puede empezar a trabajar el desarrollo. Aquí es donde muchos extravían el camino. Están tan emocionados con el potencial que comienzan a soñar con hacer grandes cosas para Dios y hasta a cambiar el mundo. Desafortunadamente, nunca despiertan y siguen ocupados. Alcanzar su potencial demanda una vida entera de autodisciplina y confianza en Dios. El potencial se mantendrá siempre en vías de realizarse mientras no se desarrolle e implemente.

Algunos «líderes espirituales» oran pidiendo bendiciones de Dios. Esperan «progreso» mediante algo sobrenatural que ocurra en sus vidas. Deambulan por la vida preguntándose por qué sus iglesias no crecen, por qué la gente no los sigue y por qué otros tienen éxito y ellos no. No están dispuestos a pagar el precio por la grandeza.

La clave para liberar su potencial puede expresarse en una palabra: crecimiento. Maxwell dice: «Puede alcanzar todo su potencial mañana si se dedica a crecer hoy».[8] Manténgase creciendo y su potencial se liberará. Si deja de crecer, su potencial será limitado.

Myles Munroe lo dice en forma magistral:

Todos tenemos la capacidad, el potencial y el material en crudo para llegar a ser un líder según el diseño del Creador». Sin embargo, «la mayoría no somos más que productos de nuestro medio ambiente, sin la voluntad de cambiar para desarrollar y maximizar nuestro potencial y llegar a ser lo que realmente somos... Muchos viven sin rumbo fijo asumiendo posturas ajenas, emitiendo ideas de segunda mano, tratando desesperadamente de amoldarse en lugar de ser ellos mismos.

Nuestro mundo de hoy está sufriendo de un vacío de liderazgo pero usted puede cambiar esa situación. Usted posee la habilidad, la capacidad y el poder para transformarse en un agente de cambio en esta generación. No espere que alguien más asuma la responsabilidad por el futuro. Hágalo usted ¡ahora! Levántese de la butaca del seguidor y entre en la escuela de liderazgo porque es la voluntad de Dios que usted guíe a otros a su pleno potencial en él. Decídase por nada menos que lo mejor de usted.[9]

Podemos observar a quienes han hecho grandes cosas para Dios y decir: «¡Caramba! Estos sí que llegaron alto. Se ve que Dios sí que los bendijo». Sí. Dios los bendijo, pero triunfaron porque estuvieron dispuestos a desarrollar el potencial que les había dado Dios. No comenzaron allí donde usted los ve ahora. Los grandes evangelistas empezaron hablando a un puñado de personas; los grandes oradores se dirigieron al principio a diez o veinte personas que soportaron sus sermones titubeantes. Nadie nació grande, pero todos nacen con el potencial de servir a Dios, algunos para lograr grandes cosas para él. El conferenciante motivacional Zig Ziglar bromea con esta idea cuando dice: «Los sepultureros son quizás los únicos que comienzan en la parte alta y siempre terminan en el hoyo».[10]

Si usted quiere crecer, comience haciendo un plan para su crecimiento personal. La lectura de este libro es un buen comienzo porque cualquier plan de crecimiento sin duda que requerirá leer algo estratégicamente apropiado. Puede demandar, también, volver a los estudios formales, escuchar grabaciones, asistir a clases, fijarse metas, asistir a talleres y así por el estilo. ¡No hay ninguna excusa para que usted se quede donde está! Puede lograr mucho más para Dios. Manténgase en acción y desarrolle su potencial.

Aceptar estas tres declaraciones le permitirá transformar la forma en que se ve a sí mismo. Repáselas regularmente, repítalas en voz alta y vívalas hasta que lleguen a ser parte de usted. Repetir «Mi identidad en Cristo» en el apéndice A también le ayudará a verse como usted es.

VEA EL ÉXITO CORRECTAMENTE

Una tercera cosa que usted necesita ver apropiadamente para desarrollar su potencial es el *éxito*. Desarrollar su potencial significa transformarse en una persona de éxito. Pero este es un concepto difícil de describir. ¿Qué significa tener éxito? ¿Cómo se puede saber cuándo se ha alcanzado el éxito? ¿Es poder comprar una casa linda y grande o un nuevo automóvil? ¿Está determinado por el monto de su salario?

Para entender apropiadamente el significado de éxito es necesario dar dos pasos importantes:

PASO UNO: ENTIENDA LO QUE ES EL ÉXITO

Muchos tienen un concepto distorsionado del éxito. Lo ven como la meta. En *El mapa para alcanzar el éxito* John Maxwell afirma que el éxito no es la meta sino el viaje.[11] Cuando los estudiantes se gradúan de la universidad podemos decir que alcanzaron el éxito si recibieron su diploma. Pero eso es únicamente el reconocimiento del éxito. El verdadero éxito estuvo en pasarse las noches estudiando para aprobar los exámenes; estuvo en el sacrificio financiero que les permitió alcanzar la meta. El éxito lo tuvieron en la jornada; o, dicho de otro modo, en el viaje que significó pasar años estudiando.

Maxwell define el éxito como «descubrir su propósito, crecer en su potencial y ayudar a otros».[12] Examinemos más detenidamente esta definición:

Conozca el propósito de su vida

Usted no puede alcanzar el éxito a menos que acepte el llamado de Dios para su vida. ¿Con qué propósito lo creó Dios? ¿Qué tareas le ha dado para que lleve a cabo antes de que le llegue el momento de la muerte? Dios lo ha creado a usted como una persona única con un potencial único. Descubra el plan de Dios para usted y conocerá el propósito para su vida. Este paso es un proceso que puede tomar semanas, meses y hasta años pero recuerde que usted nunca llegará a un éxito completo mientras no entienda para qué lo creó Dios. Cuando esto ocurra, el plan divino llegará a ser su visión, le dará el enfoque correcto y la dirección a su vida, y terminará trayéndole el verdadero éxito.

Crezca para alcanzar su máximo potencial

El éxito exige crecimiento. Maxwell dice: «La única medida verdadera del éxito es la relación entre lo que podríamos haber sido y lo que hemos llegado a ser. En otras palabras, el éxito viene como resultado de la manera en que cultivamos nuestro potencial».[13]

¿Cómo puede usted crecer en cuanto líder? Siga estos tres puntos.

Primero: decídase a crecer

El crecimiento no se produce porque usted sencillamente esté respirando; es una elección deliberada. Requiere tiempo y esfuerzo. Hay quienes creen que están creciendo porque están vivos. ¡Eso es un autoengaño! Maxwell dice: «Usted puede ser joven una sola vez, pero puede ser inmaduro indefinidamente. Esto se debe a que el crecimiento no es automático».[14] Usted puede tomar hoy la decisión de crecer o puede decidir quedarse donde está.

Segundo: cambie para crecer

El crecimiento siempre produce cambio. ¡Es imposible crecer y seguir siendo el mismo! Hay muchos que no crecen porque no están dispuestos a cambiar. No quieren considerar ideas nuevas y formas diferentes de enfrentar la vida. Continúan haciendo lo que han hecho siempre. Su canción favorita es «De aquí no salgo, de aquí nadie me mueve». Pero mientras permanecen allí, sentados, el resto del mundo no deja de moverse. Los tiempos son diferentes hoy que hace diez años. La iglesia necesita desesperadamente líderes maduros que piensen creativamente, que estén dispuestos a cambiar y quieran reemplazar cosas que ya no son efectivas. La Palabra de Dios, nuestra única regla de fe y práctica, nunca cambia, pero los métodos y las estrategias apropiados para alcanzar al mundo están cambiando constantemente. Los líderes deben de estar alerta a lo que se hace obsoleto y desarrollar nuevas formas para cumplir los propósitos de Dios con su generación.

Me encanta el título de un libro de Lynn McDonald, *Ladies, If Your Horse is Dead, Dismount* [Damas, si se les murió el caballo, desmóntense]. Supongo que lo mismo se aplica a líderes de ambos sexos que continúan haciendo algo que antes funcionaba pero que ya no resulta tan productivo.

Maxwell dice: «La mayoría de las personas son raras; quieren progresar y tener éxito, pero son renuentes al cambio. Muchas veces se disponen a crecer solamente lo suficiente como para acomodar sus *problemas*; en vez de eso, necesitan crecer tanto como para alcanzar su *potencial*».[15]

Hágase la pregunta: «¿Qué ha cambiado en mí últimamente?». Sea específico. Mencione una acción o actitud que ya no sea la misma. Recuerde esto: no cambio, no crecimiento. Rick Renner escribe: «Si su iglesia, ministerio u organización no están enfrentados a desafíos de crecimiento, es una señal de que algo anda drásticamente mal».[16]

Tercero: ¡siga creciendo!

Cuando usted decide crecer y hay cambios, debe continuar creciendo. Nunca se detenga en su crecimiento. Después de crecer por un tiempo es posible que se sienta cansado o desanimado. Habiendo alcanzado un nuevo nivel puede sentirse tentado a estancarse y a disfrutar lo que ha conseguido. ¡Cuidado! El enemigo más grande del éxito es el éxito. ¡Se relaja y siente como si ya llegó! ¡Ya aprobó el curso! ¡Qué dicha! Es un momento peligroso porque cuando el crecimiento se detiene, empieza el decaimiento. Eugene Habecker nos recuerda que «el futuro pertenece a los que están aprendiendo, no a los que aprendieron».[17]

Si aún está disfrutando de los éxitos de ayer no es, entonces, alguien exitoso. Hay más para usted hoy que mañana.

La iglesia está en una crisis de liderazgo porque no tenemos suficientes discípulos que estén aprendiendo y creciendo. La diferencia entre líderes y seguidores no está, fundamentalmente en los *dones* sino en el *crecimiento*. Los que se dedican a aprender y a crecer se transforman

> «El futuro pertenece a los que están aprendiendo, no a los que aprendieron».

en líderes simplemente porque se alzan por sobre el promedio. Vamos a suponer que en su iglesia hay dos creyentes, Jorge y Samuel. Ellos se entregaron al Señor el mismo día. Jorge, hambriento por aprender, empezó a crecer. Asistió a seminarios, leyó libros e hizo preguntas. Su vida cambió rápidamente. Pronto, el pastor se dio cuenta de su crecimiento y lo invitó para que aceptara la posición de ujier. Un año después, seguía creciendo. El pastor lo promovió a diácono y después de servir durante dos años como diácono, lo llamó para que ocupara el cargo de anciano. Pronto, en su condición de diácono fue comisionado para que dirigiera la formación de una nueva iglesia, hija de aquella a la cual él pertenecía. Mientras los líderes se reunían con él para orar, Samuel pensaba: «¡Caramba! ¡Este Jorge sí que tiene dones. ¡Cómo me habría gustado que Dios me hubiera hecho un llamamiento similar al que le hizo a él!». ¿Era falta de llamamiento? No. Simplemente, Samuel no creció ni se desarrolló para llegar a ser todo lo que Dios quería que fuera. Por el contrario, Jorge se mantuvo creciendo hasta transformarse en un líder hecho y derecho.

Myles Munroe empezó su vida de adulto después de haber abandonado sus estudios. Decidido a completar su educación, hizo su secundaria, fue a la universidad donde obtuvo un bachillerato y finalmente ganó una maestría. Ahora escribe y viaja por todo el mundo dictando conferencias y desafiando a la gente a que desarrolle su potencial. Llegó a ser un líder de éxito porque decidió crecer, cambiar a medida que crecía y seguir creciendo. ¡Usted puede hacer lo mismo! Comience ahora para llegar a ser la persona que Dios quiere que sea.

Siembre semillas que puedan beneficiar a otros

Una forma muy importante para cultivar el éxito es sembrar semillas que beneficien a otros. Aquí, la definición de un cristiano de éxito difiere de la del mundo. El mundo define éxito básicamente como lo que la persona logra aunque nunca hubiera ayudado a otros a tener éxito. Pero un seguidor de Cristo no puede ser exitoso sin ser una bendición para otros.

Jesús dijo: «Porque ni aun el Hijo del hombre vino para que le sirvan, sino para servir y para dar su vida en rescate por muchos» (Marcos 10.45). «El que quiera hacerse grande entre ustedes deberá ser su servidor» (Mateo 20.26).

Jesús guió a sus discípulos para que entraran en la arena de la acción, preparándolos para servir a otros y cambiar al mundo para la gloria de Dios. Maxwell comparte este pensamiento: «El cristiano tiene que decir que para ser un triunfador debo contribuir al bienestar de otros. Para decirlo en otra forma, para ser todo lo que puedo ser, necesito ayudarte a ser todo lo que tú puedes ser».[18]

Esta visión del éxito realmente cambia sus motivaciones. ¿Para qué quiere usted crecer y desarrollarse? ¿Es para provecho propio o para servir a otros? ¿Es su deseo fundamental obtener o dar?

Tómese unos momentos para reflexionar en su vida. Según esta definición cristiana ¿cuán exitoso se considera usted? ¿Está haciendo todo lo que está a su alcance para beneficio de otros? ¿Cuánto más podría beneficiar a otros si desarrollara todo su potencial?

Paso dos: desarrolle las características de la gente de éxito

¿Qué hace de algunas personas exitosas y de otras, no? Estudios sobre este asunto han identificado varias características comunes en las personas de éxito. Algunas de estas características pueden proveernos aquí algunas ideas útiles.

Primero. Las personas de éxito tienen una actitud positiva

Una característica fundamental en aquellos que quieren tener éxito es una buena actitud. Son personas que ven la vida de una manera positiva. Sonríen frente a las adversidades y siguen adelante. Zig Ziglar lo dice muy bien: «Es su actitud y no su aptitud lo que determina su altitud».[19] Las personas con actitudes negativas no llegan muy lejos en la vida. Nuestra actitud es un factor poderoso en nuestras vidas y nosotros tenemos la capacidad de cambiarla.

¿Cómo es su actitud? ¿Está su vaso medio lleno o medio vacío? ¿Ve usted los baches en el pavimento? ¿Se fija usted en las rosas o en las espinas? ¡Su actitud es parte de usted! ¡Puede cambiarla!

Segundo. Las personas de éxito tienen metas claras

La gente que alcanza el éxito no llega a su destino por casualidad. Son personas que se han decidido a ponerse metas y alcanzarlas. Planean cada día, semana y meses para hacer el mejor uso de su tiempo. ¿Ha puesto usted por escrito sus metas en la vida? ¿Planifica su agenda o vive «a como vayan saliendo las cosas»? ¿Dónde quiere estar el año que viene? ¿En cinco años? Maxwell afirma que mientras menos del cinco por ciento de las personas escriben sus metas, el noventa y cinco porciento de las que lo hacen, las alcanzan.[20] ¡Qué poderoso incentivo es escribir sus metas!

Los griegos tienen un proverbio que dice: «Antes de poder anotar, ¡primero debe tener un objetivo!». Muchos andan corriendo alrededor del campo de juego de la vida sin la más mínima idea de a dónde quieren llegar. Las personas de éxito han aprendido a establecer y alcanzar sus metas.

Tercero. Las personas de éxito trabajan duro

El éxito demanda de las personas estar dispuestas a trabajar duro para alcanzar sus objetivos. No le tienen miedo al esfuerzo. Demasiadas personas esperan tener un gran descanso cuando hayan alcanzado el éxito. Oran por milagros pero no están dispuestos a ir más allá de ellos cuando se producen.

La Escritura describe la clave del éxito de Ezequías: «Todo lo que emprendió para el servicio del templo de Dios, *lo hizo* de todo corazón, de acuerdo con la ley y el mandamiento de *buscar a Dios* y tuvo éxito» (2 Crónicas 31.21, énfasis del autor). Ezequías supo equilibrar su búsqueda de Dios y el trabajo duro. Y triunfó.

Cuarto. Las personas de éxito perseveran

Las personas de éxito no se dan por vencidos. Creen en el viejo adagio que dice: «Si no triunfas a la primera, inténtalo otra vez». Persisten en procura de sus metas. No aceptan un «no» por respuesta. Los que no triunfan siempre buscan excusas para justificar sus fracasos. Toman las dificultades como una señal de que Dios les ha llamado a otra cosa. Thomas Edison, el inventor, es un gran ejemplo de perseverancia. Trató más de 10.000 experimentos antes que el bombillo eléctrico funcionara. Si se hubiese dado por vencido a la 9.999ava vez a lo mejor todavía nos estaríamos alumbrando con velas.

La única persona que puede impedir que usted llegue a ser la persona que creó Dios es usted mismo.

¿Se ha dado por vencido en algo últimamente? ¡Inténtelo de nuevo! Cuelgue este dicho en la pared: «Los ganadores nunca se rinden y quienes se rinden nunca serán ganadores».

Quinto. Las personas de éxito asumen su responsabilidad

Las personas de éxito rehúsan culpar a otros por sus acciones. Asumen su responsabilidad y lo hacen sin que medien presiones.

No son como aquel joven en una entrevista de trabajo. Su posible empleador le preguntó: «¿Es usted responsable?». El joven replicó: «Sí. Yo soy muy responsable. En mi último trabajo cuando algo se hacía mal, mi jefe siempre decía que yo era el responsable». Las personas de éxito aceptan sin demora su responsabilidad.

Las personas de éxito controlan sus propios mundos. Esto no significa que dejen a Dios fuera del cuadro sino que reconocen la tremenda libertad y responsabilidad que Dios les ha dado. Usted es el único que determinará si se desarrollará, o no, para llegar a ser la persona que Dios tenía en mente cuando lo creó.

¿Asume usted la responsabilidad por su vida? ¿Ha cometido algún error por el cual ha culpado a otros?

VEA EL FRACASO CORRECTAMENTE

Finalmente, si va a desarrollar todo su potencial, debe saber cómo entender y enfrentar el fracaso. Todo líder exitoso ha experimentado el fracaso. Sobreponerse a los fracasos es importante para alcanzar el verdadero éxito.

Tener miedo a fracasar es un gran impedimento para desarrollar todo nuestro potencial. Dudamos en cuanto a intentar grandes cosas para Dios temiendo que vamos a fracasar. ¿Consideraríamos un fracaso si intentáramos ganar 1000 almas para Cristo y solo ganamos 500? Muchas veces no intentamos cosas nuevas porque la última vez nos fue mal. Nadie nos ha enseñado eso de «fallar exitosamente». En su libro *El lado positivo del fracaso*, Maxwell me ha ayudado grandemente a ver apropiadamente el fracaso. Él dice: «La diferencia entre la gente mediocre y la gente de éxito es su percepción de y su reacción al fracaso».[21]

Ken Blanchard, experto en administración, dice: «El éxito no es para siempre como el fracaso no es irremediable».[22] No debemos dejar que el fracaso anule el potencial que Dios ha puesto dentro de nosotros. Aprendamos juntos a ver el fracaso apropiadamente. Ya que no hay quien no falle, vamos a mirar cada letra de la palabra FRACASO.

Fracaso también es derrota

¿Qué es fracaso? ¿Cómo se ve usted a sí mismo cuando fracasa? ¿Ve un fracaso como un fallo de una persona inteligente o como una indicación de una persona derrotada? Tim Elmore nos dice que «el fracaso es un accidente, no una identidad; no algo que nos identifique como fracasados».[23]

El fracaso es un hecho. Es algo que puede ocurrir y no tiene nada que ver con lo que usted es. Hay una gran diferencia entre decir: «Fracasé» y «Soy un fracasado». Un fracaso no me hace fracasado.

¡El fracaso es parte de la vida! Yo fallo, tú fallas, todos fallamos. La Biblia dice: «Pues todos han pecado y están privados de la gloria de Dios» (Romanos 3.23). Nosotros predicamos esto a los pecadores pero de alguna manera nos cuesta admitir que somos humanos y como tales cometemos errores. Usted ha fallado, usted está fallando y en el futuro fallará. Pero eso no quiere decir que usted sea un fracasado. No deje que el miedo al fracaso le impida hacer lo que Dios quiere que haga. Aprenda a luchar con el fracaso y a seguir avanzando.

El diablo usa sus fracasos para hacer que usted se sienta fracasado. Él sabe cómo llevar el registro de sus errores y usarlos con bastante efectividad. La próxima vez que le recuerde cómo ha fracasado, recuérdele que él cometió el más grande de los fracasos: creer que podría mantener a Jesucristo encerrado en una tumba.

Responsabilícese de sus fracasos

Para ver el fracaso en forma apropiada, aprenda a aceptar responsabilidad por los errores que cometa. Cuando usted falle, no empiece a buscar a quien echarle la culpa. Echarle la culpa a otro u otros es tan viejo como el primer fracaso. Adán y Eva inventaron el culpar al otro y eso mismo lo traspasaron a nosotros. ¿Recuerda lo que ocurrió después que hubieron pecado? Cuando Dios les preguntó qué había pasado, Adán le dijo: «Fue la mujer». Eva, a su vez, dijo: «Fue la serpiente». Y la serpiente no tuvo a quien echarle la culpa. Ninguno estuvo dispuesto a asumir la responsabilidad de su pecado.

Nosotros debemos parar ese jueguito de culpar a otros. Hay dos objetivos comunes de culpa que tienen que abandonarse.

Deje de culpar a otros

Culpar a otros es muy común. La mayor parte de las excusas están apuntadas hacia otros. Los padres culpan a los hijos; los esposos se culpan entre sí; el gobierno culpa a los contribuyentes y el ciclo suma y sigue.

Con frecuencia, los pastores se quejan: «Los miembros no están orando, las ofrendas han bajado, el área donde estamos es difícil, nuestra gente es muy pobre, tengo un miembro que influye negativamente sobre los demás». Usted es el pastor; asuma su responsabilidad y déjese de culpar a otros. Asuma su responsabilidad por la marcha de la iglesia que pastorea, por su situación financiera y por su vitalidad espiritual. El liderazgo exige responsabilidad.

Cuando usted les echa la culpa a otros, está quitando de sí la responsabilidad que le corresponde. Inconscientemente también está despojándose de la autoridad de liderazgo porque autoridad y liderazgo son los dos lados de la misma moneda. Usted no puede tener autoridad sin responsabilidad.

Deje de echarle la culpa a su pasado

Culpar al pasado es una forma muy común de manejar sus errores.
«No tuve una buena educación».
«En casa éramos muy pobres».
«Fui maltratado cuando era niño».
«Alguien dijo mentiras sobre mí».
«El pastor hizo algo que no me gustó».

Está bien. Todo eso ocurrió. ¡Supérelo! El pasado es pasado, avance al ritmo de la vida. Mucha gente a su mediana edad sigue quejándose de su pasado. No es bueno mantenerse culpando cosas en el pasado que ya no se pueden cambiar. Hacerlo es autoderrotarse. Recuerde la buena noticia: «¡El pasado terminó anoche!». Se acabó. Su pasado no puede derrotarlo. Su futuro está aquí, delante de usted. Su potencial lo está esperando. Deje de mirar atrás.

El gran apóstol Pablo tenía mucho que dejar atrás cuando se decidió a responder al llamado que le hizo el Señor. Da fe de ello en Filipenses 3.13–14, donde escribió: «Hermanos, no pienso que yo mismo lo haya logrado ya. Más bien una cosa hago: olvidando lo que queda atrás y esforzándome por alcanzar lo que está delante, sigo avanzando hacia la meta para ganar el premio que Dios ofrece mediante su llamamiento celestial en Cristo Jesús».

¿Qué era lo que Pablo necesitaba olvidar? Le había fallado a Dios en el pasado al punto de dar muerte a los cristianos. Pero en lugar de mirar atrás, miró adelante y logró grandes cosas para Dios.

Muchos grandes líderes han tenido que luchar con pasados terribles. José estuvo encarcelado y fue tratado cruelmente durante años pero salió adelante, convirtiéndose en uno de los líderes más grandes de la Biblia. Triunfó sobre la adoración de ídolos, la prostitución, la mentira, el favoritismo y el asesinato para llegar a ser el gobernador de Faraón en Egipto. Moisés fue un asesino que llegó a ser el gran líder de Israel. David, un niño pastor común y corriente llegó a ser el gran rey de Israel y un hombre según el propio corazón de Dios. Pedro, un pescador sin educación antes de encontrarse con Jesús, llegó a ser el gran líder en la iglesia primitiva.

Einstein, expulsado de la escuela por considerarlo estúpido llegó a ser un brillante pensador. John Newton fue un vulgar capitán de barco dedicado al comercio de esclavos. Después de su extraordinaria experiencia de conversión compuso el himno «Sublime Gracia» que dice: «Sublime gracia del Señor que a un infeliz salvó...». Nelson Mandela, encarcelado durante veintisiete años, fue finalmente liberado, no culpó a nadie y llegó a ser presidente de su nación, África del Sur.

ASEGÚRESE DE CONOCER EL POR QUÉ DE SUS FRACASOS

A la vez que hay que liberarse de las ataduras de los fracasos, es necesario investigarlos para saber por qué ocurrieron y aprender de tal situación. ¡Un vistazo sincero a nuestros errores nos hará más sabios!

Los líderes exitosos se están continuamente preguntando: «¿Qué podemos aprender de esto?». Hay varias cosas que deberíamos aprender cuando investigamos el por qué de nuestros fracasos.

1. Aprenda qué estuvo equivocado

Identifique la causa del fracaso. Si la campaña falló ¿se habrá debido a la publicidad, a la falta de oración o a la falta de planeamiento? ¿Qué pasó, en el caso que haya perdido dinero en un negocio? Hasta que no identifique lo que estuvo mal no puede corregir el problema. Demasiadas personas se mantienen repitiendo los mismos errores porque nunca se preocuparon por saber qué habían hecho mal. Llegar a saber dónde estuvo el error ayudará a no repetir la misma equivocación.

2. Aprenda lo que necesita cambiar

Saber dónde estuvo el error lo pondrá a usted en el camino del éxito. Luego, necesita saber qué es lo que hay que cambiar.

Visualice los errores en la forma en que Thomas Edison, el inventor de la bombilla eléctrica, entendió los suyos. Había intentado miles de formas de crear una buena bombilla eléctrica pero no funcionaban. Pero seguía haciendo cambios hasta que tuvo éxito. El fracaso es una oportunidad para comenzar de nuevo y cambiar lo que ha estado haciendo para no repetir los mismos errores. ¡Busque dónde estuvo la falla y cambie de táctica!

Si se da cuenta que está fallando como esposo (o esposa), identifique dónde ha estado el problema y haga los cambios apropiados. Empiece por disculparse (aceptando su responsabilidad) y modificando su conducta. Si la campaña fracasó, vea qué hará diferente la próxima vez. Si escogió un líder que no fue efectivo, vea qué cambios puede hacer para contar con la ayuda de alguien que no falle.

CORTE AMARRAS CON SUS FRACASOS

Después de aprender de sus fracasos, usted necesita cortar amarras y dejarlos atrás mientras sigue adelante. Si no hace esto, sus fracasos del pasado le impedirán lograr sus éxitos futuros.

No malgaste su tiempo revolcándose en la autocompasión y en la vergüenza. ¡Póngase en pie y camine!

En un congreso para hombres en 1999, escuché una conferencia del doctor Ed Cole, siempre me acordaré de sus palabras: «Si usted se levanta el mismo número de veces que cae, estará de pie». ¡Piense en eso por un momento! En la vida, los verdaderos perdedores son los que caen y no se levantan. Los ganadores se ponen de pie y siguen adelante.

¿Puede usted cortar amarras con los fracasos de su padre y seguir caminando? Dígase: «Sí. Lo hice y he aprendido de mis errores. Pero todo eso se acabó y sigo hacia delante».

Deje que sus fracasos lo reten con cosas más grandes. No admita la derrota. Inténtelo de nuevo. Busque métodos diferentes. Los ganadores nunca abandonan y los que abandonan nunca llegarán a ser ganadores. Deje atrás sus fracasos.

ANTICIPE NUEVOS FRACASOS

Sí. ¡Vendrán nuevos fracasos! No se extrañe. Pero, si puede sobreponerse al temor a fracasar y ha aprendido a sacar provecho de sus errores pasados, le aseguro que estará en excelente estado de preparación para enfrentar nuevos riesgos. Mientras más se arriesgue, más errores va a cometer, más completo será su aprendizaje y más exitoso llegará a ser. ¡Usted necesita cometer más errores asumiendo mayores riesgos!

Myles Munroe dice:

Los más pobres de los hombres son aquellos que no tienen un sueño. No tenga tanto miedo al fracaso que se niegue a intentarlo. ¡Exíjase! No olvide que el fracaso no es más que un accidente. Hay mucho más que un fracaso: detrás del fracaso hay un éxito impresionante. El fracaso es la oportunidad que le da la vida para un nuevo comienzo más inteligente. Cuando usted falla, está teniendo una gran oportunidad para comenzar de nuevo. Aprenda de estos accidentes y siga adelante. Que ningún fracaso lo paralice.[24]

J. Oswald Sanders observa: «Los grandes logros en la historia de las misiones han venido de líderes cercanos a Dios que se armaron de valor y calcularon los riesgos. La mayor parte de los fracasos vienen más por un exceso de precauciones que de experimentos atrevidos con ideas nuevas».[25] Para mí, eso es un verdadero desafío. Yo soy demasiado cauteloso.

No me arriesgo así no más. Me gusta mantenerme dentro de mi zona de confort. Pero en esta nunca voy a poder desarrollar mi potencial. Maxwell me reta a intentar un nuevo nivel cuando dice: «Si triunfa a la primera, la próxima intente con algo más difícil».[26]

¡Atreverse a fallar! Dé este año algunos pasos de fe atreviéndose a desarrollar su potencial. Haga cosas que nunca antes hizo. No se satisfaga con el *statu quo*. ¡Esfuércese! ¡Arriésguese! ¡Láncese!

Asumir riesgos supone algún tipo de fracaso. Según Maxwell: «Mientras más empeño le pone, mayor es el fracaso que puede experimentar, y mayor el éxito. No sé usted, pero yo prefiero alcanzar el noventa por ciento de mi potencial con muchos fracasos, que alcanzar solo el diez por ciento con una puntuación perfecta».[27]

Mi meta en la vida no es «nunca fracasar». No busco perfección, sino producción. Si no estoy fallando lo suficiente es probablemente porque no estoy intentándolo lo suficiente.

Demasiados de nosotros pugnamos por tener una puntuación perfecta abrazando cautelosamente la orilla de la perfección cuando lo que tenemos que hacer es buscar las profundidades. Los barcos no fueron hechos para navegar por la orilla sino para conquistar las vastas expansiones de agua. De igual manera, nosotros no hemos sido creados para movernos dentro de un círculo de seguridad. Ponga cara al viento. Mire al horizonte. Vea las cosas que Dios quiere hacer con usted. Salga de su zona de confort y busque lo que Dios ha preparado para usted. Lo reto a que fracase mientras intenta grandes cosas para Dios.

Revisemos nuestro acróstico FRACASO
Fracaso también es derrota
Responsabilícese por sus fracasos
Asegúrese de conocer el por qué de sus fracasos
Corte amarras con sus fracasos
Anticipe nuevos fracasos
Salga de su zona de confort
Olvídese de una puntuación perfecta

CONCLUSIÓN

Vamos a poner junto todo el capítulo. Si usted va a alcanzar su potencial necesita ver correctamente a Dios, verse correctamente a usted mismo, ver correctamente al éxito y al fracaso. En otras palabras, la fórmula para su capacidad sería así:

Una visión equivocada en cualquiera de las áreas inhibe su potencial.

La fórmula para su potencial: cómo ve a Dios + cómo se ve usted a sí mismo + cómo ve el éxito + cómo ve el fracaso = su potencial.

Tómese un tiempo para completar la asignación para la acción antes de entrar el capítulo siguiente. ¡Tendrá que dar varios pasos hacia su potencial! Haga una copia de «Mi identidad en Cristo» en el apéndice A y comience diciéndola dos veces en el día. Que Dios le bendiga para descubrir y desarrollar su potencial.

ASIGNACIÓN PARA LA ACCIÓN

Evalúe la forma en que ve cada una de las cuatro áreas de su potencial y responda las siguientes preguntas. Hágalo basado en lo que creía e hizo antes de esta lección.

I. **Cómo veo a Dios**
1. Dios le ha dado la mente. Lea Filipenses 4.8 y piense en el contenido de este versículo. ¿Qué porcentaje de sus pensamientos obedecen el consejo encerrado aquí? ¿Qué hará para cambiar?

2. Dios es el juez del potencial. Si tuviera que presentarse ahora mismo ante él, ¿qué cree que le diría acerca de la forma en que hizo uso de su potencial?

3. ¿Qué porcentaje de su potencial está usando actualmente?

4. ¿Qué le está impidiendo alcanzar todo su potencial?

5. ¿Qué cambios necesita hacer en su vida para aumentar ese porcentaje? (Sea específico en su respuesta.)

II. **Cómo me veo a mí mismo**
1. Escriba un párrafo sobre cómo se veía usted mismo antes de esta lección. Responda la pregunta: «¿Qué clase de persona soy?».

2. En la medida de su comprensión, describa sus:

Dones espirituales

Personalidad (Si no conoce los temperamentos, ¿qué clase de persona es usted? ¿Parlanchín? ¿Extrovertido? ¿Tímido? ¿Atrevido?)

Sus puntos fuertes

Sus puntos débiles

III. Cómo ve el éxito

1. ¿Cuál es su propósito en la vida? En otras palabras, ¿para qué lo creó Dios?

2. ¿Qué está haciendo para crecer?

3. ¿Qué cambios ha hecho recientemente en su vida?

4. ¿Qué está haciendo para el beneficio de otros?

En el cuadro siguiente, califique sus cualidades para el éxito. Ponga una marca para cada característica del 1 al 7 con el 1 significando muy malo y 7 excelente. No se requiere perfeccionamiento.

Característica	1	2	3	4	5	6	7
Actitud positiva							
Metas (saber hacia dónde va)							
Trabajo intenso							
Perseverancia							
Asumir responsabilidad							

IV. Cómo ve el fracaso

1. ¿Se ve usted cuando fracasa como un fracasado o acepta que ha fallado? «Yo me veo como un...

2. Enumere los cinco mayores errores que ha cometido en su vida. Describa cada uno en forma breve.

   A.

   B.

   C.

   D.

   E.

3. ¿Por cuál de los errores enumerados arriba ha asumido usted la responsabilidad? ¿Por cuál ha culpado a otros?

4. Piense en la culpa. ¿A quién o a qué ha culpado por sus fracasos?

5. Escoja uno de los cinco errores enumerados arriba. Ponga el número del que escogió... Ahora conteste las siguientes preguntas sobre dicho error.

   A. ¿Cuál fue su responsabilidad en ese error?

   B. ¿Qué acción, pensamiento o conducta equivocada provocó el error?

   C. ¿Qué aprendió de ese error?

   D. ¿Qué cambios ha hecho (o necesita hacer) para evitar cometer el mismo error otra vez?

6. ¿Qué área de riesgo le está llamando Dios a asumir?

7. ¿Qué temores le están impidiendo correr ese riesgo? (Enumérelos si son más de uno.)

8. Ore y pídale a Dios que le ayude con esos temores y planee cómo correr ese riesgo. Haga una marca aquí cuando lo haya hecho _____.

Describa en otra hoja de papel el potencial que cree que Dios le ha dado. Incluya un párrafo para su crecimiento y desarrollo personal, uno para su trabajo o carrera y uno para su potencial en el ministerio. (Si su carrera es el ministerio, escriba solo dos pero lo más ampliamente posible.)

Use el documento «Mi identidad» que aparece en el apéndice A por los siguientes treinta días. Cada mañana y cada noche, párese frente al espejo y léalo en voz alta. Marque las casillas cuando haya hecho este ejercicio y anote el número de días que lo hizo _____.

¿Cuál fue el resultado?

Capítulo 3

EL LÍDER Y SU VISIÓN

Haga una pausa por un momento y piense en un líder al que le tenga una especial admiración y al que le sea grato seguir. ¿Qué es lo que le atrae de tal persona? (¡No siga leyendo mientras no tenga una respuesta!) Posiblemente pueda dar más de una razón para seguirle. De seguro que una sería que ese líder sabe hacia dónde se dirige en la vida. Tiene *visión*.

Como líder, usted ha sido llamado por Dios para desarrollar su potencial de tal manera que otras personas quieran seguirlo. Para beneficio de los que siguen su lide-

> Solo entre el 3 y el 5% de los pastores tienen una visión imperativa.

razgo, deberá saber hacia dónde se dirige. Los líderes están en capacidad de pararse ante la gente y decirles: «Nos moveremos en tal o cual dirección». ¿Qué es lo que capacita a un líder para hacer esto con efectividad? Es una cualidad llamada *visión*, sin la cual usted no puede ejercer un liderazgo adecuado. Maxwell llama a esto la «cualidad indispensable en el liderazgo».[1] No todos los que tienen visión son líderes, pero todo líder debe tener visión. Sin embargo, muchos líderes de iglesias no son capaces de definir claramente su visión. Bruce Wilkinson dice que alrededor del mundo solo entre un tres y un cinco por ciento de los pastores tienen una visión imperativa.[2] Si esto es verdad entre los líderes, ¿cuántos seguidores tendrán una visión clara de sus vidas?

¿Qué es visión? ¿Cuál es el rol de la visión en la vida de un líder? Myles Munroe define visión como «un atisbo del final, una visión de su propósito en la vida».[3] Wilkinson añade: «Visión es un cuadro interno, no de lo que existe sino de lo que existirá en el futuro».[4] Note las palabras que se usan en estas definiciones: «atisbo, visión y cuadro». La visión comprende nuestra capacidad para mirar el futuro para ver lo que Dios quiere hacer en y a través de nosotros. Con nuestros ojos físicos vemos cosas y a esto lo llamamos «visión». Para un líder, visión es la capacidad de «ver» adelante y reconocer cómo luce la meta.

Todos los líderes deberían tener un sentido de lo que Dios está haciendo en y a través de ellos y un cuadro mental de su futuro. A esto lo podemos llamar visión *personal*. También los líderes deben tener una visión clara de lo que Dios quiere hacer a través de su grupo. A esto lo podemos llamar una visión *corporativa*.

Visión es lo que crea un fuego dentro del líder. Es el combustible que lo capacita para proseguir apasionadamente a la meta. Esta pasión atrae a otros a seguirle cuando la visión se comunica en forma efectiva.

A veces, para referirnos a una visión, usamos la palabra «sueño». Cuando Martin Luther King, Jr. dijo: «Tengo un sueño...» estaba refiriéndose a su visión para el futuro, no a algo que había visto mientras dormía. Él era un líder con visión.

Aunque distintas, visión y metas están estrechamente relacionadas. Visión es el resultado final y metas son los pasos para hacer realidad la visión.

Vamos a analizar más detalladamente lo que es una visión para el líder. Provee tres importantes ingredientes: enfoque, fuerza y ánimo.

LA VISIÓN DA ENFOQUE

La visión nos capacita para mantenernos concentrados en un propósito. Evita que nos distraigamos por cosas que podrían ser buenas pero que no son lo mejor para nosotros.

Dos niños estaban tratando de caminar por sobre los rieles del tren. Mientras daban un paso tras otro, no quitaban la vista de sus pies pero se dieron cuenta que perdían el equilibrio con demasiada frecuencia y caían de los rieles. Finalmente, descubrieron que si miraban recto hacia delante, podían caminar fácilmente sin caerse. La visión nos da ese enfoque, permitiéndonos caminar confiadamente en la dirección correcta sin descaminarnos.

Proverbios 29.18 dice: «Donde no hay visión, el pueblo perece» (RVR60). La palabra *perece* en realidad quiere decir vivir descuidadamente o en forma desenfrenada. Donde no hay una visión clara se vive a la deriva, sin un sentido cierto de dirección y propósito. Sin enfoque, recursos tan valiosos como tiempo, dinero y dones espirituales se manejan ineficientemente. Sin visión, su iglesia es solo un grupo de personas que se *juntan* pero que no *avanzan* unidas.

La visión enfoca la vida para lograr su potencial a un cien por ciento. Una visión clara es como un lente de aumento. Toma los rayos del sol y los concentra en una brizna de pasto hasta que empieza a humear y luego se produce una llama que consume el pasto. La energía del sol tiene más poder cuando está enfocada y la visión enfoca nuestras vidas para generar más poder.

La visión vitaliza al líder y le da una fuerza poderosa. El líder recibe fuerza al ver hacia dónde va, eso le da poder para hacer lo que requiere para cumplir la visión. Un líder efectivo mantiene su visión en la mente día y noche. Sueña con ella por las noches y durante el día. Habla de ella y actúa en relación con ella. La visión evita que se canse. Los buenos líderes derrochan energía. Están tremendamente motivados por la visión que Dios les ha dado y trabajan duro para verla hecha realidad.

LA VISIÓN DA FUERZA

La fuerza creada por la visión no solo energiza al líder sino que también da fuerzas a sus seguidores. Estos ven la visión y la energía del líder, lo que los anima a participar en el esfuerzo común de hacer de la visión una realidad.

LA VISIÓN DA ÁNIMO

La visión no solo da energía para acometer el trabajo, sino que provee ánimo, resistencia y la habilidad para seguir avanzando aunque el camino sea difícil. Cuando los obstáculos enfrentan a una persona sin visión su tendencia es echarse a dormir. Pero un líder con visión no se detiene fácilmente. Aun cuando las cosas se puedan poner difíciles, la visión lo mantiene yendo adelante. Y cuando la situación lo aconseja, busca y encuentra caminos alternos para evitar los obstáculos y seguir avanzando hasta que su sueño se hace realidad. La visión da un «poder que se queda». Los líderes nunca abandonan; su visión les da esta cualidad de resistencia.

No es de sorprenderse, entonces, que esa visión sea la «cualidad indispensable en todo liderazgo». Si usted va a hacer la diferencia en cuanto a líder, deberá tener una visión y ser capaz de hacer que otros lo sigan.

Nehemías, bien conocido por su éxito en reconstruir los muros de Jerusalén alrededor de 445 a.c., es un gran ejemplo del líder con visión. El libro que lleva su nombre registra los datos sobre su visión clara para la obra que Dios le había llamado a ejecutar y cómo la llevó adelante a pesar de la cantidad de obstáculos a los que tuvo que enfrentarse. Nehemías, al que le correspondió vivir en un tiempo complicado en la historia de Israel, fue uno de los judíos cautivos en el Imperio Persa. Nunca había vivido en la tierra de sus ancestros, pero Dios planeó que fuera él quien dirigiera los trabajos de reconstrucción de los muros de Jerusalén.

El informe que recibió Nehemías sobre las condiciones en que se encontraban los muros de Jerusalén era desalentador. Estaban prácticamente todos en el suelo y los habitantes de la ciudad vivían en deshonra y ultraje. Las noticias lo afectaron profundamente, de modo que pasó tiempo en ayuno y oración por su hogar ancestral. Finalmente, se convenció de que tenía que hacer algo, de modo que fue al rey persa para exponerle su plan.

Una mirada detenida a la historia de Nehemías revela siete importantes «visiones principales» que puede hacer cualquier líder efectivo para Dios.

PRIMER PRINCIPIO:
LAS VISIONES NACEN EN MEDIO DE LA ORACIÓN

Al escuchar esto, me senté a llorar; hice duelo por algunos días, ayuné y oré al Dios del cielo. (Nehemías 1.4)

La visión de Nehemías nació en la oración. Él lloró, ayunó y oró por la condición de su ciudad. No estaba nada de feliz con lo que vio. Su corazón se comprimía ante la necesidad de su pueblo; por eso, clamó a Dios para que hiciera algo a favor de Jerusalén. Preocupado por los cambios, su visión empezó a crecer hasta que entendió que Dios lo estaba llamando para que se involucrara personalmente en reconstruir los muros.

Como líderes cristianos nosotros también necesitamos sentir una carga por la obra de Dios. ¿Cuál es la visión de Dios para su vida? ¿Para su iglesia? ¿Para las damas de la iglesia? ¿Para la juventud? ¿Para los inconversos?

En la presencia de Dios comience a orar por las necesidades que rodean su vida. Toda visión genuina será resultado de una necesidad que Dios nos llama a atender. Las visiones son para satisfacer necesidades, no del líder sino del pueblo de Dios. Si un líder quiere levantar un gran templo o un programa para satisfacer su necesidad personal de reconocimiento, esa no es una visión legítima; las visiones dadas por Dios siempre se enfocan en otros.

No todas las necesidades que usted vea llegarán a ser una carga para usted ni no todas las cargas llegarán a ser una visión. Pero algunas crecerán en su espíritu hasta el punto que no le quedará duda de que es Dios quien lo está llamando. Usted puede ver a un niño en necesidad y pensar: «¡Alguien debería prestar ayuda a este niño!» pero dentro de una hora ya se habrá olvidado de él. Sin embargo, si esa visión se la ha dado Dios, la carga se mantendrá y crecerá en usted; la imagen de ese niño se hará más potente hasta que se decida a actuar.

Toda visión genuina para un líder cristiano viene de Dios y nace en la oración. Nadie más puede darle una visión; no la puede encontrar en una escuela bíblica o en un seminario. En oración puede ver todo su potencial y puede empezar a entender a qué lo está llamando Dios. La oración prepara su corazón para sentir el corazón de Dios en una situación dada. La oración hace posible que usted rinda su voluntad al plan de Dios y acepte el costo personal que implica llevar a cabo la visión. Comience orando y pidiendo a Dios que le dé la visión que tiene para su vida. No deje de orar hasta que la visión sea clara en su mente.

Su visión de Dios puede venir claramente con señales sobrenaturales o en un sueño. Pero con frecuencia viene lentamente, mientras usted busca a Dios y se hace más claro que él lo ha llamado a hacer determinado trabajo. En el proceso, es muy posible que la visión se profundice en su corazón. Wilkinson afirma: «La visión pertenece al corazón; una idea, a su mente».[5]

Se dice que a Paul Cho, pastor de la iglesia más grande del mundo, le preguntaron por el secreto de su éxito. Su respuesta fue simple: «Orar... y obedecer». Él tuvo que oír la dirección de Dios y luego andar en obediencia.

SEGUNDO PRINCIPIO: LAS VISIONES SON PERSONALES

Si a Su Majestad le parece bien, y si este siervo suyo es digno de su favor, le ruego que *me* envíe a Judá para reedificar la ciudad donde están los sepulcros de mis padres. (Nehemías 2.5, énfasis del autor)

Dios tenía un plan personal para Nehemías. Él (Nehemías) sabía perfectamente lo que Dios quería que hiciera, por eso le dijo al rey que quería ir y reconstruir la ciudad. Esta no fue una visión para Esdras u otro. Fue una visión personal.

> Dios tiene una visión personal para usted.

Dios tiene una visión personal para usted. A usted no se le llamará para que cumpla la visión que Dios me ha dado a mí ni yo seré responsable por la forma en que usted cumpla su visión. No cometa el error de seguir las visiones de otras personas. ¡Siga la suya! Dios lo creó como un individuo y su plan para usted es único. Su visión y la de otra persona pueden ser similares, pero asegúrese de tener la visión que Dios formuló para su vida. Si usted es pastor, Dios quiere que haga algunas cosas que desea que todos los pastores hagan. Aun así, la visión suya es única y su iglesia hará su propia contribución al reino de Dios.

¿Significa esto que no puede apoyar a alguien con su propia visión? ¡De ninguna manera! Muchas personas son llamadas a apoyar a otros líderes con visión. Los miembros de una iglesia deberían abrazar la visión de sus líderes y ayudarles a llevarla adelante. Sin embargo, usted debería estar convencido de que la visión de Dios es para usted allí donde está, haciendo lo que esté haciendo. Usted debería hacer una decisión con conciencia para asumir esa visión y hacerla suya, y no simplemente seguirla porque no tiene otra cosa que hacer.

Es posible que por un tiempo usted sea llamado a trabajar bajo la visión de alguien más mientras Dios lo prepara para dedicarse a su propio llamado. No vea esa circunstancia como una pérdida de tiempo; Dios sabe lo que está haciendo.

¿Ha descubierto cuál es la visión única que Dios tiene para usted? Él tiene un plan personal para usted.

TERCER PRINCIPIO: LAS VISIONES SON ESPECÍFICAS

> Si a Su Majestad le parece bien, y si este siervo suyo es digno de su favor, le ruego que me envíe a Judá para reedificar la ciudad donde están los sepulcros de mis padres. (Nehemías 2.5)

Nehemías sabía que Dios lo había llamado a una tarea específica: construir los muros de Jerusalén. Él no dijo: «Iré y ayudaré a la gente con sus problemas». Él sabía que el llamado era, específicamente, para que reconstruyera los muros.

El líder debe tener una visión específica. Un llamado general, como «Glorifique a Dios» o «Busque primero el reino» no producirá mucha acción. Estos son deseos importantes pero no visiones específicas y medibles.

Pablo fue un gran líder con una visión específica: predicar el evangelio a los gentiles. Su visión estaba enfocada exclusivamente en un grupo determinado de personas. Él siguió la visión y mantuvo su mente fija en a dónde iba. (Vea Hechos 9.15; 26.19 y Filipenses 3.14.)

Busque una visión para su vida que sea específica. Quizás usted diga que Dios lo ha llamado al pastorado y su visión es levantar una iglesia fuerte. ¿Qué quiere decir eso? ¿Cómo va a saber que ha hecho realidad esa visión? ¿Qué clase de iglesia está llamándole a levantar? ¿A qué grupo de personas está él llamándole a alcanzar? Sea específico.

Como pastor, tuve una visión específica para la iglesia que estaba levantando. Dios me llamó a formar una congregación que creciera numéricamente pero más que eso, que todos sus miembros se involucraran en el trabajo usando sus dones. Yo quería una iglesia que estuviera formando líderes continuamente. Mi visión llamaba a un servicio de adoración dinámico, a un buen coro y a una juventud activa con la oportunidad de desarrollar sus dones para hacer algo importante para Dios. Veía a nuevos creyentes siendo disciplinados y creciendo en su fe. Mi función como pastor era ser un «perfeccionador de santos» tal como lo leemos en Efesios 4.12: «a fin de perfeccionar a los santos para la obra del ministerio».

Mi visión me mantuvo trabajando de la mañana a la noche, reuniéndome con personas, alentando a los líderes, planeando seminarios, estableciendo metas, preparando reuniones para el concilio de la iglesia y muchas otras tareas esenciales.

Ahora, como coordinador de un ministerio, tengo visiones diferentes pero siempre instrucciones específicas que estoy seguro que Dios quiere para cada uno de nosotros. Escribir la visión le ayudará a hacerla más clara y específica. Habacuc 2.2 nos reta: «Escribe la visión».

¿Cuál es su visión específica?

CUARTO PRINCIPIO: LAS VISIONES SON GRANDES

> Entonces añadí: Si a Su Majestad le parece bien, le ruego que envíe cartas a los gobernadores del oeste del río Eufrates para que me den vía libre y yo pueda llegar a Judá; y por favor ordene a su guardabosques Asaf que me dé madera para reparar las puertas de la ciudadela del templo, la muralla de la ciudad y la casa donde he de vivir. El rey accedió a mi petición, porque Dios estaba actuando a mi favor. (Nehemías 2.7–9)

Nehemías tuvo una gran visión. Necesitaría una gran cantidad de recursos, mucha gente para hacer el trabajo, y el favor de Dios para poder terminarlo. Si usted ha construido un muro alrededor de una propiedad pequeña entenderá lo complicado que sería construir los muros para toda una ciudad.

¡La visión tendría que haber sido muy grande aparte de la ayuda de Dios! Si su visión puede ser realizada fácilmente eso quiere decir que quizás sea demasiado pequeña. Podría ser solo una meta de un plazo corto o quizás un sueño que no vino de Dios, por lo cual puede llegar a ser una realidad sin la participación de él.

Andy Stanley, pastor de la North Point Community Church dice: «Por lo general, la tarea parece inalcanzable. Y la razón para que parezca así es porque es inalcanzable. Las visiones dadas por Dios son siempre demasiado grandes para que nosotros podamos manejarlas. Esto no debería sorprendernos. Piense en la fuente».[6]

Muchos líderes de iglesias tienen lo que yo llamo «una visión de supervivencia». Su meta máxima es sobrevivir. Mes tras mes, año tras año, mientras puedan sobrevivir, estarán contentos. Al finalizar el año dicen: «Gracias a Dios, este año no perdimos ningún miembro, ¡hemos mantenido la fe!». ¡Eso no es visión, es supervivencia! ¿Está usted sobreviviendo o cambiando su mundo para Jesús? No sea sobreviviente; sea triunfador. Por el amor de Dios, ¡haga un impacto en el mundo!

Jabes fue un visionario. Oró: «Extiende mi territorio». No se conformó con quedarse donde estaba. Anhelaba hacer más para Dios y expandir su influencia (vea 1 Crónicas 4.9–10).

Yo creo que a menudo nuestra visión es demasiado superficial. Muchas veces nuestra visión es predicar la Palabra y esperar que unos pocos se conviertan. Muchas iglesias hacen esto con bastante efectividad; no obstante, yo lo desafío a desarrollar una visión mayor que lo ordinario, algo que solo Dios puede hacer que la alcance.

Tan pronto como comience a pensar en una visión grande, alguien le recordará que no hay dinero. No renuncie a la visión porque no tiene a la vista una fuente de recursos. Si Dios está en la visión, proveerá los fondos que sean necesarios.

Ralph Mahoney dice lo siguiente acerca del dinero y la visión: «El problema financiero de la mayoría de los líderes de iglesias u otros movimientos se debe a que no saben hacia dónde van».[7] La dificultad mayor no está en la falta de dinero sino en la falta de visión.

El dinero fluye hacia la visión. Mucha gente no está dispuesta a dar mientras no vea la visión, la acepte y empiece a trabajar en procura de lograrla. En muchas iglesias, con una visión limitada cuando se llama a ofrendar, se dice: «Estos dineros son para sostener la obra del Señor» o «No deje de darle a Dios la porción que le pertenece». Entonces, los miembros dan algo, pero salen de la iglesia con dinero en sus bolsillos. En la tarde asisten a una gran campaña evangelística donde se les dice: «Queremos alcanzar al continente para Cristo. Planeamos comprar un gran sistema de sonido que habrá de ayudarnos a llevar el mensaje de salvación a miles de personas que están muriendo en sus pecados. Si cada uno de ustedes da diez dólares, podremos adquirir ese equipo». ¿Y qué ocurre? Dan los diez dólares que habían conservado en el bolsillo en la iglesia. ¿Por qué? Porque la visión los convenció.

Wilkinson dice que el dinero no es lo que le da validez a una visión sino que es una prueba;[8] en otras palabras, no busque recursos que determinen la voluntad de Dios. Busque la voluntad de Dios y luego vaya en busca del dinero. «Provisión» contiene «visión».

Esto no significa que será fácil conseguir el dinero para el desarrollo de la visión, pero sin una visión, las finanzas siempre serán un problema.

Otro recurso que fluye hacia una visión es las personas. Usted puede tener una gran visión pero en algún momento se da cuenta que no tiene el personal para hacerla realidad. ¡Grandes visiones atraen gran cantidad de personas!

¿Cuán grande es su visión? ¿Es lo suficientemente grande como para que Dios la haga realidad? ¿Le parece que la visión excede sus actuales posibilidades y recursos?

QUINTO PRINCIPIO: TOMA TIEMPO DESARROLLAR UNA VISIÓN

Tres días después de haber llegado a Jerusalén, salí de noche acompañado de algunos hombres, pero a ninguno de ellos le conté lo que mi Dios me había motivado a hacer por Jerusalén. La única bestia que llevábamos era la que yo montaba. Esa noche salí por la puerta del Valle hacia la fuente del Dragón y la puerta del Basurero. Inspeccioné las ruinas de la muralla de Jerusalén, y sus puertas consumidas por el fuego. Después me dirigí hacia la puerta de la Fuente y el estanque del Rey, pero no hallé por donde pasar con mi cabalgadura. Así que, siendo aún de noche, subí por el arroyo mientras inspeccionaba la muralla. Finalmente regresé y entré por la puerta del Valle. Los gobernadores no supieron a dónde fui ni qué hice, porque hasta entonces no había dicho nada a ningún judío: ni a los sacerdotes, ni a los nobles, ni a los gobernadores, ni a los que estaban trabajando en la obra.

La muralla se terminó el día veinticinco del mes de Elul. (Nehemías 2.11–16; 6.15)

La visión de Nehemías tomó su tiempo en desarrollarse. Él mismo se tomó tiempo para orar por el desarrollo de la visión. Se tomó tiempo para hablar con el rey y hacer arreglos para el viaje hacia Jerusalén. Se tomó tiempo para examinar la situación antes de hablar con su gente. De modo que cuando los trabajos comenzaron se terminaron en cincuenta y dos días.

Las visiones se toman su tiempo para desarrollarse. No crea que porque Dios le ha dado una, la podrá llevar a cabo en un día. No. El proceso toma tiempo. Seguramente usted necesitará entrenamiento y un tiempo para organizarse. Seguramente va a necesitar más tiempo para orar y ayunar. Otras personas que pueden ser importantes para alcanzar el éxito posiblemente necesitarán tiempo para aceptar la visión.

Dios tendrá que hacer un trabajo profundo en su corazón para que acepte plenamente su llamado. En el tiempo de Dios, la visión arderá en su corazón y su pasión crecerá.

Algunos años atrás, en mi calidad de pastor, una de mis visiones fue tener un concilio en la iglesia que fuera generoso con el salario de sus trabajadores. Aquello pudo parecer egoísta, pero parte de mi visión como misionero fue tener una iglesia generosa que sostuviera al pastor que viniera después de mí. Se necesitaron varios años para que por fin captaran la visión; para entonces, Dios me había llamado a otro lugar en el ministerio.

También se necesita tiempo para llevar la visión a feliz término. Hay mucho por hacer para que la visión se transforme en realidad. Hay que preparar a las personas que se involucrarán en el trabajo, hay que conseguir dinero, hay que planificar, comunicar y una serie

> Las visiones son como los bebés; necesitan pasar meses en el vientre antes de nacer y después, muchos años para desarrollar su madurez.

de otras cosas necesarias. Una gran visión nos mantendrá ocupados por varios años. Wilkinson dice que «una visión especialmente grande es algo de plazo largo».[9] Algunas visiones no se logran ni siquiera después de toda una vida de trabajo.

Por lo tanto, sea paciente con su visión y dése todo el tiempo que sea necesario para llevarla a cabo. Las visiones son como los bebés; necesitan pasar meses en el vientre antes de nacer y después, muchos años para desarrollar su madurez.

SEXTO PRINCIPIO: LAS VISIONES
DEBEN COMUNICARSE

Por eso les dije: Ustedes son testigos de nuestra desgracia. Jerusalén está en ruinas, y sus puertas han sido consumidas por el fuego. ¡Vamos, anímense! ¡Reconstruyamos la muralla de Jerusalén para que ya nadie se burle de nosotros! Entonces les conté cómo la bondadosa mano de Dios había estado conmigo y les relaté lo que el rey me había dicho. Al oír esto, exclamaron: ¡Manos a la obra! Y unieron la acción a la palabra. (Nehemías 2.17–18)

Fue ahora cuando Nehemías le contó su visión al pueblo. Les comunicó el problema y su deseo de construir el muro. A medida que iba compartiéndoles la visión, el corazón de la gente se conmovió y sin demora expresaron su deseo de ayudarle a llevar a cabo la tarea.

La visión debe comunicarse a otros antes que sea hecha realidad. La visión comienza en la oración privada del líder pero, a su tiempo, deberá comunicarse a los demás. Cuando se difunde la visión, la gente y los recursos empiezan a movilizarse para hacerla realidad. En este punto, muchos líderes trastabillan y no comunican efectivamente la visión a otros. El líder que puede comunicar su visión hará mucho más que uno que tuvo una gran visión pero que no puede comunicarla. El ejemplo de Nehemías nos muestra cómo se comunica efectivamente la visión.

ESCOJA EL MOMENTO ADECUADO

El momento adecuado es determinante. Nehemías fue extremadamente cuidadoso en cuanto a escoger el momento preciso. Estuvo varios días en Jerusalén y nadie sabía lo que se traía entre manos. Trabajó privadamente en casa, comprobó la realidad de la situación y sometió a prueba sus teorías antes de hablar de su visión con otros. Luego de todo eso, reunió al pueblo y le dio la noticia. Antes de contar la visión, debe calar hondo en el corazón del líder, quien debe aparecer personalmente comprometido y listo para pagar el precio, cual sea. Antes de informar al pueblo, el líder debe de haber pensado cuidadosamente que el plan de acción sería claramente entendido a lo menos en cuanto a los primeros pasos. Nehemías lo hizo con toda efectividad y los resultados confirman su sabiduría en tal sentido.

Una vez estuve en una iglesia donde la semana anterior un bebé había muerto debido a negligencia en el hospital local. Todos en la iglesia lamentaron la pérdida. Uno de los ancianos propuso que la iglesia estableciera una clínica para asegurarse de que los niños no murieran innecesariamente. Era una excelente visión y la congregación la apoyó con entusiasmo. ¡Las ofrendas no tardarían en llegar! Sin embargo, la visión se murió debido a la negligencia. No había sido pensada cuidadosamente y no se logró elaborar un plan de acción. El liderazgo de la iglesia terminó no aceptando la visión. La visión era correcta, pero el momento no era el adecuado. El resultado fue el fracaso.

Piense cuidadosamente y ore por el momento preciso para presentar su visión. ¿Es el tiempo de Dios? ¿Ha madurado la visión en su corazón? ¿Está la gente preparada para escucharla? ¿Está usted listo con un plan de acción? ¿Lo está consumiendo la visión? ¿Lo ha «comprado» la gente como su líder antes que usted les pida que «compre» su visión? Si su respuesta es «no» a cualquiera de estas preguntas, no es el momento adecuado para contar su visión.

Piense en el tipo de personas con quienes hablará primero de su visión. Comuníquela a los líderes y luego a la demás gente. Seguramente habrá algunas personas clave en su grupo que necesitan tiempo para adherir a su visión. Ellos pueden ayudarle a pulir la visión, fortalecerla y hacerla más definida. Cuando se decidan a apoyarla, le ayudarán a difundirla entre otros.

IDENTIFIQUE LA NECESIDAD

Nehemías identificó el problema que existía en Jerusalén. «Ustedes saben muy bien las dificultades en que estamos. Jerusalén yace en ruinas y sus puertas fueron destruidas por fuego». ¿Qué estaba haciendo Nehemías al decir esto? Estaba identificando la necesidad antes de compartir su visión. Quizás alguien pudiera decir que la necesidad era obvia; sin embargo, el pueblo había estado viviendo con los muros en el suelo por tanto tiempo que ya les parecía normal. Ya no veían la cantidad de escombros que alguna vez habían sido los muros. Ante esa situación puntual, Nehemías tuvo que señalarles necesidad para que pudieran aceptar la visión.

Como líder, una de sus responsabilidades es señalar la necesidad. Necesitará recordarle a la gente que se requiere de un edificio; que los hermanos no están asistiendo a las reuniones de oración; que hay personas con necesidades físicas.

Una de las tentaciones del liderazgo es asumir que la gente conoce sus necesidades. Como pastor, me di cuenta de que a menudo los miembros de las iglesias daban poca importancia a las campañas evangelísticas. A pesar de los anuncios llamándolos a que asistieran, no lo hacían. Después de pensar sobre el asunto, me di cuenta de que habíamos venido hablando más de la cruzada que de las personas perdidas sin Cristo. Eso me obligó a recordarle a la gente la verdadera razón para llevar a cabo una cruzada.

Toda visión de Dios debe satisfacer una necesidad. De nuevo, la visión tiene que ver con la gente y sus necesidades, no con usted y sus necesidades como líder. A veces hay pastores que quieren que se les reconozca, para lo cual se embarcan en un gran programa de construcción. Nunca lo dicen públicamente pero su verdadero motivo es egoísta. Asegúrese que su visión venga del Señor y comuníquelo claramente a la gente.

Comprométase

Fíjese en lo que dijo Nehemías: «Ustedes saben muy bien las dificultades en que estamos». No dijo: «Ustedes saben muy bien las dificultades en que **están**». Un buen líder siempre se identifica con el problema y se compromete para la acción que corresponda. Nunca llame a la gente a trabajar si usted no está dispuesto a hacerlo primero.

> Nunca llame a la gente a trabajar si usted no está dispuesto a hacerlo primero.

Nehemías no tenía ninguna necesidad de lidiar con los problemas de Jerusalén. Pudo perfectamente seguir sirviéndole el vino al rey y preparándole asados. Pero debido a que decidió hacer suyo el problema, la gente estuvo dispuesta a seguirlo.

Cuente el plan

Nehemías entonces le contó al pueblo cuál era su plan, diciéndole: «¡Reconstruyamos la muralla de Jerusalén!». Les dijo en detalle quién se encargaría de qué aspecto del trabajo. Es muy importante que antes que comunique la visión, tenga un plan listo para compartir con las personas que van a participar.

Imagínese lo que le habría pasado a Nehemías si no hubiera tenido un plan. Si la gente le hubiese dicho: «Sí, vamos a hacerlo. ¿Por dónde empezamos?». Y Nehemías les hubiera contestado: «¡A ver, a ver... la verdad es que no estoy muy seguro de lo que tenemos que hacer; déjenme consultar con los albañiles!». Aquello habría matado la moral de la gente y la confianza en su visión y en su liderazgo.

CONVOQUE A LA GENTE A LA ACCIÓN

Después de identificar el problema y exponer el plan, Nehemías llamó a la gente a la acción. «¡Reconstruyamos la muralla!». Los líderes convocan a la gente a la acción. No temen pedirles que se comprometan. Este es un momento difícil porque es ahora cuando el líder se dará cuenta quiénes van a apoyarlo aceptando la visión y a seguirlo. Se necesita valor y estar comprometido con la visión para desafiar a la gente y pedirle su apoyo. Pero mientras usted no esté listo para dar este paso, nada ocurrirá. No todo el mundo va a aceptar el desafío pero los líderes buscan personas que estén listas para llevar a cabo la visión. No tema pedirle a la gente que se enrole. Si tiene una buena visión y la ha comunicado en buena forma, no estará solo al momento de decir: «¡Vamos adelante!».

El autor Mark Chironna resume esto muy bien cuando dice: «Visión sin acción no es más que un sueño. Acción sin visión no es más que un pasatiempo. Visión con acción puede cambiar el mundo».[10]

SÉPTIMO PRINCIPIO: LAS VISIONES SIEMPRE ENCONTRARÁN OPOSICIÓN

Cuando lo supieron, Sambalat el horonita, Tobías el oficial amonita y Guesén el árabe se burlaron de nosotros y nos preguntaron de manera despectiva: ¿Pero qué están haciendo? ¿Acaso pretenden rebelarse contra el rey? Yo les contesté: El Dios del cielo nos concederá salir adelante. Nosotros, sus siervos, vamos a comenzar la reconstrucción. Ustedes no tienen arte ni parte en este asunto. Ni raigambre en Jerusalén. (Nehemías 2.19–20)

La oposición surgió cuando Nehemías contó la visión y continuó mientras se reconstruía el muro. Sería bonito pensar que cuando un líder tiene una buena visión que beneficiará la existencia de todo un pueblo, todos la apoyaran. Lamentablemente, este no es el caso. El movimiento produce fricción. Cualquiera visión que valga la pena generará algún tipo de resistencia; de manera que ¡espere oposición! Si no está experimentando oposición en su iglesia, probablemente no está yendo a ninguna parte. ¡Moverse en círculos no levanta sino polvo!

Obviamente, no podemos aquí entrar a analizar en forma extensa el asunto de la oposición pero sí podemos detenernos a observar algunos puntos clave que Nehemías tuvo que enfrentar con la oposición que se levantó según lo registran los versículos 7 al 23 del capítulo 4 de su libro:

Pero cuando Sambalat y Tobías, y los árabes, los amonitas y los asdodeos se enteraron de que avanzaba la reconstrucción de la muralla y de que ya estábamos cerrando las brechas, se enojaron muchísimo y acordaron atacar a Jerusalén y provocar disturbios en ella. Oramos entonces a nuestro Dios y decidimos montar guardia día y noche para defendernos de ellos. Por su parte, la gente de Judá decía: «Los cargadores desfallecen, pues son muchos los escombros; ¡no vamos a poder reconstruir la muralla!». Y nuestros enemigos maquinaban: «Les caeremos por sorpresa y los mataremos; así haremos que la obra se suspenda». Algunos de los judíos que vivían cerca de ellos venían constantemente y nos advertían: «Los van a atacar por todos lados». Así que puse a la gente por familias, con sus espadas, arcos y lanzas, detrás de las murallas, en los lugares más vulnerables y desguarnecidos. Luego de examinar la situación, me levanté y dije a los nobles y gobernantes, y al resto del pueblo: «¡No les tengan miedo! Acuérdense del Señor, que es grande y temible, y peleen por sus hermanos, por sus hijos e hijas, y por sus esposas y sus hogares». Una vez que nuestros enemigos se dieron cuenta de que conocíamos sus intenciones y de que Dios había frustrado sus planes, todos regresamos a la muralla, cada uno a su trabajo. A partir de aquel día la mitad de mi gente trabajaba en la obra, mientras la otra mitad permanecía armada con lanzas, escudos, arcos y corazas. Los jefes estaban pendientes de toda la gente de Judá. Tanto los que reconstruían la muralla como los que acarreaban los materiales, no descuidaban ni la obra ni la defensa. Todos los que trabajaban en la reconstrucción llevaban la espada a la cintura. A mi lado estaba el encargado de dar el toque de alarma. Yo les había dicho a los nobles y gobernantes, y al resto del pueblo: «La tarea es grande y extensa, y nosotros estamos muy esparcidos en la muralla, distantes los unos de los otros. Por eso, al oír el toque de alarma, cerremos filas. ¡Nuestro Dios peleará por nosotros!» Así que, desde el amanecer hasta que aparecían las estrellas, mientras trabajábamos en la obra, la mitad de la gente montaba guardia lanza en mano. En aquella ocasión también le dije a la gente: «Todos ustedes, incluso los ayudantes, quédense en Jerusalén para que en la noche sirvan de centinelas y de día trabajen en la obra». Ni yo ni mis parientes y ayudantes, ni los de mi guardia personal, nos desvestíamos para nada: cada uno de nosotros se mantenía listo para la defensa.

ÉL MANTUVO LA VISIÓN

Lo más importante que hizo Nehemías al enfrentar la oposición fue evitar la distracción. Mantuvo la visión a pesar de todas las amenazas. Nunca consideró la posibilidad de detener los trabajos para enfrentar a la oposición.

No tomó los ataques como cosa personal sino que se dio cuenta que los que se le oponían lo hacían por su propio interés egoísta; que los ataques no eran contra él, sino contra su Dios que le había dado la visión.

NEHEMÍAS HIZO AJUSTES AL PLAN ORIGINAL

Aunque rehusó renunciar a la visión, la oposición lo forzó a hacer ajustes al plan original. Así fue como puso a la mitad de su gente a hacer guardia mientras la otra mitad continuaba trabajando. Estuvo dispuesto a modificar los planes con tal de mantener la visión viva.

NO DEJÓ DE ALENTAR AL PUEBLO

Como todo gran líder, Nehemías combatió a la oposición alentando a su pueblo. Pronunció palabras de estímulo cuando dijo: «No les tengan miedo». No dejó de recordarles que Dios estaba de su lado, ayudándoles a concentrarse en el trabajo en lugar de en la oposición. Cuando la oposición se hace presente, la gente tiende a desanimarse pero un líder fuerte mantiene la moral alta.

También les dio ánimo con su presencia. Se mantuvo al lado de su pueblo llevando su arma, como la llevaban ellos.

CONCLUSIÓN

Después de haberle echado una mirada a la vida de Nehemías, pienso que su corazón se ha visto conmovido para mirar adelante y descubrir la visión específica que Dios tiene para su vida.

¿Cuál es su visión? ¿Qué ha creado Dios para que usted lleve a cabo? Estas son GRANDES preguntas que merecen respuestas serias. Tómese su tiempo para pensar y orar sobre lo que Dios quiere de usted. Use la asignación para la acción para que le ayude a clarificar su visión. Trabaje en ello hasta que pueda escribir su declaración de visión y luego ¡empiece a caminar!

ASIGNACIÓN PARA LA ACCIÓN

Trabaje a través del proceso de conseguir una visión para su vida. Su meta es poder escribir su visión para su vida y ministerio. Use a modo de ayuda las sugerencias de Maxwell y el ejemplo de declaración de visión. Pero recuerde, ¡su visión es solo suya!

SUGERENCIAS DE MAXWELL PARA CONSEGUIR UNA VISIÓN[11]

Mire **dentro** de usted. ¿Cuál es su pasión? ¿Cuáles son sus sentimientos? ¿Qué es lo que le entusiasma acerca del trabajo por hacer?

Mire **atrás**. ¿Qué ha aprendido? ¿Cómo es usted en cuanto persona? ¿Sobre qué resultados positivos puede construir algo? ¿Confía la gente en usted? La forma en que se recibe la visión depende mucho en cómo es usted cual líder.

Mire a su **alrededor**. ¿Está la gente lista para recibir la visión? ¿Sienten ellos la necesidad que usted siente? Usted no puede ir demasiado delante de la gente.

Mire hacia **adelante**. ¿Puede identificar el camino por el cual irá? ¿Puede ver el panorama completo? ¿Cuáles son los planes a largo plazo?

Mire hacia **arriba**. ¿Qué espera Dios de usted? Algo de primera importancia es: ¿cuál es la visión de Dios para su vida? Dios le ha dado tremendos dones y potencial; depende de usted cómo los desarrolle y los use para su gloria.

Mire a su **lado**. ¿Con qué recursos cuenta? ¿Qué medios le ofrecen su iglesia o la comunidad con los cuales pueda trabajar? ¿En qué nivel está su gente?

EJEMPLOS DE DECLARACIÓN DE VISIÓN

(Se ofrecen estos ejemplos para ayudarle a establecer y organizar su propia visión. Fíjese que la declaración de visión es una expresión amplia y de largo alcance sobre aquello a lo que Dios lo ha llamado.)

• Mi visión es desarrollar líderes. Dios me ha llamado a desarrollarme yo mismo para alcanzar el más amplio potencial a fin de preparar a otros líderes entrenándolos, proveyéndoles de recursos, animándolos y dirigiéndolos.

- Mi visión es llevar la iglesia de la que soy pastor a su más alto potencial. Dios me ha llamado a «equipar a los santos», con cada miembro activamente involucrado usando sus dones en la iglesia. Me imagino una iglesia agresiva en la evangelización con un ministerio de discipulado serio. Nos enfocaremos en... (satisfacer las necesidades materiales de los pobres en nuestra comunidad, desarrollar células, etc. En otras palabras. ¿Cuál será el enfoque específico de su iglesia?)
- Mi visión es ser intercesor. Creo que Dios me ha llamado para desarrollar el don de la intercesión y para animar a otros en la iglesia a orar. Lo haré promoviendo seminarios y talleres sobre la oración empezando en nuestra iglesia local y luego extendiéndome a otras iglesias en esta nación.
- Mi visión es trabajar con niños. Dios me ha llamado a desarrollar un ministerio para los niños a su más alto potencial. Desarrollaré mi propio don valiéndome de cualquiera oportunidad para entrenamiento y leyendo libros sobre el tema. Promoveré en la iglesia el crecimiento tanto en número como en calidad comprometiéndome yo mismo a orar por el ministerio, reclutando a otros maestros, organizando seminarios de capacitación, organizando actividades para los niños tales como campamentos y competencias.
- Mi visión es ayudar en las necesidades en nuestra sociedad. Dios me ha dado la visión de desarrollar un ministerio interdenominacional que estará enfocado en capacitar a personas para desarrollar habilidades de trabajo y encontrar empleos adecuados.
- Mi visión es capacitar mujeres para alcanzar todo su potencial en Cristo. Dios me ha llamado a establecer un ministerio eclesiástico a escala denominacional para ministrar a las mujeres en las necesidades de ellas. Enfatizaremos el poder que Dios les ha dado, las guiaremos en la búsqueda de su identidad en Cristo y a confrontar aquellas cosas que las intimidan. Llevaremos a cabo seminarios en cada distrito de nuestra iglesia y estableceremos capítulos de mujeres en cada iglesia local.

Después de orar y reflexionar sobre las notas anteriores, escriba claramente la visión que Dios le ha dado para su vida.

Yo creo que Dios me ha llamado a

_____

_____

_____

_____

_____

Capítulo 4

EL LÍDER Y SUS METAS

Si bien la visión le indica hacia dónde va usted, no es suficiente para hacer de su sueño una realidad. El líder necesita metas para poner la visión en acción. Las metas son simplemente una serie de pasos específicos que hay que dar para hacer realidad la visión. Alguien ha dicho: «Las metas son sueños con fecha». La visión provee el cuadro global; las metas son medidas de plazo corto para saber cómo vamos haciendo realidad nuestra visión. Debemos establecer etapas (metas) para alcanzar nuestro objetivo (visión). (Vea el diagrama.) Con la bendición de Dios y en la medida que alcanzamos una de las metas, nuestra fe aumenta y quedamos en mejores condiciones para ir tras la siguiente.

Si yo le preguntara: «¿Dónde le gustaría encontrarse de aquí a cinco años?», su respuesta me estaría hablando de su visión. Y para saber de sus metas, le preguntaría: «¿Y cómo piensa llegar allá?».

Nuestra visión produce muchas metas. Un pastor puede tener la visión de levantar una iglesia de 600 personas activas en establecer más iglesias. Será necesario alcanzar muchas metas específicas (o, como se les llama en algunas disciplinas deportivas, «metas volantes», nota del traductor) para alcanzar la meta final.

Nehemías tuvo una visión: ver los muros de Jerusalén reconstruidos. Pero para implementar aquella visión tuvo que alcanzar una serie de metas intermedias. Primero, tuvo que entrevistarse con el rey y

73

obtener su aprobación. Luego, tuvo que aprovisionarse de suministros y hacer un viaje. Finalmente tuvo que «vender» la visión al pueblo, organizarlos para el trabajo y enfrentar a la oposición. Todas esas fueron etapas que Nehemías tuvo que alcanzar para obtener la victoria final.

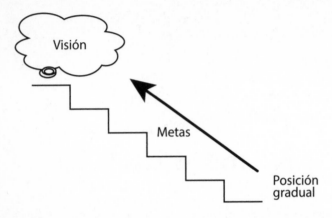

Como supervisor de más de una docena de iglesias, una de mis visiones era «enviar» congregaciones; alzar la vista y mirar más allá de nuestras fronteras y establecer iglesias en otras regiones. Así fue como planeamos establecer una iglesia en Kenya Occidental. Nos tomó un año planificar y fijar las metas antes de que la visión llegara a ser una realidad. Antes de compartir la visión con nuestra gente, establecimos metas relacionadas con el envío de un equipo de «espías» que fueran a conocer el lugar al cual queríamos llegar. Pusimos una meta de reunir dinero para el lanzamiento del plan y para cuando la iglesia estuviera establecida. Tuvimos que trabajar duro antes de hacer realidad la visión pero al final lo logramos.

Su visión debe ser clara y específica; solo así sus metas serán capaces de completar la visión. Escriba sus metas. Haga un plan, con un calendario mostrando cuándo espera alcanzar cada meta. Haga un cálculo estimativo del costo. Piense en cómo se hará. Visualícelo en su mente. Empiece a trabajar para alcanzar cada una de las metas. ¡Este es el trabajo de un líder!

> «En el mismo instante en que usted fija una meta una luz se enciende en su futuro».

Este capítulo le ayudará a establecer buenas metas y hacer que trabajen.

LAS METAS DEBERÍAN SER E.M.A. R.T.

Las metas **efectivas** tienen ciertas características Una vez que usted ha aprendido los fundamentos para fijar las metas, no le será difícil establecer y alcanzar metas que valgan la pena. Cada letra de la palabra E.M.A.R.T. implica una característica de metas efectivas: Específica; Mensurable; Alcanzable; Relevante; Transferible.

ESPECÍFICA

Las metas efectivas deben ser específicas. Las metas imprecisas no sirven. Nehemías no dijo: «Voy a Jerusalén a ver qué se puede hacer» ni «Voy a Jerusalén a tratar de mejorar el sistema de seguridad». En lugar de eso, fue específico: «Voy a Jerusalén a reconstruir sus muros».

Sus metas deberían ser específicas. Si usted dice: «Quiero crecer» ese es un buen deseo, pero no es específico. ¿En qué aspectos de su vida quiere crecer?

MEDIBLE

Para que una meta sea efectiva, tiene que ser susceptible de ser medida. Para ser efectivas, las metas necesitan *números* y *fechas*. Al hacerlas medibles, usted podrá saber al final de un determinado tiempo si la alcanzó o no.

Un ejemplo de meta específica puede ser: «Quiero tener una fe más sólida». Sin embargo, ¿cómo va a saber si ha conseguido que su fe sea más sólida? Así como está, no es medible. Lo será cuando usted diga: «Todos los meses voy a leer un libro sobre la fe». Al final de cada mes le será muy fácil saber si ha alcanzado la meta.

Alguien más podrá decir: «Voy a ganar almas para Cristo». Ese es un gran deseo pero no es una meta medible. Lo será cuando esa persona diga: «Este año voy a ganar cien personas para Cristo». Y al final del año sabrá si lo logró o no.

Es difícil hacer medible una meta. Aunque no lo es técnicamente, lo es emocionalmente porque al poner fechas y números surge en usted el temor al fracaso. **Es mejor no alcanzar una meta que no tener ninguna.** Aunque existe la posibilidad que pierda una meta, ponerla le hará más claro el blanco. Quienes nunca han medido sus metas no tienen que preocuparse de perder alguna.

Como pastor, fijé metas medibles para cada año. De esta manera siempre supimos si las habíamos alcanzado o no. Durante varios años, una de las metas era doblar las finanzas de la iglesia. Teníamos metas para el número de seminarios para la juventud. Teníamos metas para los programas de alcance, para el número de cruzadas y para el establecimiento de una nueva iglesia para una determinada fecha. Al final del año podíamos ver lo que habíamos logrado y dónde habíamos fallado.

En el área del desarrollo físico muchos pastores tienen un plan claro y han hecho bien en poner metas. «Este año reemplazaremos el techo». Pero «equipar a los santos» es más difícil de medir. La meta que permita saber si «se ora más» es difícil de medir mientras que «para el verano doblar el número de reuniones de oración» es medible.

Con el siguiente *test* vea si ha entendido bien este principio. Lea las metas abajo e identifique con una marca las que son medibles.

a. _____ Voy a leer la Biblia.

b. _____ Voy a traer almas al reino.

c. _____ Voy a discipular a nuevos creyentes en la iglesia.

d. _____ Voy a perder peso.

¿Marcó alguna? *Ninguna* de las metas enumeradas es medible. Ahora vamos a ponerlas en forma medible:

a. Voy a leer dos capítulos de la Biblia diariamente.

b. Cada día hablaré a una persona de Cristo.

c. Este año voy a estudiar diez lecciones de entrenamiento con cinco nuevos creyentes.

d. Para diciembre tendré que haber rebajado tres kilos.

La clave es asegurarse que sus metas tengan **números** y **fechas**. Una meta que no se puede *medir* ¡resulta *miserable*!

ALCANZABLE

Póngase las metas lo más alto posible, eso le obligará a esforzarse por alcanzarlas; asegúrese, sin embargo, que estén en un nivel alcanzable. Para que cumplan su función bien, tienen que ser realistas.

Hay varias cosas a considerar al momento de ponerse metas.

Considere *los recursos con que cuenta*. Estos incluyen finanzas, personal con sus correspondientes habilidades, su propio nivel de liderazgo, sus puntos fuertes y sus puntos débiles. Tomando en cuenta todos los recursos con que cuenta, ¿le parece que la meta que se puso es alcanzable?

Analice *experiencias anteriores*. No trate de brincar de la A a la Z en un año. Asegúrese de hasta dónde ha llegado y luego fíjese metas para el año.

En nuestra iglesia, al planear el presupuesto fuimos realistas comparando lo que queríamos con uno o dos años anteriores. Esto nos permitió ver cómo habían estado los ingresos por concepto de diezmos y cuánto habíamos tenido que gastar en suministros de oficina. Desde allí estuvimos en condiciones de mirar hacia adelante y hacer una proyección basada en una fe realista. Debe establecer un equilibrio entre *fe* y *realismo*; póngase metas *altas*, pero que sean *alcanzables*.

En una ocasión recibí una tarjeta para levantamiento de fondos. Me la hacía llegar un pastor que estaba tratando de reunir dinero para comprar un pedazo de tierra. Le pregunté por la meta que se había puesto. Con mucha seguridad, me contestó que siete mil dólares. Yo sabía que su iglesia era pequeña por lo que le pregunté: «La vez pasada usted llevó a cabo una campaña para recaudar fondos, ¿a cuánto alcanzó?». Me respondió: «A cuatrocientos cincuenta dólares». Yo gruñí para mis adentros porque me pareció que su meta era inalcanzable. Sus feligreses estaban entusiasmados porque él se había mantenido diciéndoles: «¡Estamos confiando en que Dios nos va a dar siete mil dólares». El día en que todos trajeron sus ofrendas especiales, se reunieron mil cien dólares. ¿Fue aquel un buen esfuerzo? Fue un gran avance respecto del esfuerzo anterior. ¿Pero qué pasó con la gente? Se desanimaron y se sintieron derrotados.

Si sus metas no son alcanzables, estará haciendo que su gente se desaliente. Y será muy difícil volverlos a motivar para otra campaña. Especialmente si usted no tiene ya una trayectoria en esto de fijarse metas. Por lo tanto, asegúrese que las metas que se ponga las puede alcanzar. Exija de su gente un poco y permítales sentir el gozo de la victoria. Esto les dará valor para esforzarse la próxima vez. ¡Nada mejor que la victoria para fortalecer la fe!

También, tome en cuenta *su habilidad para influir en el resultado*. Asegúrese que la meta esté **dentro de sus habilidades para alcanzar.** ¡Usted no puede fijar metas para otros! He tenido estudiantes que han dicho que su meta era que su cónyuge llegara a alcanzar la salvación antes de finalizar el año. No obstante que el motivo es excelente, la meta es inalcanzable. Nadie, salvo Dios que es quien salva, puede saber si tal o cual persona se salvará antes que finalice el año. En cambio, podrían ponerse una meta de orar diariamente durante quince minutos para que su esposo o esposa llegue a experimentar la salvación. Esto estaría dentro de sus posibilidades a la vez que sería una meta alcanzable.

RELEVANTE

También, sus metas deberían ser relevantes. Relevante quiere decir aplicable, pertinente o relacionada con el propósito. Las metas deben ser relevantes a las necesidades de la gente. Una meta para comenzar un ministerio para madres solteras cuando en su congregación no tiene madres solteras, podría ser irrelevante. Una meta para echar a andar un ministerio para presos en un lugar donde no hay una cárcel es igualmente irrelevante.

Sus metas deberían ser relevantes a la visión que usted tiene. Si su visión es desarrollar un ministerio de intercesión, varias de sus metas deberían estar relacionadas con la oración. Algunas podrían ser:

- Leer cada mes un libro sobre el tema de la oración.
- Asistir una vez en el año a un seminario sobre intercesión.
- Reunirse en julio con otros pastores para compartirles su visión.
- Formar para septiembre un grupo de cinco intercesores que se reúnan mensualmente para una hora de oración.

TRANSFERIBLE

Nuestras metas deberían ser suficientemente claras como para poder compartirlas con otros que al fin podrían unírsenos en alcanzar las metas o simplemente reconocer nuestra responsabilidad en lograr lo que nos hemos propuesto.

Para hacer sus metas transferibles, escríbalas. El simple acto de escribirlas aumenta notablemente la probabilidad que las alcance. Como lo señalamos ya, el ochenta por ciento de los que ponen sus metas por escrito las alcanza y solo el veinte por ciento de los que no lo hacen lo logran.

Hable a otros de sus metas. Un poder increíble se libera cuando usted se compromete públicamente a alcanzar una meta. Cuando le cuenta a su cónyuge que se va a levantar todas las mañanas a las seis para orar, tenga la seguridad que a las seis de la mañana siguiente se va a sentir animado a levantarse. Cuando anuncia que para este mes tiene la meta de guiar a diez personas a Cristo, la gente le va a estar preguntando después de una semana: «¿Cuántos ha ganado ya?». Esto le provee una gran motivación para mantenerse trabajando para cumplir la meta. Zig Ziglar ha señalado: «Las personas a las que exprese sus metas jugarán un papel importante en cuanto a que las alcance o no».[1]

Si adopta las metas E.M.A.R.T. va a tener una posibilidad bastante grande de alcanzarlas. Tómese un tiempo para responder a la asignación para la acción y luego establezca metas para su vida y para su ministerio. Se va a sorprender con la diferencia y en qué manera lo capacita para lograrlas en su vida.

> «Las personas a las que exprese sus metas jugarán un papel importante en cuanto a que las alcance o no».

LAS METAS DEBERÍAN ESTAR SEGUIDAS DE PLANES

Una vez que sus metas han sido escritas, usted está listo para la acción. El próximo paso es empezar a planear cómo va a cumplirlas. Los planes son metas con los zapatos puestos y tendrán que definir lo que usted necesita para hacerlas realidad. Vamos a observar algunos principios de planeamiento.

EL PLANEAMIENTO EXIGE RESPONDER A ALGUNAS PREGUNTAS

Cuando empieza a planificar, deberá responder a las siguientes preguntas:

¿Qué? ¿De qué dinero, entrenamiento, personas y otros recursos necesita disponer para hacer realidad sus metas?

¿Cuándo? ¿Cuándo las metas deberán quedar alcanzadas? ¿Qué necesita cambiar en su agenda para poder alcanzar sus metas?

¿Quién? ¿Quién estará involucrado? ¿Qué se necesita, en términos de personal? ¿Necesitan ellos recibir entrenamiento para hacer el trabajo? Si la respuesta es sí, ¿quién les dará el entrenamiento y cuándo?

¿Cuánto? Esta pregunta tiene que ver con los costos de aquellas metas que requieren recursos financieros. ¿De dónde vendrá el dinero? ¿Quién será el encargado de conseguirlo y cuánto tiempo tomará tener lo que se necesita? ¿Qué prioridades necesitan cambiarse?

El planeamiento necesita ser flexible

Los planes tienen como propósito ayudarle a alcanzar sus metas. Por lo tanto, si un plan no está dando resultado, será necesario cambiarlo por otro que sí dé resultado. Por ejemplo: su meta podría ser planear ejercicios físicos treinta minutos diarios. Su plan es alcanzar esa meta practicando sus ejercicios temprano en la mañana. Sin embargo, pronto se da cuenta que este plan no compagina con la agenda familiar. Entonces cambia el plan para hacer los ejercicios por las noches mientras escucha las noticias. Su plan cambia, pero su meta se mantiene.

Cuando levantamos fondos para nuestra misión en Kenya Occidental, sentimos que nos habíamos quedado cortos en la cantidad presupuestada. No cambiamos la meta pero modificamos los planes para trabajar con un presupuesto más restringido.

Ya hemos visto cómo Nehemías modificó sus planes cuando la oposición se hizo presente. Mantuvo la visión y las metas pero cambió los planes. Maxwell y Donavan escriben en *Seamos personas de influencia*: «Establecer sus metas de manera firme, escribiéndolas sobre el concreto... pero sus planes escríbalos sobre la arena».[2]

El planeamiento clarifica las prioridades

Cuando comience a hacer planes, se va a dar cuenta que no puede hacerlo todo de una vez. Quizás tenga que optar por llevar a cabo una cruzada o, primero, planificar un seminario. O quizás sea decidir si primero va a gastar dinero en libros o matricularse en un curso de entrenamiento. ¿Qué es lo más importante para su visión? ¿Qué necesidad debe atenderse primero? Esto, como puede darse cuenta, es cuestión de establecer prioridades.

Si no priorizamos, vamos a tratar de hacer muchas cosas al mismo tiempo y ninguna bien. Si usted está planeando para su organización, hágase la pregunta: «De todas las cosas que estamos haciendo, ¿cuál es la que no podemos abandonar?». Esa es su máxima prioridad y debería ser lo principal en su planeamiento. Si luego pregunta: «¿Cuál es la siguiente cosa más importante que necesitamos hacer?», va a encontrarse con su segunda prioridad. Continúe y tendrá todas las prioridades de su organización. Trabajar en esto le asegurará que no va a malgastar el tiempo en asuntos de segunda importancia.

EL PLANEAMIENTO DEBERÍA ESTAR SEGUIDO POR TRABAJO

Para alcanzar nuestras metas debemos estar dispuestos a trabajar. Visión y metas lucen bien en el papel pero nada ocurrirá si no comenzamos a trabajar en ello. ¡Para esto se requiere de disciplina, esfuerzo y sudor!

Para Nehemías, levantar los muros demandó mucho trabajo. Nehemías 4.21 dice: «Trabajamos desde el amanecer hasta que aparecían las estrellas». ¡Esos eran días de trabajo muy largos! La semana bíblica era de seis días, probablemente días de once horas. ¡Eso significa sesenta y seis horas a la semana! En nuestros días, mucha gente comienza el día de trabajo pensando en paga de horas extra a partir de las cinco de la tarde. Pero la gente de éxito sabe lo que se necesita para alcanzar sus metas. La gente con visión aprende cómo trabajar para conseguir lo que se quiere. Myles Munroe dice: «Conozco personas que tienen ideas espectaculares pero no hacen nada para llevarlos a cabo. Hablan de sus ideas, pero al terminar, sencillamente vuelven a casa para sentarse».[3] Estas personas hablan de lo lindo que sería llegar a tener una iglesia grande o un negocio exitoso. Incluso puede pedirle a Dios que les agrande su congregación pero no están dispuestos a pagar el precio para hacer de esas visiones una realidad. No estamos minimizando la importancia de la oración; orar es determinante. Recuerde la fórmula de Cho: «Orar... y obedecer». Hay un tiempo para la oración y un tiempo para la acción.

LAS METAS DEBEN EVALUARSE

Nehemías evaluó su trabajo. La Escritura dice que «Luego de examinar la situación...» (4.14). Él comprobaba la forma en que el trabajo progresaba para ver si se mantenían al ritmo propuesto. Un líder está siempre supervisando el trabajo, evaluando, constatando cómo van las cosas y siempre mirando hacia adelante.

Una buena evaluación es determinante para llegar a la meta propuesta. Cómo líderes, muchas veces tenemos que hacer preguntas y observaciones difíciles. ¿Estamos avanzando al ritmo que nos propusimos al principio? ¿Nos hemos desviado en alguna parte? ¿Qué problemas se han presentado y cómo podemos resolverlos? ¿Lo hicimos con éxito?

No espere el éxito sin evaluación. Aun cuando se haya llegado a la meta, siéntese y evalúe. ¿Qué ayudó al éxito? ¿Qué pudo haberse hecho mejor?

A algunos líderes no les gustan las evaluaciones. Les cuesta admitir que han fallado. Hacerlo equivaldría a admitir que la cruzada no correspondió con lo que se le había dicho a la gente. Nos obliga a reconocer que la iglesia en realidad no está creciendo. Es triste cuando no alcanzamos las metas pero la evaluación nos ayudará a crecer en sabiduría y la próxima vez hacerlo mejor. La evaluación también puede revelar que sobrepasamos la meta, lo que nos puede dar ocasión para celebrar.

Su evaluación puede indicar que usted está bien en cuanto a la forma en que está tratando de llegar a la meta. Este puede ser el tiempo para poner metas más altas. Mahoney sugiere que cuando alcance el ochenta por ciento de su meta debe comenzar a planear la siguiente. Si ha logrado treinta personas ponga como meta sesenta, y cuando llegue a cuarenta y ocho comience a trabajar para noventa. La evaluación le ayudará a saber cuándo es el momento de ponerse nuevas metas.

Una evaluación efectiva le ayudará a fijar y alcanzar metas. Le dará mayor confianza como líder y sus seguidores tendrán más confianza en usted. Cada éxito conseguido lo alentará a ir tras cosas más grandes y ambiciosas para Dios.

CONCLUSIÓN

Hay una progresión deliberada. La visión viene primero y provee la dirección. Luego tendrían que establecerse las metas y el planeamiento para alcanzarlas. Ahora ha llegado el momento de empezar a trabajar para finalmente evaluar lo que se ha conseguido.

Una de las mejores formas de crecer en el liderazgo es poner estas cosas en práctica. Requerirá mucha oración y esfuerzo, especialmente si no lo ha estado haciendo.

Pastores: es determinante que hagan esto con el concilio de su iglesia, la junta o el grupo de líderes laicos. Después de exponer su visión, establezca las metas. Cuando se haya conseguido un consenso, inicie el planeamiento. Esto implica elaborar un calendario para todo el año y asegurarse que todas las actividades en sus metas tienen un lugar en el calendario. Inicie luego el planeamiento meta por meta. Cuando todo esto esté hecho, debe comenzar el trabajo. Los mismos principios aplican para líderes de otras organizaciones.

Visión, metas y planeamiento son pasos prácticos que debemos dar en nuestro ministerio; sin embargo, de ninguna manera podrían reemplazar la oración y nuestro fundamento espiritual en la Palabra. Usted debe tener el fundamento de un corazón para Dios y un compromiso con su Palabra. Pero oración y estudio bíblico sin pasos específicos de acción no lo harán a usted fructífero en su ministerio.

Es tiempo para la acción. Vaya a través de la asignación para la acción y fije sus metas. No pase al capítulo siguiente hasta que haya hecho este ejercicio. Que Dios le dé su dirección al ponerse a trabajar.

Recuerde: establezca la visión, fije las metas y haga planes para alcanzar grandes cosas para Dios.

ASIGNACIÓN PARA LA ACCIÓN

I. **Fije las metas**
Piense en su propia vida. ¿Qué metas necesita para alcanzar su visión? Use la muestra de metas en las siguientes páginas para que le ayuden a visualizar las metas E.M.A.R.T.
Piense en las áreas siguientes. ¿Qué metas se ha fijado en cada una de ellas? *Establezca a lo menos tres metas en cada área.* Asegúrese que sean las metas E.M.A.R.T.

1. **Vida personal.** ¿Cuáles son sus metas para su crecimiento espiritual? ¿Qué está haciendo para crecer? ¿En qué formas está apreciando los detalles sobre su propia vida? ¿Necesita más ejercicio? ¿Qué metas tiene en su profesión o en su carrera?
    Mis metas personales:

    A.

    B.

    C.

2. **Vida familiar.** ¿Cuánto tiempo pasa con su esposa? ¿Con su esposo? ¿Con sus hijos? ¿Qué está haciendo para guiar y preparar a sus hijos en el Señor?
    Mis metas familiares:

    A.

    B.

    C.

3. **Ministerio.** ¿Dónde quiere que esté su iglesia de aquí a cinco años? ¿Cuáles son sus metas para los siguientes grupos o áreas?

Coro, ujieres, ancianos, diáconos, grupos pequeños, juventud, padres, proyección hacia el exterior, enseñanza. Si usted no es pastor, fíjese en el área en que está involucrado y fije metas que pueda alcanzar.

Mis metas ministeriales:

A.

B.

C.

II. Revise sus metas

Asegúrese que sean E.M.A.R.T. ¿Tiene cada una de estas metas fecha y número? ¿Podrá saber, sin ninguna duda, si las ha alcanzado? ¿Son metas alcanzables?

III. Comparta sus metas con alguien

Escríbalas y póngalas donde las pueda ver fácil y periódicamente.

MUESTRA DE METAS

Fíjese en las siguientes muestras de metas. Le darán ideas sobre cómo se ven las metas E.M.A.R.T. en diferentes áreas:

Vida personal:

1. Pasaré una hora al día en oración y lectura de la Biblia.
2. Leeré un libro mensual sobre liderazgo.
3. Haré ejercicios físicos durante treinta minutos diariamente.
4. Leeré tres capítulos de la Biblia todos los días.
5. Ayunaré un día a la semana.
6. En diciembre me matricularé en un curso de preparación bíblica.
7. Una vez a la semana tomaré lecciones de guitarra.

Familia:

1. Dedicaré a lo menos una noche a la semana a mi familia. Durante este tiempo (a lo menos treinta minutos) leeremos la Biblia juntos y adoraremos a Dios.
2. Dedicaré a lo menos un día al mes para entretenimiento y recreación con mi familia.
3. Dedicaré diariamente veinte minutos con mi esposa para compartir y orar juntos.
4. Cada lunes por la noche repasaré con mi hijo mayor las lecciones de discipulado.
5. Ayunaré y oraré un día al mes por los miembros de mi familia que no son salvos.
6. Ahorraré $_____ por mes para algún proyecto familiar.

Ministerio o trabajo:

Esto podrá variar, dependiendo del grado de involucramiento personal. Un pastor de una iglesia local podría establecer las metas siguientes para un año en particular. Alguien que no sea pastor puede estar involucrado en una de estas áreas y desarrollar metas más exhaustivas en esa área. Personas de otras profesiones pueden crear metas relacionadas con el tipo de trabajo que desempeñen.

I. MISIONES O EVANGELIZACIÓN

1. Planear tres cruzadas masivas en el año.
2. Desarrollar otros dos métodos de evangelización; ejemplo: casa por casa, ministerio de películas, etc.
3. Iniciar en diciembre una iglesia e hija.
4. Comenzar en octubre otro ministerio (visitas a un hospital, a la cárcel, etc.).
5. Celebrar en la iglesia una semana de misiones para alentar el interés de los miembros por las misiones.
6. Preparar al comité de misiones para que puedan desarrollar una cruzada sin la ayuda del pastor.

II. FAMILIAS

1. Celebre dos seminarios para parejas y a lo menos dos seminarios de compañerismo también para parejas.
2. Realice dos seminarios de compañerismo para padres solteros.

III. FINANZAS

1. Complete el presupuesto propuesto de la iglesia.
2. Mensualmente entregue al concilio de la iglesia reportes financieros. Cada seis meses rinda un informe resumido a la iglesia y un informe completo al final de cada año.
3. Programe una serie de enseñanzas sobre finanzas.

IV. ORACIÓN

1. Tenga un grupo intercesor que se reúna una vez al mes para planear reuniones de oración en la iglesia.
2. Programe reuniones de oración cada dos meses para los líderes de la iglesia.
3. Lleve a cabo un retiro de tres días de oración cada año.

V. ACTIVIDADES ESPECIALES

1. Realizar dos bautismos.
2. Tener un retiro para la iglesia el mes de agosto.
3. Organizar dos reuniones de avivamiento.
4. Celebrar la Santa Cena tres veces en el año.
5. Celebrar el Domingo de las Madres, el Domingo de los Hombres, el Domingo de la Juventud y el Domingo de los visitantes.

VI. ENTRENAMIENTO

1. Planear dos seminarios para líderes.
2. Formar un equipo para que dé seguimiento a nuevos creyentes.
3. Enseñar una clase de discipulado dos veces en el año.

VII. MINISTERIO PARA NIÑOS

1. Realizar dos seminarios para maestros de la escuela dominical.
2. Desarrollar un ministerio de marionetas.
3. Tener presentaciones especiales de la escuela dominical para Semana Santa y Navidad.
4. Programar una semana al año de énfasis en la niñez.

VIII. ADORACIÓN

1. Desarrollar habilidades musicales en el equipo de adoración inscribiendo a lo menos a tres personas en un curso de entrenamiento.
2. Programar una serie de enseñanzas sobre la adoración.
3. Celebrar un fin de semana dedicado a la alabanza y a la adoración.
4. Organizar una gira del coro.

IX. DESARROLLO

1. Instalar un nuevo sistema de sonido.
2. Construir tres salas de clase temporales.

X. ANCIANOS

1. Programar una sesión mensual de enseñanza con los ancianos.
2. Conseguir que a lo menos dos ancianos se inscriban en alguna forma de entrenamiento bíblico.
3. Nombrar ancianos para que se responsabilicen de las células de oración, el servicio de adoración, finanzas y discipulado.
4. Seleccionar al final del año a tres ancianos adicionales.

Otras metas «ministeriales» para alguien que no sea el pastor podrían ser:

1. Comenzar en la iglesia para noviembre un grupo de oración de damas.
2. Predicar el evangelio por lo menos a una persona cada día.
3. Desarrollar mis recursos evangelísticos asistiendo a dos seminarios de evangelización este año.
4. Comenzar para _____ (poner fecha) un equipo para alcanzar a los asiáticos.
5. Desarrollar para _____ (poner fecha) un ministerio para alcanzar a las viudas de la comunidad.
6. Comenzar para _____ (poner fecha) un grupo de discipulado con diez miembros.
7. Reunirme con el pastor para analizar mi visión de este mes.
8. Pasar en enero una semana en oración y ayuno relacionada con esta visión.
9. Organizar este año salidas de fin de semana en a lo menos doce escuelas.
10. Planear para octubre una excursión con los niños de la escuela dominical.

Capítulo 5

EL LÍDER Y SU TIEMPO

¿Cuántas veces ha oído a alguien decir: «¡Sencillamente, no tengo tiempo!»? Pareciera que a todo el mundo le falta tiempo.

Cuando usted empiece a entender el potencial que Dios le ha dado cuando tenga la visión de lo que Dios quiere que haga en la vida y cuando sepa las metas para hacer realidad esa visión, será determinante que aprenda a manejar su tiempo.

Una de las claves para ser efectivo en la vida y lograr todo lo que Dios tiene para usted es aprender a usar bien su tiempo. Yo creo que mucha gente podría hacer el doble de lo que hace si administrara bien su tiempo. Incluso para quienes lo usan con eficiencia, siempre hay posibilidades de mejorar.

Cuando se trata de cómo manejar el tiempo, hay tres tipos de personas:

1. Los que pierden la visión y no están suficientemente ocupados. Estos *matan* el tiempo.
2. Los que están muy ocupados haciendo cosas sin importancia por lo que necesitan establecer prioridades. Estos *malgastan* el tiempo.
3. Los pocos que están ocupados haciendo las cosas correctamente y que merecen que se les felicite. Estos *usan* el tiempo.

¿En qué categoría se ubica usted? En cuanto a mí, me esfuerzo por estar en la categoría tres, pero muchas veces encuentro que estoy en la categoría dos. Este capítulo y el siguiente están orientados a ayudarle a ubicarse en la categoría tres, que vendría a ser su meta.

LA IMPORTANCIA DE UNA ADMINISTRACIÓN EFECTIVA DEL TIEMPO

¿Por qué es importante que aprendamos a usar bien nuestro tiempo? Hay varias verdades fundamentales que proveen la base para lograrlo.

Primera verdad: el tiempo se les da a todos por igual

Esta es una verdad sencilla pero profunda. Todas las personas tienen la misma cantidad de tiempo: 1440 minutos cada día. El presidente tiene la misma cantidad de tiempo que el profesor. El alto ejecutivo de una gran compañía no tiene más tiempo que el que tiene usted. Sin embargo, algunas personas logran hacer más con su tiempo que otras. El secreto está en cómo usa cada uno el suyo.

¡Con cuánta frecuencia decimos: «Voy a hacer esto o aquello cuando tenga tiempo»! ¿Qué esperamos? ¿Pensamos por ventura que un día de estos Dios va a agregar treinta minutos a nuestro día? ¿O un año cualquiera nos va a premiar con una semana más por buena conducta? ¡Tal cosa nunca ocurrirá! Nunca tendremos más tiempo del que tenemos. Tenemos —y siempre hemos tenido— todo el tiempo que existe. Deje de decir: «Cuando tenga tiempo» porque no va a conseguir más que el que tiene. Termine de orar por eso.

Segunda verdad: el tiempo que se nos ha dado es suficiente como para realizar la tarea que nos corresponde

Dios tiene un plan para nuestras vidas y trabajo que quiere que realicemos. El tiempo que nos ha dado es un regalo suyo y es suficiente para que hagamos lo que requiere de nosotros. ¿Por qué habría de darnos más trabajo que tiempo?

Al final de su vida, Jesús dijo: «Yo te he glorificado en la tierra, y he llevado a cabo la obra que me encomendaste» (Juan 17.4). ¡Había terminado su trabajo! Jesús no lo hizo todo. No predicó a todo el mundo. No sanó a todos. No enseñó a cada uno. ¡Pero completó toda la obra que se le había asignado! ¡Qué tremenda declaración la suya! Para nosotros poder decir: «He completado la obra que me encomendaste» debemos administrar apropiadamente nuestro tiempo.

Note que yo no dije que tenemos todo el tiempo que quisiéramos sino que lo que dije fue que el tiempo de que disponemos es suficiente como para hacer lo que Dios quiere que hagamos. Debemos de aprender a tratar el tiempo como tratamos el dinero. A menudo pregunto a la gente cuántos de ellos tienen todo el dinero que quisieran tener. Generalmente, la respuesta es que nadie tiene todo lo que le gustaría tener. Entonces les hago una segunda pregunta: ¿Qué hacen con lo que tienen ya que no tienen todo lo que quisieran? Me hablan de hacer un presupuesto. Un presupuesto sencillamente prioriza los recursos limitados por lo que hay que manejarnos muy cuidadosamente. De la misma manera, el tiempo debería verse como un recurso limitado priorizándolo y usándolo con mucho cuidado.

TERCDERA VERDAD: TENDREMOS QUE DAR CUENTA POR CÓMO USAMOS NUESTRO TIEMPO

Como cualquier otro recurso que Dios nos ha dado, él exigirá que le rindamos cuenta de cómo hemos hecho uso de nuestro tiempo. Romanos 14.12 dice: «Así que cada uno de nosotros tendrá que dar cuentas de sí a Dios». La parábola de los talentos en Mateo 25 también aplica al tiempo. Dios espera recibir los dividendos correspondientes y nos juzgará basado en lo que hemos hecho con lo que nos ha dado.

Nuestro trabajo será probado para ver qué fue genuino y qué fue desaprovechado (1 Corintios 3.12–15). Desaprovechar el tiempo no pasará la prueba.

En Juan 10.10, Jesús dijo: «El ladrón no viene más que a robar, matar y destruir; yo he venido para que tengan vida, y la tengan en abundancia». Esto se aplica a muchas áreas de la vida, incluyendo el tiempo. Primero, el diablo tratará de mantenerte ocioso; si eso no le da resultado, procurará mantenerte ocupado en lo que no amerita. El diablo odia a la gente que ha aprendido a usar su tiempo efectivamente. Su empeño es robar el don que Dios nos ha dado. En abierto contraste con el intento del enemigo de quereros robar la vida, Jesús expuso el plan de Dios para que tengamos una vida plena con propósito y tiempo suficiente para alcanzar todos los deseos suyos en cuanto a nosotros.

No es de extrañar que el salmista escribiera: «Enséñanos a contar bien nuestros días...» (Salmos 90.12). Él tiene un profundo sentido de la brevedad de la vida, al punto que cada uno de nuestros días está contado. «Contar nuestros días significa reconocer que cada día tiene un número único y uno que se va, no retorna. Hoy yo estoy viviendo en mi día número 16.397. Si Dios me da vida para mañana será el día número 16.398. Cuando me doy cuenta que cada día tiene un valor especial deseo vivirlo lo más plenamente posible y usarlo para satisfacer el propósito de Dios con mi vida.

Cuarta verdad: el tiempo puede usarse efectivamente

Ya que Dios nos ha dado el tiempo, nos capacitará para usarlo efectivamente. Podemos aprender a controlar nuestro tiempo para traer gloria a Dios y oírlo decir: «Bien hecho, bueno y fiel siervo».

Efesios 5.15–16 dice: «Así que tengan cuidado de su manera de vivir. No vivan como necios sino como sabios, aprovechando al máximo cada momento oportuno, porque los días son malos». Tenemos que vivir cuidadosamente y aprovechar al máximo cada oportunidad. Una versión de la Biblia usa la expresión «redimiendo el tiempo» lo que comunica la idea de recuperar el tiempo perdido. El diablo quiere robárnoslo y nosotros tenemos que recuperarlo. El tiempo es precioso y nosotros deberíamos buscar vías efectivas para usarlo y no desperdiciarlo.

Como ya lo hemos señalado, el tiempo, como el dinero, puede presupuestarse o despilfarrarse. Puede desperdiciarse fácilmente o puede usarse cuidadosamente para cumplir nuestro llamado y visión. La diferencia entre tiempo y dinero es que cuando el dinero se acaba, usted puede tener un amigo que le prestará o dará algo del suyo. Pero cuando usted necesita más tiempo. ¿qué amigo podría dárselo?

El tiempo no se puede recuperar. Una vez que se fue, se fue, pero cuando lo usamos sabiamente se multiplicará para la gloria de Dios.

LOS BENEFICIOS DE UNA ADMINISTRACIÓN EFECTIVA DEL TIEMPO

¿Qué cosechamos cuando administramos el tiempo con efectividad? ¿Cómo se beneficiarán nuestras vidas?

- **AUMENTA LA PRODUCTIVIDAD PARA DIOS. SE HACEN MÁS COSAS.**

El uso efectivo de nuestro tiempo da como resultado que podemos hacer más para Dios. Mirando la visión y las metas podemos darnos cuenta de lo mucho que hay por hacer. ¿Cómo podemos hacerlo realidad? Solo poniendo nuestra confianza en Dios y administrando efectivamente el tiempo que nos ha dado.

Cuando usamos nuestro tiempo sabiamente podemos hacer mucho más para el reino. La mayoría de nosotros podríamos duplicar lo que hasta ahora estamos haciendo, al ser más cuidadosos en el manejo del tiempo. Podemos «sacarle más jugo» al día cuando somos buenos administradores del tiempo. Podemos visitar a alguien, leer otro capítulo, ganar otra alma para Cristo, cuidar mejor nuestros cuerpos y fortalecer nuestros vínculos matrimoniales.

Usar nuestro tiempo productivamente es la única manera en que podamos desarrollar todo nuestro potencial en Cristo. Con mucha frecuencia decimos: «En el futuro haré tal o cual cosa si me alcanza el tiempo». Pero no nos damos cuenta de que «el futuro llega hora tras hora». Tengo una nota en la pared de mi oficina que dice: «En solo dos días, el mañana será ayer».

- **PRIORIDADES MEJOR EQUILIBRADAS. HAGA LO QUE CORRESPONDA.**

Manejar efectivamente su tiempo no solo le permite alcanzar más cosas en el mismo periodo de tiempo, también le permite hacer lo que corresponda. Usted no va a descuidar a sus hijos por el bien de la iglesia. No va a descuidar las finanzas de su familia por un bien estructurado presupuesto de la iglesia. No va a esperar hasta el sábado por la noche y pedirle a Dios que le dé un mensaje para el domingo por la mañana. No va a descuidar su cuerpo por el bien del reino. Establecerá un buen balance de sus prioridades.

Cuando enseño estos principios uso una ilustración de un frasco vacío que representa el tiempo de que disponemos. Y empiezo a poner dentro piedras del tamaño de un puño. Cada piedra representa las actividades más importantes que hacemos, tales como trabajar, dormir y ministrar. Cuando las piedras han llenado el frasco, pregunto: «¿Está el frasco lleno?». Unos pocos contestan que sí pero los observadores cuidadosos se dan cuenta de que los espacios que quedan entre piedra y piedra no están llenos de modo que contestan que no. Entonces procedo a echar dentro del frasco pequeños guisantes y les digo: «Administrando bien el tiempo podemos hacer más cosas, tales como visitar a un amigo enfermo, aconsejar a alguien que está pasando por una prueba o leer un capítulo de un libro». Cuando los guisantes han llenado el frasco pregunto de nuevo: «¿Ahora está lleno el frasco?». Esta vez todos dicen que no y tienen razón. Aun quedan espacios que se pueden llenar con granos más pequeños como los de arroz. Aun queda tiempo para escribir una nota de ánimo a alguien, memorizar un versículo de la Biblia o pasar momentos preciosos con nuestros hijos. Si sacudimos el jarro todavía podríamos agregar más cosas.

Esto enseña los dos beneficios de una administración efectiva del tiempo. Primero, que podemos hacer mucho más de lo que nos imaginamos y segundo, que las piezas grandes (las prioridades) se ponen primero. Después que el frasco está lleno con guisantes es imposible encontrar espacio incluso para una de las piedras grandes. Nuestra agenda debe incluir primero las cosas más importantes de nuestras vidas.

- **Un mayor sentido de la libertad y el placer de vivir. Haga las cosas bien.**

Un tercer beneficio por buena administración del tiempo es un mayor sentido de la libertad y el placer de vivir. Con frecuencia tenemos una larga lista de cosas que no hemos hecho, yendo de una actividad a otra y llegando siempre tarde. No tenemos tiempo para detenernos y ver qué estamos haciendo mal porque alguien nos está esperando. ¿Es esta la «vida abundante» que Cristo vino a darnos? No lo creo. Cuando yo comience a vivir mi vida de acuerdo con lo planeado por Dios, voy a verme liberado de las demandas de otras personas y de sentirme demasiado exhausto para dedicar tiempo a mi familia. Podré evitar el desgaste y las posposiciones. Estas son declaraciones fuertes y yo aun estoy en el proceso de aprender pero creo que son verdad. Dios nunca planeó que nos desgastáramos ni nos creó para que viviéramos bajo una nube de lamentos. Él vino para darnos una vida abundante de gozo y paz, lo cual es posible si organizamos nuestro tiempo.

Tómese un momento para reflexionar sobre su vida. En una escala de uno a diez, con uno significando una total desorganización y con diez viviendo la vida que Cristo vivió, ¿dónde está usted ahora en cuanto a la administración de su tiempo? _____

PASOS PARA UNA ADMINISTRACIÓN EFECTIVA DEL TIEMPO

Veamos ahora los aspectos prácticos de administrar su tiempo con efectividad. ¿Cómo va a poder domar al «monstruo del tiempo»? Los siguientes ocho pasos pueden revolucionar su vida.

Paso uno: reconozca el plan de Dios para su vida

El primer paso en cuanto a administrar bien su tiempo es reconocer el plan de Dios para cada momento de su vida. Él ha hecho planes para usted para hoy y para cada día. Él sabe lo que quiere que usted alcance este año incluyendo descanso, recreación con su familia, ejercicios físicos y las cosas de tipo espiritual que usted hace. La forma en que use el tiempo reflejará los planes de Dios. Salmos 139.16 dice: «Tus ojos vieron mi cuerpo en gestación: todo estaba ya escrito en tu libro; todos mis días se estaban diseñando, aunque no existía uno solo de ellos». ¡Qué cosa! ¿No le gustaría echarle una miradita a ese libro? Como no es posible hacerlo físicamente, trate de oírlo de Dios y andar en obediencia diaria a sus planes.

Mientras no crea que el plan de Dios para usted afecta cada momento de su vida, no irá muy lejos en el área de la administración de su tiempo. Su meta como líder cristiano debería ser ordenar su vida de acuerdo con los planes de Dios para usted.

Paso dos: establezca prioridades

Ya que su tiempo es limitado, no puede hacer todo lo que desearía. Por lo tanto, necesita establecer prioridades y adherirse a ellas.

En Mateo 6.33, Jesús dice: «Buscad primeramente el reino de Dios y su justicia, y todas estas cosas os serán añadidas» (RVR60). Esto tiene que ver con prioridades. Jesús está diciendo que si usted se concentra en lo más importante, las otras cosas tomarán su correspondiente lugar. El tiempo que le da Dios es suficiente como para llevar a cabo la tarea que él le ha dado a hacer.

Conocer nuestras prioridades nos permite ser siervos eficientes.

> Lo «urgente» no siempre es importante.

Mark Porter escribe en su libro sobre administración del tiempo: «Nada es más fácil que estar ocupado y nada es más difícil que ser eficiente».[1] ¡La gente de éxito siempre está ocupada, pero no toda la gente ocupada son personas de éxito! La diferencia está en que la gente exitosa ha aprendido a discernir lo que es más importante y a concentrarse en esa prioridad.

Uno de los aspectos más difíciles en esto de manejar bien nuestro tiempo es saber distinguir lo mejor de lo bueno. Muchas de las decisiones que usted hace diariamente no son entre buena y mala sino entre buena y mejor. Lucas 10.41–42 nos cuenta la historia de María y Marta. Ambas hermanas estaban haciendo algo bueno, pero Jesús dijo: «María ha escogido la mejor, y nadie se la quitará».

Escoger lo mejor sobre lo bueno es algo difícil. Seguramente usted tiene que estar esforzándose constantemente para hacer primero lo más importante. Muchas otras cosas se amontonarán sobre nosotros pretendiendo que son algo que hay que hacer urgentemente pero lo que es *urgente* no siempre es *importante*. Podemos estar ocupados con muchas cosas pero corremos el riesgo de ejecutar pocas cosas de valor debido a que no hemos priorizado las cosas más importantes. Alguien ha dicho: «No gaste por un tiempo que vale un dólar si va a obtener como ganancia diez centavos».

Decidirse por lo más importante sobre lo bueno implica aprender a decir «no». En *Un enemigo llamado promedio*, John Mason escribe: «Uno de los mejores economizadores de tiempo es la capacidad de decir no. Negarse a decir no cuando debe hacerlo es uno de los más grandes desperdicios de tiempo que jamás experimentará».[2] No es fácil decir «no» cuando se acercan a pedirnos ayuda pero a veces hay que hacerlo.

Jesús dijo «no» a muchas cosas para tener tiempo para lo más importante. Hubo ocasiones en que se alejó de la gente para tener un tiempo a solar con el Padre o con los discípulos. Dijo «no» cuando lo llamaron para que fuera al funeral de Lázaro aun sabiendo que sería mal interpretado. Cuando sus hermanos lo urgieron para que fuera a Jerusalén para una reunión más numerosa, les dijo que su tiempo aun no había llegado. ¿Está usted dispuesto a decir «no» sin sentirse culpable por hacerlo?

El trabajo excesivo indica que se está fuera de la voluntad de Dios tanto como que hay pereza. Ambos son señales de una deficiente administración del tiempo. Algunos se queman; otros se oxidan. Haga que coincidan sus prioridades con las de Dios. Si hay cosas que no va a hacer, libérese de ellas. Quizás tenga que renunciar a unos cuantos comités, o rechazar algunas invitaciones para estar en capacidad de seguir las prioridades de Dios. Este paso es tan importante que lo examinaremos con más detalle en el capítulo siguiente.

PASO TRES: EVALÚE SU USO DEL TIEMPO

Un factor importante para una administración efectiva del tiempo es tener claridad respecto de qué está pasando con su tiempo. Usted no puede redimir el tiempo si no sabe hacia dónde va. ¿Cómo podría hacer ajustes si no tiene claridad respecto de cómo lo está usando? Es como tratar de preparar un presupuesto cuando no se sabe cómo gastó su dinero el mes anterior.

¡Le presento una asignación que puede cambiar su vida! Utilizando el gráfico que aparece en el apéndice B compruebe cómo está usando su tiempo durante las siguientes dos semanas. Anote cada treinta minutos lo que hace. ¡Sí! ¡Se lo estoy proponiendo en serio! Complete la evaluación siguiendo las instrucciones que aparecen en la asignación para la acción al final de este capítulo. Vea dónde ha estado malgastando su tiempo, qué es lo que ha hecho que no ha contribuido a alcanzar sus metas. ¡Y prepárese para el golpe que le viene! Aunque doloroso, esto lo preparará para hacer cambios.

Le sugiero que no siga leyendo sino hasta que haya dado este paso tan importante. ¡Es por su bien! ¡Para su crecimiento de modo que adelante y hágalo!

PASO CUATRO: DÉSE TIEMPO PARA PLANEAR

El siguiente paso hacia una administración efectiva del tiempo es planificar su tiempo. Planeamiento es lo que «separa a los hombres de los niños» en materia de manejo del tiempo. Usted puede tener la visión correcta y las metas, pero sin un planeamiento apropiado nunca podrá sacarle todo el provecho que podría al uso de su tiempo. Planificar toma tiempo pero Porter dice que un minuto gastado en planeamiento permite ahorrar tres a cuatro minutos al momento de la ejecución.

Algunos cristianos piensan que no se debe planificar. «Con seguir al Espíritu basta», dicen. Y citan Mateo 10.19: «Pero cuando los arresten, no se preocupen por lo que van a decir o cómo van a decirlo. En ese momento se les dará lo que han de decir». ¡Note que aquí Jesús está hablando a los mártires, no a los predicadores! ¡Planear es espiritual! Fíjese que Dios tiene planes para nosotros (Jeremías 29.11); Jesús hizo planes (Juan 7.6; Marcos 1.37, 38); y Pablo también lo hizo (2 Corintios 1.15–17). Dios planeó la forma de salvación antes de poner los fundamentos del mundo. (Vea Efesios 1.4.) Él es un Dios que se mantiene ocupado llevando adelante sus planes.

Proverbios 14.15 dice: «El ingenuo cree todo lo que le dicen; el prudente se fija por dónde va». Quien falla en hacer planes, está planeando su falla. Muchas veces, cuando intentamos administrar nuestro tiempo nos dejamos llevar por los acontecimientos en lugar de tomar la iniciativa y planear lo que queremos que ocurra.

Ideas para llevar a cabo el planeamiento

1. **Acostúmbrese a usar una lista de «cosas por hacer»**

Una lista de «cosas por hacer» es esencial para administrar bien nuestro tiempo. Esta lista no contiene otras cosas que lo que necesitamos hacer. Se pueden tener diferentes categorías («la casa», «el trabajo», «la iglesia», «asuntos personales», «necesidades del barrio») y en seguida de establecer las categorías, haga una lista de las cosas que tiene que hacer en cada una de ellas. A medida que vaya haciendo lo que ha señalado, haga una marca que indique que eso ya está hecho. Use sus metas al preparar su lista de «cosas por hacer». Manténgala siempre a mano para que cuando se recuerde de algo que tiene que hacer lo agregue a la lista.

> Mi lista de «cosas por hacer»:
> - Comprar betún para zapatos
> - Escribirle a mamá
> - Visitar a Juana en el hospital
> - Escribir mis metas
> - Llamar a Susana

Esto le ayudará en maneras prácticas. Por ejemplo, si mantiene la lista al día, no va a encontrarse pensando cuando regresa a casa: «Oh, me olvidé de retirar mi abrigo de la tienda de limpieza en seco».

Su lista de «cosas por hacer» puede ser una simple hoja de papel, una libreta de notas o un organizador electrónico. El tipo no importa; lo que sí importa es la lista.

2. Use un libro de citas

Un libro de citas es esencial para mantener control sobre los compromisos y otras responsabilidades que se asumen. Sin él, fácilmente puede olvidar la cita que tiene con alguna persona o la reunión a la que debe asistir. ¿No se ha encontrado innumerables veces con personas que dicen: «Qué pasó contigo ayer que no acudiste a la cita que teníamos acordada»?

Si tiene un libro de citas, ¡úselo! Revíselo diariamente para ver los compromisos que tiene.

3. Separe *diariamente* un tiempo para planificar

La planificación diaria ha llegado a ser una de las cosas más útiles en relación con el uso sabio del tiempo. Si no lo hago, caeré víctima de los asuntos «urgentes» mientras postergo lo que es realmente importante.

No importa si usted planea sus actividades por la mañana o por la noche; lo importante es que debe hacerse un tiempo, a la hora que sea, para planificar su día. Piense en lo que es más importante, compruebe sus metas para asegurarse que está gastando su tiempo en lo que es más importante. Use su lista de «cosas por hacer» para que le recuerde sus compromisos inmediatos.

Este planeamiento debe hacerse para el día siguiente o por un período más largo. Intente hacerlo para una semana y cuando ya sienta que por este lapso las cosas funcionan bien, inténtelo por un mes.

En su planeamiento, deje tiempo para lo inesperado. No programe cada minuto porque si lo hace no lo podrá cumplir y terminará frustrado.

Organice las cosas parecidas juntas. Por ejemplo, programe un tiempo para ver a alguien en su oficina, un tiempo para visitas, una hora o dos para revisar su correspondencia e incluso un tiempo para descansar.

Recuerde: ¡las prioridades primero! Aquí podría incluir tiempo con la familia, tiempo para leer y reflexionar sobre lo leído, tiempo para estudiar o tiempo para descansar. Administrar el tiempo no siempre significa hacer más. También necesitamos dedicar tiempo para «recargar» nuestras almas. Este es el concepto bíblico que encierra el descanso del *sabbath*.

Establezca qué es lo más importante para hacer cada día y luego... póngase a trabajar sin interrupción. Esta simple fórmula puede revolucionar su vida.

PASO CINCO: CONFRONTE LAS PÉRDIDAS DE TIEMPO

Si evaluamos cuidadosamente nuestro tiempo vamos a encontrar muchas cosas que no merecen nuestra atención. Porter las llama, precisamente, pérdida de tiempo, «una actividad que no es productiva como otra que podríamos hacer».

Reflexione acerca de la valoración de su tiempo para descubrir esas «pérdidas de tiempo» a las que venimos refiriéndonos. Busque cosas que no estén asociadas con sus metas. Piense en lo que podría hacerse más eficientemente, en menos tiempo o refiriéndolas a otros.

Tres pérdidas de tiempo muy comunes

1. Inactividad

Este es tiempo no planificado para algo y, por lo tanto, es tiempo perdido. Muchas horas se pierden debido a la inactividad: esperando el medio de transporte que nos va a llevar de un punto a otro; sentados ante un escritorio, parados junto a la carretera viendo cómo pasan los automóviles o charlando con amigos. La buena planificación ayuda a llenar nuestra agenda y a reducir en buena medida los tiempos de inactividad. Lea con atención cómo llenar los minutos que son habitualmente perdidos.

Un cartel en mi oficina dice: «La madurez se revela en lo que hago con mi tiempo libre». ¿Qué es lo que se halla haciendo usted cuando su tiempo no está planificado?

2. La televisión

La televisión es sinónimo de tiempo perdido. Usted puede sentarse frente al televisor «para descansar un poco» y en treinta minutos le están ofreciendo otro «buen» programa. Y cuando menos se da cuenta, ha pasado horas mirando la pantalla, con nada por mostrar como trabajo efectivo. Es diversión, lo que se puede traducir perfectamente como «sin pensar». A menos que haga un esfuerzo deliberado por controlar la televisión, pronto lo estará controlando a usted. Decida lo que realmente quiere ver y véalo. No todo en la televisión es malo pero incluso lo bueno debe estar bajo control. Si no la puede controlar ¡desconéctela! Y manténgala así, silenciada a lo menos por una semana. ¡Sobrevivirá, se lo aseguro! Y hasta prosperará.

3. Gente

Una de las más grandes luchas para controlar su tiempo tiene que ver con su trato con los demás. Las gentes son buenas, especialmente con los líderes que se mueven entre ellas. Usted tiene que tener tiempo para las gentes pero el caso es que con mucha frecuencia ellas consumen tiempo que podría dedicarse a otras cosas. A las personas sin metas en su vida no les importa tomar treinta minutos de su tiempo (de usted) para charlar, muchas veces incongruencias. Se sientan a contar largas historias y al final, usted no ha logrado nada.

Incluso Jesús tuvo que instruir a sus discípulos, diciéndoles: «Ni se detengan a saludar a nadie por el camino» (Lucas 10.4). ¿Por qué tan extraña recomendación? Ellos tenían una misión y Jesús sabía que si se detenían a saludar a la gente con la que se encontraran mientras iban no alcanzarían a cumplir el trabajo que les había encargado. Su misión era ministrar a la gente; por eso, saludar mientras iban los distraería de su primera prioridad. **No dejemos que otros hagan nuestros planes.** Dios tiene una meta para nosotros y nosotros deberíamos tomar la firme decisión de alcanzarla para él. Cuando esta meta incluye a la gente, lógicamente que tendríamos que reunirnos con ellos.

Nosotros estamos «en el negocio de la gente»; es decir, nuestro trabajo para Cristo tiene que ver con las personas; sin embargo, debemos eliminar todos aquellos encuentros que no sean productivos. Algunas «interrupciones» son oportunidades provistas por Dios para ministrar a alguien; otras, son pérdida de tiempo. Se requiere sabiduría para conocer la diferencia.

¿Qué se puede hacer con la gente? A continuación encontrará algunas sugerencias que le pueden ser útiles.

a. Programe tiempo para reunirse con la gente

En su planeamiento, incluya tiempo para reunirse con la gente. La cantidad de tiempo que dedique a esto dependerá de lo que está haciendo con ellos. Déle tiempo a la gente, pero sobre la base de una planificación bien específica.

Si usted es pastor, anuncie a su congregación los días y horario en que estará disponible para entrevistas personales en su oficina. Hasta donde le sea posible, no acepte alteraciones a esta programación. Esto no siempre es posible, pero aun pidiéndole a alguien que espere cinco minutos le ayudará a usted y las personas también aprenderán a respetar su tiempo.

Quizás usted ha puesto en primera prioridad un tiempo para preparar su mensaje para el servicio del domingo. Mientras estudia, alguien puede venir pidiendo ayuda en oración por su matrimonio. Usted decide dejar a un lado lo que está haciendo y orar por esa persona; pero cuando menos se ha dado cuenta, se le ha ido el tiempo y no ha preparado su sermón. Ahora será usted el que, el sábado por la noche, estará orando desesperadamente a Dios y cuando vaya a predicar le diga a la congregación: «Lo siento, pero su pastor hoy llegó a predicar sin inspiración».

b. Anime a la gente a no andarse con rodeos

Cuando usted se reúna con alguien, anímele a que vaya directamente al punto. Quizás necesite preguntarle: «¿Cómo puedo ayudarle?». Por supuesto, es importante dedicar unos cuantos segundos al saludo pero usted necesita ayudar a la persona a maximizar el tiempo que le está brindando.

c. ¡Ore con ellos!

Es importante orar con la persona que lo viene a ver, no solo para ministrarle en sus necesidades, sino para ayudarle en el manejo del tiempo. Cuando se reúna con alguien, una vez finalizados los saludos protocolares, le debería sugerir: «¿Qué le parece si oramos?». Y luego usted puede decir una oración tan sencilla como esta: «Padre, gracias por darnos la oportunidad de compartir unos momentos este día. Guíanos mientras exponemos lo que tenemos que decir y danos sabiduría para que nuestras palabras sean sabias». Después de haber orado será mucho más fácil entrar directamente al tema que los reúne. La oración siempre nos ayuda a mantenernos dentro de la agenda de Dios.

También podría ser de ayuda orar cuando concluya la entrevista para agradecer a Dios por lo que han podido compartir. Si durante la conversación se ha expuesto alguna necesidad específica, pídale a Dios que satisfaga esa necesidad. Esta no es una técnica manipuladora como alguien podría pensar pero, además de un recurso para mantener control sobre el tiempo, es la forma natural en que deberían concluir encuentros de este tipo. No es fácil saber cómo trabajar con la gente. Por eso, manténgase pidiendo a Dios que le dé sabiduría para usar su tiempo en la mejor forma cuando se trate de ministrar a otros.

PASO SEIS: TRATE CON LAS POSPOSICIONES

Una posposición es, simplemente, diferir cosas que deben hacerse ¡ya! Esto suele ser catastrófico para el líder. Vamos poniendo una cosa sobre otra hasta que nos vemos abrumados con todo lo que va quedando pendiente de hacer. A casi todos nos pasa, especialmente cuando se trata de cosas que no nos agrada hacer. Los cajones de su escritorio permanecen llenos de papeles sin orden ni organización o el clóset en su cuarto se ha quedado sin revisar y limpiar durante meses; su automóvil ha sobrepasado la fecha de revisión y mantenimiento o no ha revisado sus cuentas durante un año. Se ha propuesto escribirle una carta a su mamá o llevar a su hijo a la heladería. Pero pasan los días y nada de lo que se había propuesto llega a ejecutarse. ¿Qué podemos hacer en tales circunstancias? Ken Smith, en su hermoso libro *It's About Time* hace las siguientes sugerencias:

- Haga una lista
- Priorice
- Póngase en acción[3]

Primero, haga una lista de las cosas que ha venido posponiendo por mucho tiempo. Luego, decida cuál es la más importante. Deben ser las más urgentes o las que menos le agraden. Programe una hora diaria para abordar un asunto pospuesto o separe un tiempo semanalmente para hacer estos trabajos. Comience con lo más urgente y continúe hasta que haya terminado. Con frecuencia, estas tareas no toman demasiado tiempo para hacerlas y qué satisfacción se siente cuando concluyen.

PASO SIETE: APROVECHE LOS MINUTOS

La gente que maneja efectivamente su tiempo aprende a aprovechar cada minuto. Un minuto parece poco, apenas sesenta segundos. Pero véalo de esta manera: si usted aprende a ahorrar 30 minutos por día estará agregando 182 horas a su año, lo cual es más que una semana; en 40 años usted habrá agregado más de 300 días. ¿No le gustaría tener un año extra de vida?

Convénzase del valor de los minutos. Con solo diez minutos diarios podría leer toda la Biblia en un año y con quince minutos, estaría leyendo veinticinco libros en un año. ¡Los minutos son algo importante! Aprenda a tratar con ellos y las horas se cuidarán solas.

Charles Colton dice: «Mucho se puede hacer en esos pequeños jirones y parches de tiempo que cada día produce y que muchas veces desperdiciamos».[4]

¿De dónde vienen estos minutos desperdiciados y qué podríamos hacer con ellos?

• **Espera**

Estudios han demostrado que una persona, a lo largo de su vida, ha pasado más de un año esperando. En algunos países esta cantidad puede duplicarse o triplicarse. Este fenómeno se produce minuto a minuto mientras usted está en la fila del banco o del supermercado o esperando el autobús. ¿Cómo se puede remediar esta situación? Lea un capítulo de la Biblia, memorice un versículo, ore en silencio, testifique de su fe a alguien que esté a su lado o dedique pensamiento a algún problema que tiene y búsquele la solución.

• **Movilización**

Mucho tiempo se gasta arriba de los automóviles, ya sea conduciendo o viajando mientras otra persona va al volante. Usted, si no va conduciendo, puede dedicarse a ver los árboles al pasar o redimir el tiempo y hacer algo productivo. Puede leer un libro, memorizar algún pasaje de la Escritura, aprender otro idioma o estudiar las materias del curso que está llevando, cualquiera que sea. Si va conduciendo, puede escuchar un casete o un disco compacto que le abrirá la mente y le proveerá tema para pensar.

• **Entre actividades**

A menudo encontramos algunos minutos entre citas o entre reuniones. Se pueden aprovechar llenando algún documento, escribiendo una nota breve de aliento, haciendo una llamada o incluso poniendo al día su lista de «cosas por hacer».

• **En tareas simples que no nos demandan mucho pensamiento**
Conducir, cepillarnos los dientes, cocinar y lavar la ropa son tareas que requieren actividad corporal pero no mucho uso de la mente. Se puede redimir el tiempo escuchando alguna grabación útil, leyendo, meditando o memorizando versículos bíblicos. U orando. Use el tiempo cuando está cocinando para hablar con su hija o hacer un cierre de algo.

Aproveche esos minutos. El tiempo es precioso y usted quedará sorprendido al comprobar la cantidad de minutos «desperdiciados» que puede usar productivamente. ¡Siempre lleve algún material de lectura! Yo leo muchos libros en el año y raramente paso más de 20 minutos seguidos leyendo. Lleve también su libro de citas. Cuando tenga unos minutos, ábralo y planifique su semana. ¡Redimir el tiempo es el nombre del juego!

PASO OCHO: ACOSTÚMBRESE A SER PUNTUAL

Finalmente, acostúmbrese a ser puntual. Llegar siempre tarde revela una vida desorganizada y una falta de respeto al tiempo de la otra persona. Si una reunión involucra a diez personas y comienza treinta minutos tarde, se han perdido nada menos que 300 minutos; es decir, cinco horas.

Ser puntual fortalece las relaciones y honra a Dios. Jesús dijo: «Que tu sí, sea sí» (Mateo 5.37) lo que incluye el compromiso de llegar a tiempo. ¿Llega usted a la iglesia a tiempo? ¿Puede la gente esperar que usted llegue cuando dijo que llegaría?

Llegar a tiempo requiere disciplina. Pueden ocurrir muchas cosas que no se pueden anticipar. Yo tuve un cartel en mi oficina que decía: «La única manera de estar siempre a tiempo es planear llegar temprano». Es verdad y me ayudó mucho. Si usted llega a tiempo y la reunión comienza tarde, abra su libro y aproveche el momento para leer.

Examinemos ahora los pasos para una administración efectiva del tiempo.

CONCLUSIÓN

Usted puede aprender a administrar su tiempo con efectividad. No se desanime por el pasado. Las buenas noticias son que en el futuro tiene todo el tiempo que necesite en la medida que aprenda a usarlo en forma sabia. Literalmente, su vida puede ser transformada si usted cumple con las asignaciones y estudia los contenidos de esta lección. ¡Permítame advertirle, sin embargo, que estas asignaciones son difíciles! Pero los resultados están garantizados. Usted puede decidirse a simplemente leer un buen capítulo de un libro o disponerse a cambiar. Si está listo para cambiar, aborde las asignaciones. Cientos de personas ya lo han hecho y usted puede hacerlo también.

No espere que las cosas cambien de la noche a la mañana. Dejar los hábitos y reemplazarlos por otros, toma su tiempo. (Desarrollar un hábito toma veintiún días de repetición sucesiva.) Este es un viaje y debe iniciarlo ya. ¡El futuro llega minuto a minuto!

ASIGNACIÓN PARA LA ACCIÓN

Parte uno (dos semanas)

I. Fotocopie el «Cuadro para la evaluación del tiempo», que aparece en el apéndice B. Haga *cuatro copias* de cada página de todas las asignaciones para la acción. En las siguientes dos semanas use dicho cuadro para ir anotando la forma en que ocupa su tiempo. Si las puede llevar consigo sería mucho mejor. (O, en su defecto, puede hacer las anotaciones al final de cada día.) Al término de las dos semanas, revise sus anotaciones para comprobar las horas que dedicó a las áreas siguientes. Escriba el número de categoría en el cuadradito abajo y luego anote cada número para los totales. (Recuerde que cada cuadradito representa treinta minutos, no una hora. Hay cinco horas «noche» que no están en su tabla, no las olvide.) Divida entre catorce para obtener el promedio de horas por día. Si hay menos días, divida entre el número de días (por ejemplo, días de trabajo, asistencia a la iglesia.) Es probable que algunas categorías no tengan que ver con usted. Si usted es pastor o trabajador de la iglesia a tiempo completo, a lo mejor preferiría dividir sus horas en áreas tales como visitación, consejería, preparación de sermones y lecturas.

ACTIVIDAD	TOTAL DE HORAS (DOS SEMANAS)	PROMEDIO DE HORAS/DÍA
1. Dormir	_____	_____
2. Comidas/personal (incluye bañarse, etc.)	_____	_____
3. Tiempo devocional con Dios	_____	_____
4. Trabajo	_____	_____
5. Viajes	_____ /10 o 12	_____
6. Cocinar/preparación de las comidas	_____	_____
7. Ministerio relacionado con tiempo	_____	_____
8. Asistencia a la iglesia	_____	_____
9. Tiempo con los niños	_____ /2	_____
10. Tiempo con cónyuge	_____	_____
11. Tiempo viendo televisión	_____	_____
12. Tiempo dedicado a la lectura	_____	_____
13. Ejercicios físicos	_____	_____
14. Otros: _____	_____	_____
15. _____	_____	_____
Total horas	_____	
Tiempo no registrado	_____	

(Reste el total de horas a las 336 horas)

II. Evalúe los resultados:

1. ¿Cuáles fueron las grandes sorpresas de su evaluación?

2. Complete el cuadro abajo en todas las áreas que aplican a usted. Marque sus metas para ver lo que se había propuesto hacer en cada área.

3. ¿Cuáles son las principales «pérdidas de tiempo»?

ÁREA	DEDICÓ MUY POCO TIEMPO	TIEMPO SUFICIENTE	DEMASIADO TIEMPO
Devociones personales			
Tiempo con cónyuge			
Tiempo con los niños			
Tiempo en el ministerio			
Tiempo en ejercicio físico			
Tiempo para dormir			
Tiempo para planeamiento			

A.

B.

C.

4. ¿Qué cosas no le están ayudando a cumplir con sus metas y a las que tiene que decir «no»?

A.

B.

C.

5. ¿A qué cosas necesita dedicarles más tiempo para alcanzar sus metas y desarrollar todo su potencial para Cristo?

A.

B.

C.

ASIGNACIÓN PARA LA ACCIÓN

Parte dos (una semana)

I. Haga, en el espacio que sigue abajo, una lista de las «posposiciones». Anote cinco cosas que usted sabe que tiene que hacer pero que sigue posponiendo. (No se trata de cosas que tiene que hacer diariamente como orar, sino de trabajos que ha venido aplazando por algún tiempo.) En la columna dos priorícelas del uno al cinco (las más importantes deben completarse primero). En la columna tres, anote la fecha cuando va a comenzar a hacer ese trabajo. En la columna cuatro, marque cuando la haya terminado.

	Tarea	Prioridad	Fecha/hora	Completada
1.	_____	___	_____	_____
2.	_____	___	_____	_____
3.	_____	___	_____	_____
4.	_____	___	_____	_____
5.	_____	___	_____	_____

II. Tómese a lo menos una hora para planear una agenda semanal. En la parte superior del «Cuadro para la evaluación del tiempo», escriba: «Plan semanal» y úselo para planear una semana completa, especificando cómo quiere usar cada hora de su día. En muchos casos, una actividad puede tomar varias horas. Escriba la actividad en el espacio de tiempo correspondiente y trace una flecha hasta la fecha de completación de la tarea. Use sus metas mientras hace este ejercicio para asegurarse que las está alcanzando. Programe un tiempo diario para planificar y ponga los asuntos aplazados del # 1 en su plan.

III. Haga un seguimiento del uso del tiempo como lo hizo en la asignación anterior, pero por solo una semana. Use el «Cuadro para la evaluación del tiempo» y siga su plan.

IV. Evalúe qué ocurrió comparado con lo que planeó. Responda las siguientes preguntas:

1. ¿Qué áreas de su plan fueron más difíciles de llevar a cabo?

2. ¿Necesita poner en estas áreas más esfuerzo en hacer lo que planeó o necesita hacer ajustes a su plan para que sea más realista? (Es posible que tenga más de una respuesta a cada una de las áreas identificadas en [a], arriba.)

V. Haga una lista de «cosas por hacer» que le ayuden en su planificación. Ponga varias categorías (personal, familia, trabajo, iglesia.) Enumere lo que tiene que hacer en cada una de las categorías. Al planear su agenda diaria o semanal fíjese en esta lista y decida cuáles son de prioridad uno, por lo cual deben atenderse primero. Cuando piense en otras cosas que debería hacer, agréguelas a la lista. No se separe de la lista.

Haga una marca aquí cuando haya completado su lista de «cosas por hacer». _____

¡Felicitaciones! Usted está en camino de desarrollar todo su potencial en Cristo y lograr mucho más para su gloria. Recuerde: los cambios toman tiempo. Manténgase trabajando en el área de administración de su tiempo y terminará elevándose muy por encima de lo normal.

Capítulo 6

EL LÍDER Y SUS PRIORIDADES

El pastor Richard se veía agotado. Había sido un largo día. Había planeado trabajar en su sermón, pero en la oficina había gente esperándolo. Después de reunirse con ellos, se percató que la cuenta por electricidad de la iglesia no se había pagado así es que fue a las oficinas de la compañía a pagar la factura. Mientras estaba en eso, supo que un miembro de su iglesia acababa de ser hospitalizado, así que corrió para verle antes que concluyera el horario de visitas. Recogió la correspondencia y encontró varias cartas que requerían respuesta. Cuando volvió a la oficina, pasó tiempo contestándolas. Y antes que se diera cuenta, la gente estaba llegando a la iglesia para el estudio bíblico. Apresuradamente puso algunos pensamientos en una hoja de papel y se dispuso a dirigir el estudio bíblico.

Después del estudio alguien le conversó sobre un problema familiar, lo que se transformó en una hora que pasó con aquella familia. Cuando se dirigía a su casa, recordó que aún no había preparado su sermón; así que oró pidiéndole a Dios su intervención divina y esperando que como la semana anterior, pudiera recibir antes de irse a la cama la inspiración que pedía.

¿Cuál es el remedio para el agotamiento del pastor Richard? Como muchos pastores, nadie lo podría acusar de ser perezoso. Siempre está ocupado y tiene más cosas que hacer que las que puede atender. Como resultado, con frecuencia olvida sus citas o llega tarde a ellas. Necesita con desesperación ayuda para fijar sus prioridades y vivir de acuerdo con ellas, de modo que pueda ser más efectivo con su tiempo. El pastor Richard estaba ocupadísimo, pero era muy poco efectivo.

¿Cómo decide usted qué hacer en la vida? ¿Cómo establece la diferencia entre lo bueno y lo mejor? ¿Quién determina qué va a llenar su calendario de actividades? Estas son preguntas de prioridades y las estaremos planteando en este capítulo. Los líderes efectivos han aprendido cómo vivir por sus prioridades como un elemento crítico de buena administración del tiempo.

Jesús es el mejor ejemplo de un líder que vivió sujeto a sus prioridades. Él tenía un sentido bastante agudo en cuanto a lo más importante en cualquier momento. Tenía tiempo para la oración y para ministrar a la gente. En ocasiones, se apartaba de las multitudes y en otras se mezclaba libremente con ellas. Nunca daba la impresión de que andaba apurado o alcanzado por su agenda. Con absoluta confianza siempre se dirigía hacia lo que eran sus propósitos.

Medite de nuevo en lo que dijo Jesús: «Más bien, busquen primeramente el reino de Dios y su justicia, y todas estas cosas les serán añadidas» (Mateo 6.33). Este bien conocido versículo trata sobre prioridades. Enseña varios principios fundamentales.

• LAS PRIORIDADES DEBEN SER CONOCIDAS

En este versículo, Jesús nos enseña cuáles deberían ser nuestras prioridades. Antes que podamos hacer la voluntad de Dios, debemos conocer sus prioridades para nosotros. Algunas son de importancia primaria; otras, son de importancia secundaria.

• LAS PRIORIDADES DEBEN BUSCARSE

Jesús dijo: «Busquen primeramente». Una vida con prioridades correctas nunca se limitará a simplemente transcurrir. Mantener control sobre nuestras prioridades demanda un esfuerzo deliberado. Demanda buscar las prioridades correctas y mantener nuestra vida enfocada en esas prioridades.

• LAS PRIORIDADES PRODUCEN RESULTADOS

Jesús dice en este versículo que cuando nuestra prioridad superior es realmente la número uno, la siguen otras cosas buenas. «Todas estas cosas les serán añadidas». Lo opuesto es también verdad: si nos concentramos en las cosas con prioridad dos, nunca alcanzaremos las de prioridad uno. Por ejemplo, mucha gente alcanza el éxito en los negocios pero fracasan con sus familias. Sus prioridades no estaban bien y tuvieron que sufrir por eso.

Con esta base, vamos ahora a poner nuestra atención en las tres «P» de prioridades: propósito, principio y paso.

EL PROPÓSITO DE LAS PRIORDADES

Aprender a vivir por prioridades implica por lo menos tres cosas para nosotros como líderes.

LAS PRIORIDADES NOS MANTIENEN EN FOCO

Cuando conozcamos y practiquemos nuestras prioridades, nuestras vidas tendrán un enfoque bien definido. Podremos ver claramente cómo seguir nuestra visión. Sin un enfoque claro en la vida, nos extendemos en muchas direcciones al mismo tiempo. Un pulpo, con ocho extremidades, puede moverse en muchas direcciones pero al menos que todas las piernas se muevan en la misma dirección, no podrá llegar muy lejos. Hay personas que funcionan como un pulpo, van en varias direcciones diferentes sin un enfoque claro.

¿Cómo se enfoca usted en su vida? ¿Está yendo en diez direcciones diferentes? ¿Está tratando de ser «un aprendiz de todo y un maestro de nada»? Los líderes efectivos hacen menos y menos cosas pero aprenden a enfocarse en lo que Dios les ha concedido hacer. Han aprendido a vivir por prioridades que los mantienen enfocados.

LAS PRIORIDADES NOS HACEN SER PRODUCTIVOS

En la vida de un líder hay una gran diferencia entre actividad y logro. Actividad es estar ocupado pero las prioridades nos mantienen haciendo las cosas en un orden correcto. Ser una persona ocupada no siempre significa que estamos logrando mucho.

Las metas nos dan objetivos para la vida y nos mantienen ocupados; las prioridades nos ayudan a hacer las cosas en su orden correcto.

Podemos fácilmente malgastar nuestra energía haciendo cosas que son de importancia secundaria. Equivocarnos en el orden de las prioridades siempre conduce a no lograr metas. El doctor Thomas Stevenin dice que una forma de fallar en nuestro liderazgo es hacer «un excelente trabajo en lo que no es de primera importancia».[1]

> Hay dos maneras excelentes para fallar en el liderazgo:
> 1. Hacer un excelente trabajo en todo (no todas las cosas son igualmente importantes).
> 2. Hacer un excelente trabajo en lo que no es de primera importancia.

Cualquier líder que quiera tener éxito debe trabajar duro; sin embargo, muchos líderes trabajan duro en las cosas que no son de primera importancia. Es bueno trabajar *duro*; es determinante trabajar con *inteligencia*. Ser productivo requiere prioridades claras que mantengan las cosas más importantes en el primer lugar.

LAS PRIORIDADES NOS MANTIENEN EN EQUILIBRIO

Pudimos haber aprendido a enfocarnos y a ser productivos, pero encontrar que estamos desequilibrados. Aunque tenemos éxito en el ministerio, fallamos en nuestras vidas personales. Tenemos un gran presupuesto en la oficina pero no tenemos uno en casa. Necesitamos mantener el equilibrio. La clave para esto es tener bien establecidas las prioridades.

EL PRINCIPIO DE LAS PRIORIDADES

Wilfredo Pareto, economista italiano, concibió lo que conocemos como «Principio de Pareto» o, el principio «20/80». Sus estudios lo llevaron a la conclusión de que como regla general el 20% de la población controla el 80% de la riqueza. Este principio se aplica no solo a la economía sino a muchas áreas de la vida. Fíjese en estos ejemplos:

Trabajo	20% de la gente hace el 80% del trabajo
Finanzas	20% de la gente da el 80% de dinero
Crecimiento	20% de la gente produce el 80% del crecimiento

Liderazgo   20% de la gente hace el 80% de las decisiones
Productos   20% de los productos hacen el 80% de las ganancias
Tiempo   20% de su tiempo trae 80% de los resultados
Lectura   20% de un libro da el 80% del contenido

Maxwell aplica el principio de Pareto a las prioridades en esta forma: *«El 20% de sus prioridades le darán el 80% de su producción si dedica su tiempo, energía, dinero y personal al 20% de las prioridades establecidas a la cabeza de la lista».*[2] Así, cuando nosotros realmente conocemos nuestras prioridades superiores y nos enfocamos en ellas, nuestros resultados aumentarán considerablemente.

En otras palabras, si usted pone sus diez más altas prioridades en su orden de importancia y se concentra en las dos superiores, podrá alcanzar el 80% de sus metas. Por el contrario, si usted trabaja duro en las otras ocho actividades, solo logrará el 20%. Este aserto queda ilustrado en la siguiente figura:

El principio de Pareto

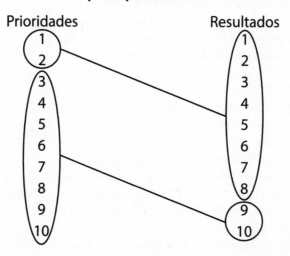

El principio es muy simple pero da origen a preguntas obvias: «¿Cuáles deberían ser mis prioridades?» y «¿Cómo puedo concentrarme en el 20% más alto?». Responderemos a estas preguntas examinando «la ruta de las prioridades».

LA RUTA DE LAS PRIORIDADES

Selección de prioridades («Las tres erres»)

El primer paso para activar el principio de Pareto es calificar nuestras prioridades. En su serie de vídeos sobre las prioridades, Maxwell sugiere tres erres que ayudan en este proceso.

1. Requerimiento

Primero, observe lo que se requiere de usted. Para que sus prioridades funcionen, fíjese en su descripción de trabajo. Se requieren ciertas cosas. Si usted es pastor, hágase la siguiente pregunta: «¿Qué es lo que tengo que hacer que nadie más que yo puede hacer?». Este trabajo no puede ser delegado a ninguna otra persona. Le guste o no, solo usted puede hacerlo.

2. Retorno (resultados)

Segundo, pregúntese: «¿Qué cosas producen los mejores beneficios a mi organización?». Analice objetivamente la visión y las metas y vea lo que tiene que hacer para traer los mejores beneficios a la organización. Ciertas actividades de verdad ayudan a la iglesia o a su organización a que crezcan; otras también ayudan, pero muy poco.

3. Recompensa

El área final tiene que ver con su propio disfrute de lo que hace y responde las preguntas: «¿Qué es lo que me da la mayor satisfacción? ¿Qué es lo que más disfruta haciendo su trabajo? ¿Qué es lo que pone una chispa en sus ojos?».

Al responder estas preguntas usted podrá identificar sus prioridades. Si algo aparece en las tres áreas, usted está en buena forma. Tal acción debería ser de alta prioridad para usted. Si las respuestas que obtiene son diferentes pareciera estar en problemas. Si algo se requiere de usted pero la retribución es pobre, tendría que ver cómo lo delega o reduce su participación en ello lo más que le sea posible. Por el otro lado, si algo produce una buena retribución pero no es algo que le involucre ni para realizarlo ni para disfrutarlo, analice si está usted en el lugar correcto. Si algo ofrece una buena compensación y a usted le atrae pero ve que no va a ser de beneficio para la organización, tendrá que optar por reducir el tiempo que dedica a tal actividad. Por ejemplo, cuando yo era director de un ministerio para líderes, me detuve a analizar estas tres erres en función de mi trabajo administrativo. Descubrí que me gustaba la administración pero que eso no traía un gran beneficio para la organización así que tuve que ajustar mi agenda para pasar menos tiempo en administración.

Permítame ilustrar con mi propio ejemplo cómo funciona este proceso. Como pastor jefe de una iglesia grande, en esta forma trabajan las tres erres.

> **Requerimientos.** Mi más importante requerimiento: proveer visión y dirección (liderazgo), predicar y desarrollar líderes.
>
> **Retorno.** Las cosas que producirían un buen retorno (beneficio): proveer liderazgo, enseñar (predicar), escribir, desarrollar líderes y administración.
>
> **Recompensa.** Las cosas que yo más disfruto: proveer liderazgo, enseñar, desarrollar líderes, administrar y escribir.

Fíjese que hay varias cosas que son comunes en estas listas. Liderazgo (establecer la visión y dirección de la iglesia), predicar (o enseñar) y desarrollar líderes parecen ser las tres áreas de prioridad para mí. Esto significa que debería pasar el 80% de mi tiempo en estas áreas.

También es importante lo que no está allí. Consejería y visitación, por ejemplo. No están en la lista. Eso significa que, pese a su importancia, no debería dedicar demasiado tiempo a estas áreas. No es que no haya que atenderlas del todo, pero si me excedo en el tiempo que debería dedicarles, el beneficio para la iglesia no será mucho mayor. Si yo fuera el único pastor de la iglesia, estas áreas tendrían una prioridad alta.

Sus asuntos serán diferentes pero los míos clarificarán el proceso. Cuando usted lo haga bien estará en capacidad de identificar las prioridades en su trabajo.

Deténgase en este punto y llene la hoja de trabajo del apéndice C antes de continuar con el paso siguiente.

COMPRUEBE SUS PRIORIDADES

Después de seleccionar sus prioridades, es tiempo para ver cuán estrechamente corresponden con su vida. Revise su actual agenda mediante un tiempo de evaluación y compruebe cómo hace sus decisiones.

1. Tiempo para evaluación

El propósito de dedicar un tiempo para evaluación de sus prioridades es responder a la pregunta: «¿Cuánto de mi tiempo estoy dedicando a las áreas de retorno alto?». Vea cuánto está dedicando a estas prioridades altas y cuánto a las bajas. Examine mentalmente a las personas a las que les dedica tiempo. ¿Están en la parte superior del 20% en su organización? Use para este ejercicio el apéndice D. La parte anotada de este ejercicio es la misma como cuando anota sus actividades para la administración de su tiempo. Deberá comprender una semana. ¡Pero no olvide que esto puede cambiar su vida!

2. Revise su estilo organizacional

Otra forma de «chequear» sus prioridades es reflexionar sobre cómo organiza su tiempo. ¿Sobre qué base decide lo que tendrá que hacer el día de hoy? En su serie de vídeos sobre las prioridades, Maxwell hace una lista de cinco estilos diferentes de organización...

- **Urgente.** Lo más ruidoso primero.

  Muchos deciden qué hacer basados en lo que hace más ruido. El departamento que está gritando recibe la atención. El miembro de la iglesia que insiste en verlo consigue una cita. Esto es vivir según el viejo refrán: «La rueda que chilla consigue que la engrasen».

- **Desagradable.** Las cosas difíciles primero.

  Hay quienes revisan todo lo que hay que hacer y escogen lo más difícil y desagradable para atender primero. La idea es sacarse del camino las actividades menos deseables y disfrutar el resto del día. Lamentablemente, las tareas desagradables pueden no ser las más importantes.

- **Inconcluso.** Lo último primero.

  Otros planifican su agenda haciendo primero lo que quedó sin terminar del día anterior. Este procedimiento es cuestionable. Si algo fue de poca importancia ayer, lo seguirá siendo hoy. Si usted tiene una buena visión y metas, algunas cosas en su lista de «cosas por hacer» nunca se terminarán.

- **Insatisfactorio.** Lo aburrido primero.

   Otras personas revisan su lista y deciden hacer primero lo insatisfactorio. Esperan concluir el trabajo aburrido y luego dedicarse a lo más grato.

- **Fundamental.** Lo primero, primero.

   Cuando usted organiza su agenda con lo primero en primer lugar, está realmente viviendo según sus prioridades. Sean aburridas o difíciles, ruidosas o silenciosas, usted estará haciendo lo más importante primero. Esta debería ser siempre su meta.

¿Cuál de estos estilos describe mejor su forma de trabajar? Creo no equivocarme al afirmar que usted sigue uno de estos patrones. Identificar su estilo le ayudará a saber lo que necesita cambiar.

CAMBIE SUS PRIORIDADES

No es complicado escoger nuestras prioridades o «chequearlas», pero ahora viene la parte difícil: ¡cambiarlas! Cambiar no es agradable, pero sin cambios nunca vamos a crecer. Maxwell dice: «La mayoría de la gente cambia cuando [...] sufren suficiente y tienen que hacerlo; [...] o reciben tanto que son capaces de hacerlo».[3]

Yo no sé cuán difícil se le esté poniendo la vida a usted, pero mi intención es ayudarle a que aprenda lo suficiente como para querer cambiar y que reciba tanto que esté dispuesto a cambiar. Hay dos áreas principales que necesitamos observar cuando cambiemos las prioridades: nuestra agenda y nuestra organización.

Priorice su agenda

Su agenda refleja sus prioridades. A continuación encontrará cuatro consejos para priorizar su agenda.

• Mantenga el control de su agenda

¿Está usted en control de su agenda o son otros los que determinan cómo va a ocupar su tiempo? No conteste sin antes reflexionar seriamente sobre esto. Las agendas de mucha gente son en realidad controladas por otras personas. ¿Es usted quien decide lo que va a hacer cada día o deja que los hechos ocurran y sean ellos que determinen lo que va a hacer? La «bandeja de entrada» puede ser un papel o un visitante inesperado o un problema que surge en el curso del día.

Los líderes fuertes están siempre ocupados. La pregunta principal es si ellos determinan su agenda o dejan que otros lo hagan. Maxwell bromea: «La pregunta no es "¿Estará lleno mi calendario?", sino "¿Quién llenará mi calendario?"».[4]

> La pregunta no es «¿Estará lleno mi calendario?», sino «¿Quién llenará mi calendario?».

¡Esto es duro para los líderes siervos! Es una paradoja que mientras sirvo a los demás, estos tengan el control de mi agenda. Sin embargo, si controlo mi agenda por intereses egoístas, no estaría actuando bien. Si Dios tiene un plan para mi vida, y yo actúo con responsabilidad, necesito serlo también en cuanto al control que mantengo sobre mi agenda. Cuando me siento a mi escritorio a esperar a la gente, estoy siendo un reactor, no un líder. Yo debo separar en mi agenda tiempo para la gente y no dejar que la gente determine mi agenda. Yo debo decidir cuándo reunirme con ellos y nunca sujetar mi agenda a la de ellos.

• Esté dispuesto a decir «No»

Para priorizar nuestra agenda, tenemos que estar dispuestos a decir «no». Esto no es tan fácil como parece. Cuando la gente viene con un problema real es difícil darles un «no» rotundo. Mark Porter sugiere una razón válida para esto. Él dice: «Nos puede resultar muy difícil decir no porque nos preocupa demasiado lo que la gente piense de nosotros pero no nos preocupan tanto las prioridades que Dios tiene para nuestras vidas».[5] ¡Vaya! Debe ser doloroso para usted reconocer esta verdad pero hacerlo será el comienzo de una liberación de las demandas de los demás. Lea la cita de nuevo y pregúntese dónde aplica a su caso.

Con frecuencia decimos «sí» a muchas cosas y no llegamos a tener tiempo suficiente para hacer todo lo que prometemos. Y terminamos robándole tiempo a nuestra familia o dejando de cumplir nuestros propios compromisos. O terminamos haciendo un trabajo a medias en lugar de algo de primera calidad. Merrill Douglass, conferenciante y consultor ofrece un sabio consejo: «Para la mayoría de la gente, decir sí es fácil; decidir cuándo, es difícil. Solo recuerde: nunca le va a faltar qué hacer, pero a menudo le va a faltar tiempo. Por lo tanto, nunca acepte un nuevo compromiso sin considerar primero cuándo podrá llevarlo a cabo».[6]

Si usted aprendiera a mantener las prioridades en su agenda, aprendería a decir «no».

• **Decídase por lo mejor sobre lo bueno**

Oswald Chambers, en su clásico *En pos de lo supremo*, escribió: «Muy pocos de nosotros discutiríamos sobre lo que es inmundo, malo o errado pero discutimos sobre lo que es bueno. Es lo bueno que se opone a lo mejor».[7] Y tiene razón. La decisión que debo hacer todos los días no es si voy a un bar a beber o si doy testimonio de mi fe en Cristo. Esa sería una decisión fácil. La difícil sería si dedico tiempo a escribir un capítulo en un libro que beneficiará a muchos o preparo un mensaje que solo ayudará a unos pocos. Aquí, lo difícil es discernir entre lo bueno y lo mejor.

Esta es la realidad que vivían Marta y María. Ellas estaban enfrentadas a dos opciones: cocinar para Jesús o escuchar a Jesús. Ambas eran buenas. De hecho, si Jesús anunciara una visita a mi casa, me esforzaría por cocinarle lo mejor. Pero en el caso de Marta y María, la mejor decisión era escuchar a Jesús.

Usted no podría llevar a cabo todo lo bueno que quisiera hacer. Le faltaría tiempo. Por lo tanto, no le queda otra opción que dejar de hacer algunas cosas. O delegarlas. Si va a tratar de trabajar con sus prioridades, tendrá que liberarse de algunas cosas. Bruce Wilkinson nos recuerda: «Dios me llevará a grandes cosas si estoy dispuesto a desentenderme de las pequeñas».[8]

• **Planee su agenda basado en prioridades**

Stephen Covey en su libro *Los 7 hábitos de la gente altamente efectiva*, escribe: «La clave no es priorizar lo que está en su agenda sino "agendar" sus prioridades».[9]

Si usted va a tener éxito viviendo según sus prioridades, debe ponerlo en su agenda. Comience determinando su agenda basado en prioridades.

Tres pasos para planificar con prioridades.

Paso 1: Decida qué necesidades es necesario atender

Fíjese en sus compromisos. ¿Qué se ha comprometido a hacer? ¿Qué se requiere? Esto quiere decir que usted está escogiendo lo mejor por sobre lo bueno.

En su serie de vídeos sobre las prioridades, Maxwell sugiere dividir las tareas en las siguientes categorías:

- Importancia alta / Urgencia alta. Hágalo primero.
- Importancia alta / Urgencia baja. Fije plazos y hágalo como parte de su rutina.
- Importancia baja / Urgencia alta. Delegue, si le es posible.
- Importancia baja / Urgencia baja. Delegue o elimine.

Paso 2: Cuánto tiempo le va a tomar

Una vez que haya concluido que algo debe hacerse, decida cuánto tiempo le tomará ejecutarlo. Si se trata de una reunión, ¿cuántas horas deberá durar? Si es preparar un mensaje, ¿cuánto tiempo necesita para terminar de prepararlo? Cuando haya decidido cuánto tiempo requerirá tal o cual tarea, use su mejor juicio. Mire al pasado y vea cuánto tiempo le tomó antes. Esfuércese para completarlo rápidamente pero sea cuidadoso y realista al estimar el tiempo.

Por ejemplo, a continuación anoto algunas de las tareas que están en mi agenda y el tiempo que le he asignado a cada una:

Tarea	Tiempo
1. Revisar los asuntos surgidos en la reunión del concilio de la iglesia	1:30
2. Prepararme para un seminario para líderes	1:00
3. Reunión con el líder de los jóvenes	1:00
4. Evaluar el servicio del domingo	1:00
5. Escribir	3:00
6. Ver los asuntos administrativos	2:00
7. Reunirme con los pastores	3:00
8. Prepararme para la reunión con los pastores	0:30
9. Contestar cartas	0:30
10. Reunión con el concilio de la iglesia	2:00
11. Prepararme para la reunión con el concilio de la iglesia	1:00
12. Despejar mi buzón de entrada y preparar agenda para la semana	1:00
13. Reunirme con el administrador	1:00
14. Revisar informes de los comités	1:00
15. Preparar sermón para el servicio del domingo	4:00

Paso 3: Decida cuándo hará cada una de las tareas

El paso final es sencillamente decidir cuándo hará cada una de las tareas y ponerlo en su calendario. Asigne a cada una día y hora. Organice su lista de tareas como la mía arriba y no deje de anotar las fechas tope de cada una. Decida luego cuál es el mejor tiempo para completar cada tarea. Al hacer esto, tenga en cuenta sus propias preferencias y ritmo de trabajo. Para mí, el mejor tiempo es en la mañana y los asuntos administrativos, reuniones y citas ponerlos por la tarde. Busque el mejor tiempo para ciertas tareas.

La clave aquí es completar el calendario con las cosas que ha decidido que son sus prioridades. Tenga en mente que también necesita programar tiempo para reunirse con personas que busquen una cita. Determine cuándo tendrá tiempo disponible para esta actividad y procure hasta donde le sea posible ajustarse al plan que se haya trazado para este fin.

Este proceso puede usarse sobre una base diaria, semanal o mensual. Puede comenzar con un plan sencillo pasando diez minutos cada mañana para priorizar su día y planear su agenda por ese tiempo. Cuando sienta que este planeamiento está consolidado, inténtelo por una semana y luego, por un mes.

Advertencia: ¡este proceso no es fácil, pero puede cambiar su vida!

Priorice su organización

El principio de prioridades se aplica a personas y a organizaciones. Observe su organización y determine las prioridades.

Sin embargo, antes deberá estar consciente del propósito de su existencia y qué es lo que más valora. Esto, por lo general, queda establecido en su «Declaración de visión», en sus «Valores fundamentales» o en su «Declaración de propósitos». Si aún no ha determinado su propósito de existir, tómese un tiempo para aclarar este punto. Una vez que su propósito o visión son claros, podrá evaluar y priorizar la organización en su totalidad a través de las siguientes tres áreas.

• Priorice los programas

Haga una lista de todas las cosas que hace en su organización. (Puede ser enseñar, orar, evangelizar, adorar, proveer materiales, vender libros y así por el estilo.) ¿Cómo determina sus prioridades? Pregúntese: «¿Qué trae el mayor beneficio a nuestra organización?».

Califique las tres principales en esa columna comenzando con el
retorno más grande. Pregúntese: «¿Cuál está más cerca al corazón de la
gente?». «¿Cuál está más cerca al corazón del pastor?». «¿Cuál está más
cerca al corazón de Dios?». (Es probable que en este punto le cueste ser
objetivo e imparcial, pero trate de hacer lo mejor que pueda.) Use este
gráfico como un ejemplo de cómo debería verse. Cada columna debería
tener tres números dando únicamente las tres más altas prioridades desde la perspectiva del título de la columna.

	Mayor retorno a la organización	Más cerca al corazón de la gente	Más cerca al corazón del pastor/ liderazgo principal	Más cerca al corazón de Dios
1. Grupos pequeños	2	2	3	3
2. Reuniones-almuerzo		3		
3. Estudio bíblico	3		2	
4. Reunión de jóvenes				
5. Evangelización	1		1	2
6. Adoración		1		1

Después que haya completado este ejercicio, revise los resultados.
Fíjese particularmente en los programas con números en todos o en la
mayoría de los espacios a través de las columnas. Esto le señalará las
áreas de alta prioridad. En nuestro ejemplo, esto podría incluir grupos
pequeños y evangelización. Las siguientes en importancia son estudio
bíblico y adoración. Estas áreas son más difíciles de evaluar particularmente porque «Dios» aparece en más alta prioridad en adoración. En un
caso como este, usted necesita preguntarse: «¿Están mis prioridades en
línea con las prioridades de Dios?». Si no, se requiere ¡mucha oración y
arrepentimiento!

Cuando el pastor tiene una prioridad alta en un área que la gente no
la tiene, por lo general esto indica una falta en cuanto a compartir la visión
con la congregación. Si la congregación tiene en un área los más altos
valores que un pastor no tiene, algo necesita cambiarse. Quizás el pastor
esté en una iglesia equivocada por lo que debería cambiarse de iglesia. Si
el programa no es lo suficientemente significativo como para producir un
buen retorno a la iglesia pero es apreciado por la congregación (como la
reunión-almuerzo en nuestro ejemplo), el pastor necesita continuarlo con
mucha sabiduría sin comprometer a personas clave o recursos.

A medida que trabaje a través de su propio escenario usando las instrucciones del apéndice E, podrá determinar claramente las prioridades de su iglesia. Esto lo puede hacer una persona o un grupo de personas.

• **Priorice a su gente**
Luego, analice a la gente en su organización. Por cada líder clave, llene el cuadro de las tres erres para determinar lo que él o ella debe hacer. Esto es especialmente crucial para el pastor principal. Analice también a los laicos. Haga una lista de los líderes principales en su iglesia u organización identificando sus dones espirituales. Haga también una lista de los ministerios en los que cada uno está involucrado. ¿Corresponde el ministerio con los dones del líder? ¿Tiene usted líderes clave en ministerios de prioridad? Si no, comience haciendo los cambios necesarios. Use el apéndice F como ayuda para completar este ejercicio.

• **Priorice el dinero**
Ahora que usted ha estudiado sus programas y a su gente, échele una mirada al presupuesto. Fíjese en los programas que ya ha evaluado y examine cuánto dinero está dedicando a cada uno. (Para este ejercicio usted no necesita revisar los gastos administrativos como salarios, gastos de oficina, etc.) Pregúntese si el 80% del presupuesto está yendo al 20% más alto de sus programas. ¿Está poniendo los mejores recursos donde harán la mayor diferencia? ¿Qué cambios necesita hacer? Use el apéndice F para completar este ejercicio.

Este capítulo no es fácil de aplicar pero puede cambiar radicalmente la forma en que usted sirve a Dios. Recuerde que establecer y mantener las prioridades es un proceso, no un evento aislado. Mientras más pronto comience, más lejos llegará. Comience ahora mismo, haga algunos cambios, manténgase revisando, ajustando y haciendo las decisiones difíciles. No se desaliente cuando tenga algún fracaso. Levántese e inténtelo de nuevo. Y recuerde: «Lo más importante es mantener lo más importante como lo más importante».

ASIGNACIÓN PARA LA ACCIÓN

Use los apéndices C, D, E y F para poner esta lección en práctica.

Dirigirse a otros

¡Quien cree que es un líder pero no tiene seguidores solo está dando un paseo!

—REV. JOHN MAXWELL[1]

Los líderes de las empresas cristianas tienden a ser espiritualmente calificados pero organizacionalmente analfabetos. El problema es que el liderazgo requiere tanto de la cabeza como del corazón.

—HANS FINZEL[2]

Capítulo 7

EL LÍDER Y EL DON DE GENTES

Después de un largo día, terminé de enseñar el estudio bíblico, cerré el templo y me dirigí a casa, ansiando cenar con mi familia. Al abrir la puerta, en lugar de ver a mis hijos encontré la casa llena de miembros de la iglesia que gritaron a una sola voz: «¡Sorpresa!». Mi esposa Loice había planeado una fiesta de cumpleaños para mí.

Una sorpresa aun mayor me esperaba cuando Loice invitó a varias personas a expresar alguna cosa que ellos apreciaban en mí. Ya he olvidado mucho de lo que en aquella ocasión se dijo, pero nunca olvidaré la voz de Faith, una jovencita tímida y la lección de liderazgo que me enseñó cuando dijo: «Me agrada la sonrisa que siempre tiene para mí».

Sus palabras penetraron profundo en mi mente. *¿Sonrisa? Ni siquiera sabía que sonreía. ¿Y mis grandes sermones, las enseñanzas y las otras cosas que hacía como pastor? ¿No eran importantes para ella? ¿Cómo puedo hacer que una sonrisa haga tal diferencia?*

A menudo he reflexionado en la lección que Faith me enseñó aquella noche: que una de las habilidades más importantes que un líder necesita es la habilidad de relacionarse bien con la gente. Los líderes están en el «negocio» de las personas y deben estar desarrollando continuamente su habilidad de trabajar bien con los demás. Podemos ser llamados, ungidos y calificados pero a menos que trabajemos bien con los demás no vamos a tener éxito como líderes. Recuerde que el liderazgo es influencia y que solo mostramos el poder que tenemos de influir a los demás cuando ellos deciden seguirnos. Las habilidades efectivas que tenemos con la gente harán que deseen seguirnos en nuestro liderazgo. Este capítulo estará enfocado en el desarrollo de las habilidades en cuanto a relacionarnos con las personas. Prepárese para algunas sorpresas sobre qué hará de usted alguien más efectivo como líder. Cada uno de nosotros tenemos el potencial para desarrollar estas habilidades a un grado más alto en nuestras vidas.

Un concepto fundamental para el desarrollo de las habilidades de la gente lo tenemos en las palabras de Jesús: «Así que en todo traten ustedes a los demás tal y como quieren que ellos los traten a ustedes...» (Mateo 7.12). Esta no solo es la «regla de oro» de la vida sino que es la «regla de oro» del liderazgo. Nuestra meta debe ser tratar a los demás tan bien, con tanta amabilidad, cortesía y consideración como deseamos que nos traten.

Note que no se dice que tratemos a los demás *como* nos tratan a nosotros sino que *tratemos a los demás* como quisiéramos que nos traten a nosotros, lo cual implica que debemos tratarlos mejor de lo que los demás nos tratan a nosotros.

Antes de estudiar ocho habilidades específicas que atraerán a otros hacia nosotros, vamos a examinar tres elementos principales sobre las habilidades de la gente.

PRINCIPIO UNO: LA FORMA EN QUE NOS RELACIONEMOS CON LA GENTE LOS ATRAERÁ A NOSOTROS O LOS ALEJARÁ

La gente va a seguir a alguien que los atraiga. Algunas personas son como el imán: la gente es atraída sola hacia ellos. Otros líderes son como el puercoespín: si se acerca a ellos le provocarán alguna forma de dolor.

Piense en un amigo muy cercano., alguien con quien usted disfruta la amistad. ¿Por qué se siente tan bien con esa persona? Tómese un momento para identificar varias razones por las que le agrada estar cerca de esa persona.

¿Qué razones le vinieron a la mente? Dudo que hayan sido sus grados académicos, la forma en que luce o cuánto dinero tiene. Lo más probable es que haya pensado en la actitud afectiva que esa persona tiene hacia usted, la forma en que le da ánimo, su actitud positiva o cosas similares. Estas son características que atraen a los demás.

Para ser efectivos como líderes, necesitamos atraer a las personas. Liderazgo es influencia pero no podemos influir a aquellos que no nos siguen. Necesitamos ser la clase de personas que otros respetan y desean seguir. Muchas veces, aun inconscientemente, nuestro carácter y acciones alejan de nosotros a la gente en lugar de atraerlas. Necesitamos aprender lo que se conoce como don de gentes. Nuestra meta no es ser complacientes con los demás, cediendo a cualquiera de sus caprichos sino influyéndolos para que lleguen a ser más como Jesús. Debemos ser cuidadosos al practicar nuestro don de gentes para no manipular a los demás sino para fortalecer sus cualidades.

PRINCIPIO DOS: TODO ENCUENTRO CON UNA PERSONA REFLEJA A CRISTO Y A NUESTRA ORGANIZACIÓN

Cuando nos reunimos con la gente, nuestra preocupación debería ser que tengan una experiencia positiva con nosotros y con nuestra iglesia u organización. Como líder cristiano represento a Cristo y a mi organización o iglesia en cada encuentro con personas.

Cuando alguien llega a mi puerta, me habla por teléfono o me escribe un correo electrónico no están contactando a mi «organización» sino que están entrando en contacto conmigo. Cada contacto, sea positivo o negativo, los impacta e influye en su actitud hacia mi organización. Mis palabras, mi lenguaje corporal, mi vocabulario y mi actitud, todo comunica algo a los demás. Lo mismo es verdad en relación con la gente con la cual se reúne. Su organización o iglesia no es una institución: es personas. Cuando los miembros potenciales vienen de visita no se reúnen con la «iglesia» sino con usted. La forma en que usted interactúa con ellos los influirá para que se queden o para que se vayan.

PRINCIPIO TRES: LOS LÍDERES ESTÁN EN EL «NEGOCIO DE LAS PERSONAS»

Las personas son nuestro negocio. Todo lo que hacemos nos relaciona con personas. Incluso en nuestras tareas administrativas estamos, de alguna manera, relacionados con personas. Como líderes, es fácil pensar que nuestro negocio es hablar, aconsejar, proyectar visión, levantar una organización, etc. Recuerde que nuestro negocio es edificar personas y cómo nos vinculamos a ellas hace una gran diferencia.

La gente nos seguirá basada primeramente en su deseo de hacerlo, no basada en nuestra teología, doctrina o quien está en nuestra junta de directores. La diferencia principal entre iglesias no es la teología sino la forma en que las personas son tratadas y la atmósfera creada por el líder. Esto no implica ignorar las diferencias doctrinales o administrativas pero la mayor parte de la gente no escoge una iglesia basados en la teología. Recuerde. Faith me enseñó que mi sonrisa hizo más impacto en ella que mi doctrina.

OCHO CLAVES PARA HABILIDADES EFECTIVAS CON PERSONAS

Vamos a volver nuestra atención a lo que podemos hacer para establecer relaciones fuertes con las personas. Algunas de las ocho claves son asuntos del corazón que fluyen de nuestra relación con Jesús; otras son habilidades que pueden manejarse con esfuerzo.

1. UN AMOR GENUINO POR LA GENTE

Sin amor genuino por las personas es imposible ser un líder cristiano efectivo. Este es el principio más importante de ser un líder que los demás quisieran seguir. El dicho popular es verdad: «La gente no se preocupa por cuanto usted sabe hasta que saben cuánto usted se preocupa».

Jesús dijo que el segundo grande mandamiento después de amar a nuestro Dios es «Ama a tu prójimo como a ti mismo» (Mateo 22.39). Este es el número dos de Dios en relación con cada uno de nosotros: amar a los demás. Los líderes cristianos deben tener una motivación primaria de amor al servir a la gente.

El amor genuino hacia los demás provee «calor» a nuestra relación. Todos quieren ser amados y seguirán a la persona que creen que les ama. Aceptan desafíos e incluso regaños de la persona que saben que los ama. Este amor no es algo que nosotros podemos fabricar o un amor falso; debe venir de lo íntimo de nuestros corazones.

¿Qué ocurre cuando un líder ama a su gente? Pedro nos lo dice: «Sobre todo, ámense los unos a los otros profundamente, porque el amor cubre multitud de pecados» (1 Pedro 4.8). Un líder que ama a su gente puede cometer muchos errores y aun así, la gente lo sigue. Si usted no ama genuinamente a su gente, cometa un error y ese será el final de su habilidad como líder.

¿Cuáles son algunas de las características del amor genuino?

El amor se enfoca en los demás

Pablo nos instruye, diciendo: «Cada uno debe velar no solo por sus propios intereses sino también por los intereses de los demás» (Filipenses 2.4). Mi *ego* se enfoca en mí; el *amor* se enfoca en usted.

Todos nos amamos. Pensamos que nuestra historia es la más importante y nuestros hijos son los más inteligentes. El amor como el de Cristo nos capacita para ver más allá de nosotros mismos y enfocarnos en los demás. Los líderes efectivos aman a la gente y quieren oír sus historias, ver sus fotos y saber lo que Dios está haciendo en sus vidas. Reconocen que hablando de ellos mismos nunca atraerán a otros.

El amor da

El amor no busca lo suyo (1 Corintios 13.5) sino que busca dar a la otra persona. El amor genuino no busca lo que puede resultar de nuestra relación con alguien, sino qué podemos dar a otros para edificarles en su vida. El amor da tiempo, dinero, aliento y apoyo a los demás. Cuando damos estamos reflejando el amor de Dios. «De tal manera amó Dios al mundo que dio» (Juan 3.16).

¿Cómo podemos desarrollar amor por los demás? El amor no es una habilidad para practicarla sino una actitud para fomentarla. Debemos mantenernos muy cerca del corazón de Dios y pedirle que transforme el nuestro para que sea como el suyo. Debemos confesar nuestro egoísmo y nuestro orgullo, pedirle que su amor fluya a través de nosotros, a través de un esfuerzo consciente que hagamos para enfocarnos en los demás. Al preocuparnos de las necesidades de otros nos daremos cuenta que nuestro amor comienza a crecer.

No obstante que no son pasos fáciles de dar, aprender a conocer más sobre la gente a menudo ayuda en el amor que sentimos por ellos. Entender su trasfondo, su temperamento y sus dones puede tomar un largo camino para realmente conocerlos. Si a usted le está resultando difícil amar a determinada persona, dese tiempo para oír su historia. Averigüe sobre sus experiencias en la vida. Es muy posible que aprenda algo que le permitirá entenderla mejor y ese conocimiento le ayude a amarla.

2. Humildad genuina

Un segundo rasgo en el carácter de un líder que tiene éxito con la gente es una humildad genuina. Líderes orgullosos no pueden esperar que la gente los siga voluntariamente. ¡Pueden respetar su posición pero no su disposición! Hasta a Dios le desagrada rodearse de gente orgullosa. Pedro nos dice: «Dios se opone a los orgullosos, pero da gracia a los humildes» (1 Pedro 5.5). Un líder humilde atrae a otros a sí porque es auténtico. Las personas humildes no usan máscaras para pretender ser lo que no son. Las personas humildes pueden reírse de ellos mismos y no pretender estar siempre en la cima.

La humildad genuina se demuestra de tres maneras:

Se reconocen los errores

Una persona humilde puede admitir sus errores. Yo fallo, tú fallas y todos fallamos en determinadas áreas. Juan nos recuerda: «Si afirmamos que no tenemos pecado, nos engañamos a nosotros mismos y no tenemos la verdad» (1 Juan 1.8). ¿Puede usted admitir sus errores ante su esposa? ¿Puede confesarlos ante la iglesia? Si usted nunca ha reconocido sus equivocaciones ante sus seguidores, su habilidad de líder es muy débil. Ellos pueden ver sus errores. El quid del asunto es si usted los admite o no.

Una disposición a que se le corrija

¿Cómo reacciona usted cuando alguien trata de corregirlo? Es más, ¿permite que otros lo corrijan? ¿Se pone a la defensiva y ofrece excusas? ¿Puede aceptar las críticas y averiguar si lo que se dice corresponde a la verdad antes de desechar la corrección? El escritor de Proverbios dice: «El que ama la disciplina ama el conocimiento, pero el que la aborrece es un necio» (Proverbios 12.1). Si la razón está de parte nuestra, no tenemos por qué tenerle miedo a la crítica; y si no, deberíamos sentirnos agradecidos por recibir la corrección.

Un deseo de servir a los demás

La humildad se expresa sirviendo a los demás. ¿Estamos dispuestos a servir o preferimos ser «el señor de la casa»? Jesús fue un servidor y nos llama a que lo imitemos. Él dijo: «Porque ni aun el Hijo del hombre vino para que le sirvan, sino para servir y para dar su vida en rescate por muchos» (Marcos 10.45).

La tendencia generalizada es pensar que si servimos a los demás, la gente nos respetará menos pero la verdad es que es todo lo contrario. Cuando el pueblo habló a Roboam fue para preguntarle qué clase de líder sería. Después de escuchar a los consejeros jóvenes, los ancianos tuvieron palabras profundas para el rey: «Si Su Majestad se pone ahora al servicio de este pueblo y condesciende con ellos, y les responde con amabilidad, ellos le servirán para siempre» (1 Reyes 12.7). La historia de Israel habría sido muy diferente si Roboam hubiese estado dispuesto a servir al pueblo.

El corazón de un siervo es atractivo. Mientras más alta sea su posición, más importante se torna este principio. Sirva a los demás, déles su vida y los estará atrayendo a usted. Exigir posiciones, títulos y poder no impresiona a la gente. Ellos no se van a sentir atraídos a usted por el lindo traje que luce o lo hermosa que es su corbata. Lo que los atraerá como imán será una humildad *genuina*.

Aparentar humildad no funciona. La gente rápidamente ve a través de su hipocresía.

¿Cómo podemos desarrollarnos en esta área de humildad? Aunque esto es un asunto del corazón y tiene que ver con el crecimiento espiritual, algunas acciones pueden ayudar:

• **Memorice versículos bíblicos que traten con el orgullo y la humildad**

No hay nada como la Palabra de Dios para cambiarnos y ayudarnos a entender lo mucho que Dios odia el orgullo. (Vea Proverbios 6.16, 17; 1 Corintios 4.7; 1 Pedro 5.5, 6 y Romanos 12.3.)

• **Comprométase a aceptar sus errores**

Prométase que cuando se dé cuenta que ha cometido un error, lo va a aceptar. Aprenda a decir: «Me equivoqué». Estas no son palabras fáciles de decir pero recuerde lo que dice Juan: «Si afirmamos que no tenemos pecado, nos engañamos a nosotros mismos y no tenemos la verdad. Si confesamos nuestros pecados, Dios, que es fiel y justo, nos los perdonará y nos limpiará de toda maldad. Si afirmamos que no hemos pecado, lo hacemos pasar por mentiroso y su palabra no habita en nosotros» (1 Juan 1.8–10).

• **Sea responsable ante alguien en su vida**

Ser responsable ante alguien puede ayudar a los líderes a mantenerse humildes. Esa persona puede ser su cónyuge, un pastor amigo u otro líder; no importa, pero busque y encuentre a alguien ante quien usted tenga que responder. Compártale sus debilidades, sus deseos de crecer y pídale que lo esté «chequeando» regularmente. Santiago ofrece un consejo muy oportuno aunque muchas veces lo pasamos por alto. Él dice: «Confiésense unos a otros sus pecados, y oren unos por otros, para que sean sanados. La oración del justo es poderosa y eficaz» (Santiago 5.16).

3. Un hablar amable

Uno de los recursos clave que los líderes usan en su relación con los demás es su lengua. «En la lengua hay poder de vida y muerte; quienes la aman comerán de su fruto» (Proverbios 18.21). Su lengua, literalmente, atraerá a la gente a usted o la alejará.

La Biblia dice de Jesús: «Todos dieron su aprobación, impresionados por las hermosas palabras que salían de su boca» (Lucas 4.22). Nuestra meta debería ser imitar a Jesús como nos lo recuerda Pedro cuando dice: «El que habla, hágalo como quien expresa las palabras mismas de Dios» (1 Pedro 4.11).

¿Cuáles son las características de un hablar amable? Las primeras tres las encontramos en Efesios 4.29: «Eviten toda conversación obscena. Por el contrario, que sus palabras contribuyan a la necesaria edificación y sean de bendición para quienes escuchan».

El hablar amable se puede controlar

«Eviten toda conversación obscena» (Efesios 4.29). Debemos aprender a controlar nuestra lengua. Una lengua fuera de control no es una lengua como la de Cristo. Debemos eliminar de nuestro vocabulario las palabras corrompidas: mentiras, chismes, calumnias, exageraciones, adulaciones y otros pecados de la lengua. Aunque es difícil, el líder debe controlar su lengua. Nuestros oídos no están hechos para cerrarse pero nuestra boca puede abrirse y cerrarse.

El hablar amable es de gran ayuda

«Contribuyan a la necesaria edificación y sean de bendición para quienes escuchan» (Efesios 4.29). Toda palabra debería ser útil para otros. Debería construir, no destruir. *Toda* palabra debería ser una bendición a los que la escuchan. Si no, no es una palabra amable ni piadosa.

El hablar amable se enfoca en las necesidades de los demás

«Según sus necesidades» (Efesios 4.29). Ya hemos visto que una expresión de amor es enfocarse en los demás. También con nuestra lengua podemos ejercer este enfoque. Lo que sea que yo diga debe llenar una necesidad en su vida. Si usted necesita que se le estimule, yo debería animarlo; si necesita un regaño, yo tendría que regañarlo; si es corrección lo que necesita, yo debería tener para usted una palabra de corrección. Mi hablar no debería ser una reacción a mis sentimientos sino una respuesta a sus necesidades.

El hablar amable dice la verdad

«Por lo tanto, dejando la mentira, hable cada uno a su prójimo con la verdad» (Efesios 4.25). La mentira es uno de los pecados más comunes que se cometen en el ámbito de la comunicación hablada. Mucha gente, incluyendo a los líderes, miente como lo más normal y piensan que todo está bien. Lo que sea que nos beneficie o nos haga quedar bien es aceptable sea o no verdad. Piense en estos tres versículos:

Los labios sinceros permanecen para siempre, pero la lengua mentirosa dura solo un instante. (Proverbios 12.19)

El Señor aborrece a los de labios mentirosos, pero se complace en los que actúan con lealtad. (Proverbios 12.22)

Cuando ustedes digan «sí», que sea realmente sí; y cuando digan «no», que sea no. Cualquier cosa de más, procede del maligno. (Mateo 5.37)

Para ser efectivo en guiar a otros, nada es más importante que su palabra. Cuando diga que va a estar allí, ¡esté allí! Cuando diga que va a orar por alguien, ¡ore por ese alguien! Cuando prometa dar, ¡dé! Cuando se comprometa a traer algo, ¡tráigalo! Cuando dé su informe sobre tal o cual reunión ¡no exagere!

En una confrontación, a menudo es difícil dar con la verdad. Más fácil es irse por las ramas, usar un lenguaje ambiguo y no ir al grano de una vez.

El hablar amable se expresa con amor

«Al vivir la verdad con amor» (Efesios 4.15). La verdad debería estar templada con amor. Lo que sea que digamos, debería comunicarse con amor hacia la otra persona. Esto es especialmente importante cuando se dice algo que a la otra persona le puede resultar difícil recibirlo, tal como una reprimenda. Asegurémonos siempre que cuando hablamos, estamos diciendo la verdad con amor.

El hablar amable es positivo

Nuestra palabra debería ser siempre positiva. Proverbios 16.24 dice: «Panal de miel son las palabras amables; endulzan la vida y dan salud al cuerpo». Esto no significa que todo lo que digamos tenga que ser agradable a los oídos de las otras personas sino que quiere decir que nuestra palabra debe ser dicha en un tono positivo. Enfocada en lo bueno, enfatizando lo positivo. Destaque lo bueno en los demás. Felicítelos por un buen trabajo que hayan hecho. Agradézcales por la forma en que han dado.

Demasiados líderes tienen el hábito de ser negativos. Son lo que se dice «buscadores de fallas», críticos permanentes y castigadores. ¡Cambie esos hábitos! Drenan las vidas de los demás. Empiece a enfocarse en lo positivo.

El hablar amable usa palabras cariñosas

Otra característica del hablar amable que Jesús usa es que sus palabras son cariñosas. Lea y reflexione sobre estos versículos de Proverbios:

El charlatán hiere con la lengua como con una espada, pero la lengua del sabio brinda alivio. (Proverbios 12.18)

La angustia abate el corazón del hombre, pero una palabra amable lo alegra. (Proverbios 12.25)

En nuestro hablar debemos usar palabras que traigan sanidad y alivio a los demás. Nuestra lengua debería ser experta en usar palabras «amables». He aquí tres palabras «amables» subutilizadas:

• **«Por favor»**

Sea generoso con esta palabra. Cambia las exigencias en solicitud. «¿Querría usted, por favor, enviar esta carta?» suena mucho mejor que «Lleve esta carta al correo y hágalo rápido».

• **«Gracias»**

Esta es una palabra que nunca se usará demasiado. A todos nos gusta que nos den las gracias. Decir «Gracias» demuestra aprecio y valoriza a las personas. Déle las gracias a la persona que le vende comestibles, cocina su comida, limpia el piso u ordena las sillas. Agradezca a su esposa por «esas pequeñas» cosas que hace por usted y agradezca a sus hijos cuando hacen algo para usted. A usted le digo «Gracias por leer este libro» ¡Si no lo hubiese hecho, mi trabajo al escribirlo se habría perdido... un poco!

• **«Lo siento»**

«Lo siento» debería usarse con mayor frecuencia. Cuando use la expresión, que represente una disculpa sincera, no un formalismo insulso. A veces, los líderes deben pedir disculpas aun cuando no sean los directamente responsables por alguna falta. Si tal cosa ocurrió bajo su liderazgo, acepte la responsabilidad y discúlpese. Por ejemplo, digamos que su secretaria comete un error al preparar el boletín de la iglesia. Pida disculpas sin que su secretaria se sienta mal. Puede decir: «Lo siento por el error que apareció en el boletín».

Para desarrollar personas con habilidades, esas palabras deben llegar a ser una parte normal de su vocabulario. Úselas hasta que sean habituales. Si le cuesta, eso puede significar que le resulta difícil hacer el cambio; sin embargo, debe aprender a usarlas. Y puede enseñarlas a sus hijos de modo que ellos puedan crecer usándolas también.

El hablar amable se expresa a veces con el silencio

A veces, el hablar amable se expresa con el silencio. Eclesiastés 3.7 advierte: «[Hay] un tiempo para callar, y un tiempo para hablar». Podemos evitar muchos daños y perjuicios si simplemente decidimos guardar silencio, especialmente cuando no tenemos nada bueno que decir. Para muchos, el primer paso para un hablar amable es, simplemente, hablar menos. No decir cosas erróneas sobre otras personas solo requiere silencio.

4. Una idea positiva de las personas

Los líderes reconocen un principio muy poderoso: *la gente vive a la altura de nuestras expectativas de ellos.* Si un líder cree que alguien puede hacer algo y se lo comunica, lo más probable es que esa persona hará el mejor esfuerzo para responder a esa expectativa. Si, por el contrario, le dice que no lo va a poder hacer, lo más probable es que resulte así. Nuestra expectativa de las personas afecta en forma poderosa nuestra habilidad para dirigirles. A las personas les encanta seguir a quien cree en ellas, los apoya y edifica. Déle a alguien la oportunidad de triunfar y anímelo a lograrlo. Va a florecer en su propio desempeño y va a pensar que usted es un gran líder.

¿Ve usted en los demás sus puntos positivos o sus debilidades? ¿Ve lo mejor o lo peor de ellos? ¿Los ve por lo que son o por lo que pueden llegar a ser?

Una fe positiva en la gente se expresa a través de respaldo y estímulo. «Por eso, anímense y edifíquense unos a otros, tal como lo vienen haciendo» (1 Tesalonicenses 5.11). Un líder efectivo respaldará y estimulará a su gente.

Cuando pienso en las personas por las que tengo un gran aprecio, siempre viene a mi memoria uno de mis más queridos amigos. Él tiene un don muy especial para darme ánimo. Yo estaría dispuesto a viajar grandes distancias para estar con él. Todos deseamos estar cerca de alguien que crea en nosotros.

Nuestra fe en la gente debe expresarse en acciones y en palabras. Una breve nota puede cambiar una vida. Todos podemos aprender el arte del apoyo y del estímulo. Dé a los demás veinte palabras de aliento por una de crítica. La gente no prosperará con la crítica. No obstante, muchos pastores y líderes acostumbran criticar y regañar a las personas con las que trabajan. Nuestra visión de las personas puede cambiar si hacemos esfuerzos concentrados por ver lo positivo de ellos. Haga un hábito ver lo mejor de las personas. Y dígaselo a ellas. Al principio puede que parezca poco sincero pero con la práctica llegará a ser algo natural.

¿Cómo podemos llegar a ser animadores?

• Haga un esfuerzo consciente para ver lo bueno de la gente.

En una hoja de papel escriba el nombre de una persona bajo su liderazgo, especialmente alguien que a usted le cueste ver positivamente. Haga una lista de las cosas buenas que a su juicio tiene esa persona. Anote por lo menos cuatro o cinco virtudes. Concéntrese en esos puntos fuertes.

• **No critique sin tener una buena base.**
A veces, los líderes deben corregir o reprender a sus seguidores en cuanto a algunas cosas que necesitan cambiar. Recuerde que a nadie le gusta que lo corrijan. Cuando haya que hacerlo, use la mejor forma posible; como por ejemplo, la «afirmación sándwich»; es decir, una afirmación luego la corrección y finalmente otra afirmación. Supóngase que Jim, su director de la alabanza, escoge un himno poco apropiado para el servicio. Usted lo llama y lo corrige con una afirmación sándwich. «Jim, te agradezco por el trabajo de dirigir la alabanza y por todo el tiempo que le dedicas. Tengo una preocupación sobre un himno que usaste en el último servicio y me gustaría que habláramos un poco de eso». (Dé una corrección adicional o discutan la situación si ve que es necesario.) «Gracias, Jim, por tu tiempo. Estoy muy agradecido por tu liderazgo en nuestro equipo de alabanza y creo que con estas mejoras serás una mayor bendición a nuestra iglesia». Usando esta estrategia tiene la oportunidad de que su preocupación sea atendida y que el enfoque de su comunicación no deje de ser positivo.

5. Control de nuestras emociones

Los líderes interactúan con personas muy diferentes en diversas situaciones. Algunas de estas interacciones serán positivas mientras que otras serán negativas. La prueba de nuestra habilidad para relacionarnos bien con la gente viene con las desagradables; los encuentros difíciles, las veces cuando alguien se enoja con nosotros o nos acusa de injustos. Los líderes se ven tentados a responder igualmente: con enojo, con amargura, con rudeza, etc. Pero Pedro, el de reacciones rápidas, nos llama a un nivel más alto cuando nos dice: «No devuelvan mal por mal ni insulto por insulto; más bien, bendigan, porque para esto fueron llamados, para heredar una bendición» (1 Pedro 3.9). No es fácil para un líder mantener sus emociones bajo control. Una de las emociones más difíciles de controlar es la ira. Lea, examine y reflexione sobre los siguientes versículos en relación con la ira:

> «Si se enojan, no pequen.» No dejen que el sol se ponga estando aún enojados [...] Abandonen toda amargura, ira y enojo, gritos y calumnias, y toda forma de malicia. Más bien, sean bondadosos y compasivos unos con otros, y perdónense mutuamente, así como Dios los perdonó a ustedes en Cristo. (Efesios 4.26, 31, 32)

«La respuesta amable calma el enojo, pero la agresiva echa leña al fuego» (Proverbios 15.1). Nuestra respuesta traerá solución o explosión.

El que es iracundo provoca contiendas; el que es paciente las apacigua. (Proverbios 15.18)

«El necio muestra en seguida su enojo, pero el prudente pasa por alto el insulto» (Proverbios 12.16). ¿Nos enojamos cuando la gente nos fastidia? ¿Modificamos el tono con el que hemos venido hablando y empezamos a debatir con ellos? ¿O con calma evadimos los insultos?

Más vale ser paciente que valiente; más vale conquistarse a sí mismo que conquistar ciudades. (Proverbios 16.32)

Toda vez que la ira es una emoción común, estos versículos enseñan claramente que es necesario controlarla. A menudo, pensamos o decimos: «Tal o cual persona hizo que me enojara». Esta forma de expresión indica que nosotros no somos responsables de nuestra ira; es una falta de la otra persona. La posición bíblica es que nosotros somos responsables de nuestras reacciones. No podemos controlar la forma en que nos traten otros; sin embargo, podemos controlar nuestra propia reacción.

Cada vez que usted se enoja, pierde algún grado de confianza por parte de los demás. La gente no lo va a seguir por mucho tiempo si sus emociones son impredecibles. No van a ser francos y abiertos con usted ni admitirán sus debilidades si no están seguros que usted va a reaccionar calmadamente.

Esto no significa que los líderes no puedan expresar sus emociones; pero sí significa que deben mantener control sobre ellas. Algunas emociones pueden hacer que la gente se acerque a usted. Dolor, tristeza y gozo adecuadamente expresados son muy atractivas en un líder.

¿Cómo podemos aprender a controlar nuestras emociones? Dejando que el Espíritu Santo las controle. «El fruto del Espíritu es... templanza» (Gálatas 5.22). Mientras más en control de nuestras emociones esté el Espíritu Santo, menos fuera de control estarán. Otra cosa que ayuda como en varias otras áreas es confesión de pecados a quienes ha ofendido. ¡Cuando usted falla, deténgase! Una confesión genuina le atraerá a las personas a usted porque es una señal de humildad.

6. Una sonrisa

Una sonrisa es una acción poderosamente atractiva que todo el mundo disfruta. Universalmente, una sonrisa comunica amor y aceptación. Una sonrisa derriba murallas, desarma enemigos y cambia la atmósfera de un cuarto. Cuando usted sonríe, su voz siempre es positiva. ¿Asuntos difíciles? Una sonrisa puede desarmar al hombre más fuerte. Practique sonreír. No cuesta nada y cuando ofrezca una sonrisa, solas vendrán las siguientes. Es la forma más barata de mejorar su aspecto. Nadie es tan pobre como para no permitirse una sonrisa. Piense en estos versículos:

Una mirada radiante alegra el corazón... (Proverbios 15.30a)

Hay amigos que llevan a la ruina, y hay amigos más fieles que un hermano. (Proverbios 18.24)

El corazón alegre se refleja en el rostro. (Proverbios 15.13a)

Los cristianos deberían ser alegres, personas agradables. ¡Sonría, ría, disfrute la vida! Tenga un buen sentido del humor. A la gente le encanta estar con una persona que sonríe. Deje por un momento la lectura y sonría a alguien para ver lo que ocurre. Luego, haga de sonreír un hábito.

7. Sea un oidor activo

A menudo asociamos dirigir con hablar; es cierto. Los líderes necesitan hablar para comunicar su visión y su pasión. Pero dirigir también requiere buenas habilidades de escucha; desafortunadamente, muchos líderes no han trabajado lo suficiente como para desarrollar esta habilidad. John Maxwell cuenta una historia en la cual él mismo aprendió que Dios «necesita nuestra capacidad de escuchar y no mi capacidad de predicar».[1] A todos nos gusta que nos escuchen y tener alguna gravitación en la gente que nos escucha. No es de extrañarse que en la Escritura haya cientos de referencias a escuchar. Reflexione sobre estos versículos:

«Todos deben de estar listos para escuchar» (Santiago 1.19). Por lo general, nosotros no tenemos problemas para ser prontos para hablar pero escuchar demanda paciencia y concentración en la otra persona. Concentrarse en otros es la clave para hacer de la gente una prioridad. Me gusta la forma en que la versión inglesa de la Biblia llamada *The Message* traduce Santiago 1.19: «Dirija con sus oídos, dé seguimiento con su lengua y deje la ira rezagada en la parte trasera». ¡Qué tremendo cuadro para un líder! «Dirigir con sus oídos». Puse esta cita en la pared de mi oficina para que me recuerde que escuche más.

Es necio y vergonzoso responder antes de escuchar. (Proverbios 18.13)

Hijo mío, presta atención y sé sabio. (Proverbios 23.19)

¿Hasta qué punto puede mejorar usted sus habilidades de escucha? Esta es una habilidad que se puede desarrollar. Inténtelo y le traerá grandes resultados en maneras que nunca se imaginó. A continuación encontrará tres acciones específicas que puede implementar en su próxima conversación con alguien que aumentarán su habilidad de escucha.

Acciones para escuchar con eficiencia:

- Haga contacto visual
- No interrumpa
- Haga preguntas para estar seguro de estar entendiendo lo que se le dice

8. Una buena actitud

La gente se siente atraída por las actitudes ganadoras. A nadie le gusta estar con personas que siempre ven el lado oscuro de la vida y que se quejan por cualquier cosa. Si su actitud apesta, no dude que la gente va a poner una buena distancia entre ellos y usted.

Pablo nos dice: «La actitud de ustedes debe ser como la de Cristo Jesús» (Filipenses 2.5). ¡Qué desafío para todos nosotros, tener la actitud que tuvo Jesús. Fue la actitud de Jesús la que le permitió renunciar a sus títulos para servir en la tierra y renunciar a su propia vida por nosotros. Jesús nunca se quejó por las contrariedades de su vida. Enfrentó las dificultades pero no culpó a los demás. Continuamente veía lo mejor en otros y pasó por alto reiteradas ofensas y ataques que le hicieron. Su actitud fue notable y a nosotros se nos llama a ser como él. Esto sugiere que tenemos la posibilidad de escoger cuáles serán nuestras actitudes. No son forzadas por las circunstancias; en lugar de eso, nosotros decidimos qué actitud vamos a tener.

¿Cómo puede evaluar usted su actitud? ¿Cómo ve la vida? ¿Es por lo general positiva? ¿Negativa? ¿Qué ve cuando mira al cielo: el sol o las nubes? ¿Se fija en los baches del camino? ¿Ve el vaso medio vacío o medio lleno? ¿Ve usted lo bueno o lo malo en las personas?

Personalidades diferentes tenderán a tener actitudes más positivas o más negativas. Para mí, esta ha sido un área de verdadera lucha ya que mi tendencia natural es ver el lado negativo de la vida. Reconozco que esta no es la forma que Dios quiere que sea, por eso me cuesta atraer a otras personas a mí. Pero mediante la gracia de Dios, he tenido que trabajar duro para cambiar mi actitud.

¿Cómo puede mejorar usted su actitud? Reconozca que ha elegido su actitud y también puede escoger cambiarla. Meditar en los pasajes positivos de la Escritura, leer libros positivos y relacionarme intencionalmente con personas positivas ha hecho una importante diferencia en mi vida. Tomará tiempo y exigirá esfuerzo, pero usted puede decidir hoy cambiar su actitud.

CONCLUSIÓN

Nosotros podemos elegir ser imán o puercoespín. Las ocho claves que hemos incluido en este capítulo no son fórmulas mágicas pero todas ellas pueden desarrollarse si usted está dispuesto a pagar el precio. Puede que le tome un año de esfuerzo continuo, pero al final llegará a ser una persona a la que la gente se sienta atraída por el esfuerzo de practicar estas ocho claves. Le sugiero que estudie el libro de Proverbios pues está lleno de consejos sobre cómo relacionarse bien con otras personas. Dedíquele tiempo a la asignación para la acción, evalúese usted mismo y empiece a trabajar en las áreas que no le han permitido ser efectivo en su relación con la gente. ¡Con la gracia de Dios podrá hacerlo!

ASIGNACIÓN PARA LA ACCIÓN

I. Califíquese de 1 a 5 en las siguientes habilidades relacionales con las personas. 5 es excelente. Marque el número que aplica a usted. Revise sus notas mientras ejecuta este ejercicio.

Habilidades con las personas	1	2	3	4	5
1. Un amor genuino por las personas (mostrado en enfocarse en ellas y en dar)					
2. Humildad genuina (mostrada al admitir sus faltas, aceptar la corrección y servir a los demás)					
3. Hablar amable (revise los puntos en el bosquejo)					
4. Una fe positiva en los demás (mostrada en afirmación y en estímulo)					
5. Control de las emociones					
6. Sonreír					
7. Escuchar					
8. Una buena actitud					

Señale dos áreas en las que usted es más fuerte.

1.

2.

Señale dos áreas en la que usted es más débil.

1.

2.

II. Escoja un área en la que sienta que Dios quiere que cambie. Escríbala aquí. _____ ¿Por qué necesita cambiar en esta área y cómo le ayudará en el desempeño de su liderazgo?

III. ¿Qué pasos específicos dará para cambiar en esta área?

IV. ¿Hay en esta área personas a la que usted tenga que pedir perdón? Marque aquí cuando lo haya hecho. _____

V. Busque pasajes de las Escrituras que se relacionen con esta área y memorice los versículos. Puede buscar uno entre los que hemos citado o uno en el libro de Proverbios. Escriba aquí la referencia del versículo que memorizó. _____

VI. Practique el estímulo. Escriba a alguien una nota de estímulo o afirmación. Asegúrese que sea positiva y que va a ser de ayuda a la persona que la reciba. Marque aquí cuando haya mandado la nota.

_____

Capítulo 8

EL LÍDER Y LA SELECCIÓN DE OTROS LÍDERES

Para un líder, nada puede igualar la alegría de encontrar a la persona adecuada para el trabajo correcto. La armonización es perfecta, el trabajo resulta bien y todos se benefician. Tristemente, los líderes también saben de la agonía que significa encontrar a la persona equivocada. Es frustrante tanto para el líder como para el seguidor. Su éxito como líder lo determinará en alto grado encontrar y preparar a las personas que van a trabajar con usted.

Este capítulo estará enfocado en escoger los líderes correctos. ¿Cómo ve usted a la gente y cómo evalúa su potencial para ser líderes efectivos? Todos nosotros hemos tenido algún éxito y más de un fracaso en esta área. En mi caso, he hecho algunas selecciones de líderes tan buenos que habría querido contárselo a todo el mundo. Pero también he hecho algunas que no han funcionado. Algunos me han decepcionado profundamente. Por eso, he estado dispuesto a aprender de mis errores. He pasado innumerables horas con el concilio de nuestra iglesia luchando con asuntos relacionados con la selección del liderazgo.

En este capítulo usted se va a encontrar con siete cosas que podrá tener en cuenta cuando busque un líder.

1. COMPRUEBE SU MADUREZ ESPIRITUAL

Antes de examinar otros aspectos de la habilidad de liderazgo, usted necesita asegurarse de la perspectiva espiritual del líder potencial. ¿Está espiritualmente calificado para la posición? En algunos casos, tales como los de ancianos y diáconos, la Biblia nos ofrece instrucciones directas sobre las cualidades que deben tener los candidatos. (Vea 1 Timoteo 3.1–13 y Tito 1.5–9.) En otros casos, usted simplemente hace un estimado de la madurez espiritual de una persona. Hay varias áreas que se deben examinar:

El carácter

Piense en el carácter de la persona. El carácter comprende honestidad, integridad, veracidad y coherencia. Sin carácter sólido, un líder nunca se desarrollará sino que más bien traerá dolor a su iglesia. Ninguna cantidad de habilidades o destrezas puede reemplazar el carácter en la vida de la persona. El carácter se desarrolla en el horno de la vida y, desafortunadamente, no hay atajos. A un prospecto de líder se le pueden enseñar cualidades del carácter siempre que esté dispuesto a aprender. Pero cuando usted vea evidentes deficiencias de carácter en la vida de alguien, dé a Dios tiempo para que le dé forma antes de llamarlo a ejercer alguna función de liderazgo.

Observe cuidadosamente la vida de una persona para encontrar pistas sobre su carácter. Fíjese si la persona asume su responsabilidad por acciones y errores o si culpa a otros. Vea si hay promesas no cumplidas. ¿Es la persona congruente en cumplir con lo que ha prometido o falla en honrar su palabra? ¿Tiene un espíritu de humildad y buena disposición para aceptar correcciones? ¿Diezma fielmente? ¿Tiene corazón de siervo? Se preocupa por la vida de los miembros de su familia. La manera en que dirige su hogar será clave para la forma en que ejerza su liderazgo en la iglesia. Si su esposa no es feliz, no espere que los miembros de la iglesia lo sean con su liderazgo.

Crecimiento

¿Cómo ha sido el crecimiento de la persona en su fe? ¿Está aprovechando las oportunidades para crecer que le ofrecen seminarios, estudios bíblicos o cursos sobre discipulado? ¿Es una persona de oración? ¿Estudia la Palabra? Un líder tiene que ser alguien ansioso y dispuesto a crecer aprovechando todas las oportunidades para crecer en su fe.

Recuerdo uno de mis primeros contactos con un hermano de nuestra iglesia que llegó a ser anciano y luego pastor. Lo vi en una escuela bíblica de dos semanas aprendiendo la Palabra a expensas de su propio dinero y tiempo. Estaba comprometido a crecer y Dios estaba trabajando en su vida. Los líderes deben de estar creciendo continuamente. Esto no implica un alto nivel académico o un grado teológico sino que los líderes deben ir siempre hacia adelante en su crecimiento espiritual.

Respuesta a la autoridad

Observe la respuesta del líder potencial a la autoridad. ¿Acepta esta persona que se le corrija? ¿Cómo se expresa respecto de otros líderes? ¿Es responsable ante usted? Por ejemplo, ¿avisa a usted con anticipación cuando no va a poder cumplir con alguno de sus compromisos? El que lo haga es una buena señal de respeto a la autoridad.

Benjamín Franklin dijo: «El que no puede obedecer, no puede mandar».[1] Esto sencillamente significa que quien no respeta a la autoridad y se somete a ella no podrá dirigir bien a otros.

Dones espirituales

¿Cuál es el don espiritual de esa persona? Es absolutamente necesario que antes que usted ponga a alguien en una posición de liderazgo evalúe su don o dones espirituales. Poner a alguien en una posición para la cual no está dotado solo conducirá a frustración.

Decir que los líderes deberían ser maduros espiritualmente no quiere decir que deben de ser perfectos. Sin embargo, los líderes deberían ir delante de sus seguidores y ser más espiritualmente maduros que los demás. El nivel de madurez requerido dependerá de la posición para la cual está considerando a esa persona tanto como por la madurez de aquellos a quienes dirigirá. Es obvio que para ejercer en el cargo de anciano se requiere mayor madurez espiritual que para ujier. De forma similar, en una iglesia muy joven, el nivel de liderazgo puede que no sea tan alto y las expectativas no sean las mismas que en una iglesia que fue establecida veinte años atrás.

2. Evalúe su influencia

Aparte de estas características espirituales, la cosa más importante que usted necesita observar en un líder potencial es su influencia.

Pregúntese: «¿Está esta persona influyendo en otros? Por supuesto que estamos hablando de una influencia positiva. Los líderes son personas que están yendo a diversas partes y son capaces de persuadir a otros a que los sigan. Sin duda que tiene que haber algo en torno a esta persona para que los líderes hagan que las cosas ocurran.

Por ejemplo, cuando se trate de escoger a un anciano busque a alguien que ya esté recibiendo asesoría y consejo; alguien que ya esté visitando a otros y ayudándoles en su crecimiento. Estos ya están siendo una influencia para otros.

¿Recuerda las «preguntas de influencia» del capítulo uno. «¿A quién acudiría si quisiera comenzar algo en la iglesia? ¿A detener algo? ¿Saber lo que está pasando?». Los nombres que vienen a la mente indican los líderes en su iglesia. Usted necesitará observarlos más de cerca.

Maxwell sugiere que después de hacer estas preguntas y de identificar a los «influenciadores» haga otras más para saber más sobre sus cualidades de liderazgo.

- ¿A quiénes influencian? (¿Quiénes lo siguen?)
- ¿Quién los influencia a ellos? (¿A quién siguen ellos?)
- ¿Están ellos ganando o perdiendo influencia? (¿Tienen potencial o es su influencia del pasado?

3. Compruebe sus habilidades para tratar con la gente

Como líder de una iglesia usted está en el «negocio de las personas». La iglesia es gente y los líderes que van a trabajar con usted deberían tener buenas cualidades para interactuar con la gente. Nunca van a ser perfectos, pero deben estar dispuestos a trabajar bien con la gente. Si usted tiene un líder potencial con quien nadie quiere relacionarse, olvídese de pedirle que sea líder. Puede que sea muy espiritual y una persona con muchos dones pero para ser un buen líder debe tener el don de gentes. ¿Se siente la gente atraída a él? ¿Sabe cómo hablar en forma amable con la gente? ¿Puede corregir a otros con una sonrisa?

4. Compruebe si tiene la habilidad de resolver problemas

Los líderes potenciales deberían ser capaces de resolver problemas; pensar en una situación dada y encontrar soluciones. Pregúntese: «¿Qué problemas he visto que tal o cual persona ha resuelto? Puede ser un problema de familia, un problema de iglesia, o incluso un problema relacionado con el trabajo.

Los buenos líderes son personas que piensan en forma diferente que muchos de sus seguidores. Mientras algunos seguidores pueden quejarse por los problemas, los líderes tratan de resolverlos. Mientras estos seguidores piensan: «¡Cómo quisiera que estos problemas no existieran!», el líder se pregunta: «¿Qué podemos hacer para resolver este problema?».

Los líderes fuertes dan ideas que ayudan a la organización a crecer Cuando, por ejemplo, buscan personas que sirvan en un concilio de la iglesia, no buscan personas «sí, señor» que están de acuerdo con cada cosa que usted quiera decir. Buscan gente que piense, que contribuya con ideas, que no se conforman con cómo están las cosas. Los buenos líderes están siempre listos para mejorar las cosas o para tratar formas diferentes para obtener mejores resultados.

5. EXAMINE LA AUTODISCIPLINA

Aunque la autodisciplina debería examinarse como parte del carácter de la persona, es útil analizarla separadamente. Acuda a las tres características de autodisciplina en un líder potencial.

Tiempo

¿Cómo usa su tiempo la persona? Un líder en proceso de crecimiento aprovechará cada momento y lo usará para crecer y desarrollarse. Todos, desde el presidente de una compañía al obrero de una fábrica han recibido la misma cantidad de tiempo. La diferencia está en cómo se usa ese tiempo. En la iglesia he observado reiteradamente que las personas que tienen menos que hacer son las menos confiables. Muchas veces la gente con la que puedo contar son los que están trabajando todo el día, manejando un negocio y al mismo tiempo cuidando que su familia sea una familia feliz y comprometidos con las actividades en la iglesia. ¿Por qué? Porque han aprendido a manejar bien su tiempo.

En una ocasión concurrí a un seminario para líderes. Llegué en el momento que iba a comenzar. La mayoría de los líderes no habían llegado aunque uno de ellos estaba allí. Como la reunión no empezaba, este líder fue a la biblioteca a escuchar una cinta. Así hace un líder que ha aprendido a usar bien su tiempo.

Temperamento

¿Tiene el líder potencial control sobre sus emociones, especialmente la que tiene que ver con la ira? Aquellas personas que se dejan llevar por su temperamento o que son rencorosas no harán un buen papel de líder. Los líderes tienen que afrontar muchos ataques y continuos desánimos. Para la gente resulta muy difícil confiar en un líder que pierde con facilidad su estabilidad emocional.

La Lengua

¿Tiene el líder potencial control sobre lo que dice? ¿Habla siempre verdad? ¿Es capaz de guardar un secreto? Muchas veces mientras he evaluado personas para que integren el concilio de la iglesia me he dado cuenta que han calificado muy bien en otras áreas, pero en esta demostraron no tener autocontrol y por esa razón no pudimos promoverlos a posiciones de liderazgo.

6. Compruebe su autoimagen

La persona a la que se quiera considerar para un puesto de liderazgo debería tener una autoimagen saludable. No ser orgulloso aunque debe sentirse bien consigo mismo. Capaz de andar y hablar con confianza es una característica de un líder. La gente no va a seguir a alguien que no está seguro de sí mismo.

Personas muy jóvenes o sin experiencia pueden no tener inicialmente confianza que pueden hacer lo que se les ha llamado a hacer. Algo de esa confianza vendrá mientras desarrollan sus habilidades en liderazgo y ministerio. Usted puede ayudarlos a crecer y a tener éxito, lo cual construye una buena autoimagen.

7. Busque una buena actitud

Los líderes tienen una buena actitud. No se quejan ni regañan. Son positivos respecto de la vida. Creen que Dios es capaz de grandes cosas. Ven potencial donde otros ven problemas. Es grato estar cerca de ellos. Levantan el ánimo cuando otros lo tiran abajo.

Compruebe la actitud del líder potencial. ¿Es su perspectiva positiva o negativa? ¿Cómo enfrenta las dificultades? La actitud es algo contagioso y cada persona de su equipo de líderes debe tener una actitud positiva.

Quizás a estas alturas usted se pregunte si se puede encontrar un prospecto de líder que pase todas estas pruebas. No se desespere. «Chequear» todas estas áreas no significa que se está esperando perfección por parte de la persona. Ninguno de nosotros es fuerte en todas estas áreas pero las pruebas le ayudarán a identificar a quienes dirigen bien y a evitar escoger a las personas equivocadas para su liderazgo. Use estas siete pruebas para confirmar o para levantar banderas de advertencia sobre líderes potenciales. Busque la sabiduría de Dios cuando busque sus líderes.

En una iglesia joven es posible que no pueda esperar que haya muchos líderes pero es muy importante poner estándares altos desde el comienzo. Es muy posible que en los bajos niveles de liderazgo las exigencias que usted ponga no sean tan rigurosas como en los niveles altos. Si usted encuentra a una persona que es fuerte en la mayoría de las áreas pero débil en una o dos, puede animarlo y ayudarlo a desarrollar esas áreas débiles. Es muy importante que usted entienda cómo debe lucir un líder fuerte, así entonces podrá desarrollarse usted mismo y a otros para que dirijan con efectividad.

Una advertencia final: tómese su tiempo cuando se trate de nombrar líderes. Siempre es más fácil nombrar a un líder que quitar a uno que no está haciendo un buen trabajo. Si tiene persistentes dudas acerca de una persona, espere. Si no está completamente seguro, nómbrelo por un tiempo limitado, sujeto a revisión. Si comete un error, no se desespere. Todos corremos el riesgo de equivocarnos cuando de escoger líderes se trata. Aprenda de los errores, evalúe lo que estuvo mal hecho y continuará creciendo. Que Dios le dé buenos líderes que le traigan gozo mientras se desarrollan trabajando juntos.

ASIGNACIÓN PARA LA ACCIÓN

1.   Piense en los líderes de su iglesia. Evalúe a cada uno en las siete áreas que hemos descrito en este capítulo. Programe un tiempo para ayudarles a desarrollar las áreas que necesitan mejorar.

2.   Repase las siete áreas para evaluar a un líder potencial. Hágase las preguntas bajo «Evalúe las influencias» para identificar a los líderes potenciales. Es probable que usted vea a algunas personas que no ha reconocido como líderes. Enumérelas a continuación. Luego use la «Lista de verificación de líderes potenciales» para evaluarlos. Ore para saber qué tarea en la iglesia los está llamando Dios a cumplir.

LISTA DE VERIFICACIÓN DE LÍDERES POTENCIALES

Hágase las siguientes preguntas para evaluar a un líder potencial. Para describir a la persona, 10 es excelente y 1 es malo. Este cuadro puede usarse para comparación entre líderes potenciales. Mientras más alto el puntaje, más fuertes son las habilidades para el liderazgo de la persona.

CATEGORÍA	PREGUNTAS	PUNTAJE (1–10)
1. Madurez espiritual A. Carácter	¿Está la persona calificada para la posición? (1 Timoteo 31.13; Tito 1.5–9) El carácter se revela al: -No asumir responsabilidad por acciones y errores -No cumplir lo prometido -No cumplir con los plazos	
B. Crecimiento	¿Cómo ha crecido la persona en su fe? ¿Está haciendo uso de las oportunidades para el crecimiento como seminarios, estudios bíblicos y cursos de discipulado? ¿Ora? ¿Estudia la Palabra?	
C. Respeto a la autoridad	¿Tiene esta persona disposición a estar conectado? ¿De qué manera se refiere a los líderes? ¿Es responsable ante usted?	
D. Dones espirituales	¿Son obvios sus dones espirituales?	
2. Influencia	¿Está esta persona influenciando a otros?	
3. Don de gentes	¿Atrae a los demás? ¿Sabe cómo hablar con amabilidad a la gente? ¿Puede corregir a otros con una sonrisa?	
4. Habilidad para resolver problemas	¿Qué problemas he visto que esta persona ha solucionado? ¿Da esta persona buenas ideas para cambios positivos?	
5. Autodisciplina Tiempo Temperamento Lengua	¿Cómo usa esta persona su tiempo? ¿Tiene esta persona control de sus emociones? ¿Cómo habla esta persona?	
6. Autoimagen	¿En qué forma habla esta persona?	
7. Actitud	¿Tiene esta persona una buena actitud?	
Total		

Capítulo 9

EL LÍDER Y LA PERSONALIDAD

Cada uno de los miembros de nuestra familia es único. A mí me gusta la quietud y el orden a la vez que detesto hacer cambios. Si mi escritorio es un desorden, significa que no estoy haciendo las cosas bien. Para mí, una noche perfecta es tener la casa para mí solo y un buen libro. Loice, mi esposa, es todo lo contrario. A ella le encanta estar con la gente y las celebraciones son su especialidad. Le encanta hablar, reír y pasar tiempo con los demás.

Joshua, nuestro hijo mayor es organizado y disciplinado. En muy raras ocasiones tenemos que recordarle que debe estudiar y hacer sus tareas. Lo hace sin que nadie tenga que decírselo. Su cuarto generalmente está ordenado aun desde que era un adolescente. Joseph ama la vida y relacionarse con gente; le encanta contar chistes e historias. La forma en que tiene su cuarto ha sido el tema de muchas conversaciones entre nosotros.

En una ocasión, después que tomó en serio mi intención de inspeccionar su cuarto con fines de limpieza, puso un anuncio en la puerta que decía: «Bienaventurados los que no han visto y todavía creen». Todavía nos reímos cuando nos acordamos de aquel cartel. Elizabeth, nuestra hija es una chica decidida y no necesita mucha ayuda para establecer metas o crear una lista de «cosas por hacer». Cuando tenía unos cinco años estábamos celebrando nuestro devocional con la familia. Yo estaba dirigiendo. De pronto, ella me miró y me hizo la siguiente pregunta a boca de jarro: «Papi, ¿puedo dirigir yo?». Desde entonces, he tratado de animarla a mantener esa ambición de ser líder.

Sospecho que su familia es tan diversa como la mía. ¿Cómo se describiría a alguien que no lo conoce? ¿Diría que es callado o locuaz? ¿Es usted tímido o extrovertido? ¿Le preocupan más las tareas que las personas? ¿Es usted un perfeccionista o un desorganizado habitual? ¿Tiende a ver el lado brillante de la vida o los problemas? La forma en que responda a estas preguntas dirá mucho sobre su personalidad o su temperamento.

¿Qué es personalidad? En el capítulo dos citamos una definición de Tim LaHaye: «La combinación de rasgos innatos que afectan subconscientemente la conducta del individuo».[1] Esta definición nos da varios conceptos que nos permiten entender mejor el significado de personalidad. Primero, estos rasgos son innatos. Algunos niños vienen al mundo como corderitos; otros, como leones. Los padres observan estas distintas diferencias en los hijos cuando aún son muy pequeños. Segundo, estos rasgos impactan a cada uno de nosotros a nivel de subconsciente y definen la forma en que vemos el mundo y reaccionamos ante las personas que nos rodean.

Nuestra personalidad afecta la forma en que hablamos, estudiamos, conducimos y comemos. A menos que deliberadamente estudiemos este tema, no estamos normalmente conscientes de cuán profundamente son definidas nuestras personalidades. Finalmente, nuestras personalidades son una combinación de rasgos. Aunque veamos categorías generales que nos ayuden a identificarnos a nosotros mismos y a otros, cada persona es una combinación única de muchos rasgos. ¡No hay nadie igual a usted! Su personalidad es un don de Dios a usted y al mundo, y una parte fascinante de nuestras vidas.

¿POR QUÉ ESTUDIAR LAS PERSONALIDADES?

Aprender sobre las personalidades puede ayudarnos en varios sentidos.

1. ENTENDERNOS A NOSOTROS MISMOS

Entender nuestras personalidades nos ayuda a comprender por qué actuamos en la forma en que lo hacemos e identifica nuestras inclinaciones naturales. Conocer nuestra personalidad nos ayuda a identificar nuestros puntos fuertes y nuestros puntos débiles. Esto tiene varias implicaciones para el reconocimiento de áreas en las cuales desarrollarnos en relaciones y vocaciones. Reconocer nuestra personalidad provee un fundamento sólido para el desarrollo de nuestro potencial único en Cristo. Al identificar nuestras debilidades potenciales, podremos identificar áreas de nuestras vidas que necesitan mejorar y hacer las correcciones necesarias. Al mismo tiempo, aceptaremos libremente nuestra singularidad como un don acariciado y desarrollado en lugar de desear ser diferentes.

2. Entender a los demás

Al entendernos mejor a nosotros mismos, también aprendemos más acerca de otros. Las personas son diferentes y mientras mejor las entendamos más y mejores probabilidades hay que nos relacionemos bien con ellos. Ya que, como hemos dicho, los líderes están en el «negocio de las personas» mientras mejor entendamos a la gente más efectivos seremos en nuestro liderazgo. La comunicación con nuestros cónyuges, con nuestros hijos y con aquellos que dirigen mejorará dramáticamente cuando entendamos esto de las personalidades.

3. Entender el valor del trabajo en equipo

En la medida que aprendemos sobre nosotros y sobre otros empezamos a reconocer en una mucho mayor medida el valor del trabajo en equipo. Cuando reconozco mis puntos fuertes y mis puntos débiles, me doy cuenta que necesito a otras personas como complementarias de mi trabajo. Aprendo a valorizar las perspectivas de los demás y la necesidad de trabajar junto con ellos para dirigir más efectivamente. El cuerpo de Cristo es un gran ejemplo de esto. Pablo dice: «Pues así como cada uno de nosotros tiene un solo cuerpo con muchos miembros, y no todos estos miembros desempeñan la misma función, también nosotros, siendo muchos, formamos un solo cuerpo en Cristo, y cada miembro está unido a todos los demás» (Romanos 12.4–5). Para funcionar con efectividad, un cuerpo necesita muchas partes diferentes y los líderes deben reconocer que cada parte es una contribución única al conjunto. Veremos más de esto en el capítulo siguiente.

Antes de detenernos a considerar las diferentes personalidades, tómese unos minutos para pensar en usted mismo. Lea las cuatro listas de características de la personalidad que aparecen más abajo. Califique con una puntuación anotada en el espacio ad hoc cada característica según describa mejor la forma en que lo relaciona a usted con la escala siguiente:

5   Siempre me describe a mí
4   Con frecuencia me describe a mí
3   A veces me describe a mí
2   Rara vez me describe a mí
1   Nunca me describe a mí

Examen de personalidad

1. _____

Extrovertido	_____
Optimista	_____
Complicado con las citas	_____
Impulsivo	_____
Egoísta (centrado en mí mismo)	_____
Vivo el presente	_____
Dificultad para la concentración	_____
Inquieto	_____
Amistoso	_____
Agradable	_____
Locuaz	_____
Voluntad débil	_____
Dificultad para mantener resoluciones	_____
Indisciplinado	_____
Desanima fácilmente	_____
Poco práctico	_____
Compasivo	_____
Emocional	_____
Total	_____

2. _____

Optimista	_____
Orientado a los objetivos	_____
Seguro de sí mismo	_____
Autosuficiente	_____
Activista (hace que las cosas ocurran)	_____
Mandón	_____
Agresivo	_____
Habilidad para el liderazgo	_____
Persistente	_____
Voluntad firme	_____
Mal genio	_____
Insensible	_____
Antipático	_____
Decidido	_____
Determinado	_____
Decisivo	_____
Sarcástico	_____
Práctico	_____
Extrovertido	_____
Total	_____

3. _____

Muy tranquilo	_____
Pesimista	_____
Introvertido	_____
No agresivo	_____
Espectador en la vida	_____
Indeciso	_____
Lento y perezoso	_____
Fácil de llevar	_____
Tranquilo y sereno	_____
Eficiente	_____
Confiable	_____

Humorista, ingenioso   _____

Burlón   _____

Egoísta   _____

Hábitos ordenados   _____

Tacaño   _____

Obstinado   _____

Trabaja bien bajo presión   _____

Total   _____

4. _____

Introvertido   _____

Organizado   _____

Pesimista   _____

Indeciso   _____

Crítico   _____

De humor cambiante   _____

Creativo   _____

Alberga resentimientos   _____

Perfeccionista   _____

Introspectivo   _____

Suspicaz   _____

Disfruta trabajar sin ser visto _____

Amigo leal   _____

Sacrificado   _____

Se ofende fácilmente   _____

Egocéntrico   _____

Sensible   _____

De sentimientos profundos   _____

Total   _____

Al final de cada una de las cuatro secciones, agregue el total de sus números para esa sección y escríbalo en la línea de «Total». ¿Para qué es esto? Lo sabremos a medida que comencemos a conocer las diferentes personalidades.

LAS CUATRO PERSONALIDADES BÁSICAS

El concepto de tipos de temperamentos o personalidades se remonta en el pasado hasta el doctor griego Hipócrates (460–370 a.c.) quien creía que ciertos comportamientos humanos eran causados por fluidos del cuerpo. Otros hicieron adiciones a su trabajo y alrededor del 190 a.d. Galeno, un médico griego dividió los temperamentos en cuatro y les puso los siguientes nombres que siguen vigentes hasta el día de hoy: coléricos, sanguíneos, flemáticos y melancólicos.[2] Cada uno de los temperamentos tiene sus propias fortalezas, debilidades, potencialidades y temores. También vamos a buscar y a encontrar ejemplos bíblicos de cada temperamento.

Colérico poderoso

Los coléricos son personas que asumen responsabilidad, tienen bien definidas las metas y son capaces de terminar los trabajos que comienzan. Son decisivos, dogmáticos y se concentran en la acción que emprenden. Pueden involucrarse en varios proyectos al mismo tiempo y a menudo sueñan con nuevas aventuras antes de que las antiguas se hayan completado. Los coléricos son, de los cuatro, quizás los de voluntad más firme y aunque son muy efectivos, a menudo se proyectan poco expresivos en sus relaciones interpersonales. Tienden a concentrarse en la tarea que tienen entre manos viendo a los demás como un medio para alcanzar la meta. No tienen mucha paciencia con algún miembro del equipo que falle y no tienen escrúpulos de pasar por sobre los demás en su camino a la meta. Aunque espontáneos en cuanto a asumir riesgos si ven posibilidades en algún nuevo proyecto, a menudo les cuesta anticipar problemas llevándose más de una sorpresa cuando las cosas no salen como las planearon. A menudo, la inclinación natural a arriesgarse lleva a los coléricos a posiciones de liderazgo. Muchos líderes de compañías, fundadores de organizaciones y empresarios comerciales son coléricos. Como grupo, abarcan el tres por ciento de la población.

Un gran temor de los coléricos es que otros se aprovechen de ellos. Quieren cumplir con sus compromisos de trabajo y para lograrlo pueden hacer participar a otros pero a menudo su naturaleza independiente los hace querer recibir ellos solos el crédito y protegerse de cualquiera que quiera disputarles el control.

Un ejemplo bíblico de esta personalidad es el apóstol Pablo. Él fue un pionero, un visionario que constantemente estaba, sobre la marcha, trabajando para que las cosas se ejecutaran. La lista de sus logros es impresionante: estableció iglesias, escribió, soportó persecuciones y recorrió miles de kilómetros. Formó un equipo en torno de él y disfrutó de la compañía de Juan Marcos hasta que el joven los abandonó regresando a casa. Cuando esto se produjo, Pablo no tuvo paciencia para darle una segunda oportunidad. Para su crédito, más tarde se dio cuenta del valor de este miembro de su equipo y volvió a trabajar con él.

SANGUÍNEO POPULAR

El sanguíneo es popular, simpático, extremadamente expresivo y pletórico de vida. Para el sanguíneo hablar y contar historias surge espontáneamente; le encanta ser el centro de atención. Todos se dan cuenta cuando el sanguíneo se incorpora a un grupo de personas; a menudo su presencia se percibe aun antes de llegar. Las personalidades sanguíneas son por lo general positivas y optimistas aunque son muy emocionales con altibajos extremos que son evidentes a todos. Su naturaleza despreocupada hace que la concentración y la atención a los detalles sea un problema real; con frecuencia son trabajadores improductivos. Su tendencia a contar historias y a hablar a menudo los lleva a exageraciones o, lo que es peor, a cometer pecados de la lengua. Fácilmente pueden proyectarse como egocéntricos. Los sanguíneos tienden a ser desorganizados y a menudo andan en busca de cosas que están perdidas. Su habilidad para conectarse con otros les permite formar grupos en torno de ellos que les ayudan a disfrutar lo que persiguen. Su burbujeante personalidad aporta mucha vida a nuestro mundo.

Debido a su capacidad para interactuar con la gente, su gran temor es el rechazo y la pérdida de aprobación. Son profundamente motivados a la acción por el aprecio que tengan los demás de ellos y la forma en que son aceptados. Constituyen aproximadamente el 11% de la población.

Un ejemplo bíblico de esta personalidad es el apóstol Pedro. Él era siempre el primero en hablar y hablaba más que todos los otros apóstoles juntos. Manifestaba sin ninguna demora su lealtad a Jesús y lloraba amargamente cuando fallaba. Pero Dios lo usó como un líder clave en la iglesia primitiva.

Tanto los sanguíneos como los coléricos son personalidades extrovertidas, captando mucha energía al estar con otras personas. En el lado más tranquilo (introvertido) de la vida están las siguientes dos personalidades: los flemáticos y los melancólicos.

FLEMÁTICO PACÍFICO

El flemático es la personalidad más pacífica y tranquila. A menudo da muestras de un sentido del humor seco y pocas veces demuestra estar enojado. Es una persona fácil de complacer. Si se le pregunta qué clase de bebida prefiere, lo más probable es que responda: «¡No importa! La que haya». Si se le pregunta: «¿Qué le gustaría hacer esta noche?», va a oír algo así como: «Lo que sea que tú quieras estará bien conmigo». El flemático tiende a ser un espectador en la vida y fácilmente puede pasar más tiempo en el sofá, frente al televisor o de la computadora. La persona flemática tiende a desmotivarse y a posponer las cosas. Debido a su naturaleza pacifista no causa mayores problemas no haciendo nada. Sin embargo, se puede confiar en él y si está motivado puede ser un líder efectivo. Con una naturaleza diplomática y objetiva, es un pacificador natural. Puede ser indeciso y temeroso de arriesgarse y puede fácilmente enfriar el entusiasmo de las personalidades extrovertidas. Una persona eficiente y organizada no le gusta hacer cambios en su rutina. Esta personalidad representa la vasta mayoría de la población ya que aproximadamente un 69% de la población son flemáticos.

Pérdida de seguridad y la confrontación son dos de los grandes temores para el flemático quien tiene un gran aprecio por la rutina y la paz. El flemático hará grandes esfuerzos para que las cosas que lo rodean, incluyendo sus relaciones, sigan siempre siendo las mismas.

Un ejemplo bíblico de un flemático es el joven Timoteo. Pareciera que fue una persona tímida y esquiva. Pablo lo exhortó a avivar su don y a no descuidarlo. También lo animó a no tener espíritu de temor sino de poder. Pablo reconoció el potencial de Timoteo pero se dio cuenta que necesitaba mucho apoyo para desarrollar su don y llamado.

MELANCÓLICO PERFECTO

El melancólico es una personalidad talentosa, a menudo perfeccionista. Muchos médicos, músicos, artistas y personas altamente dotadas son melancólicos. Son leales pero no hacen amigos muy fácilmente y a menudo son incómodos en grupos. Poseen una mente muy analítica lo que les capacita para ver problemas potenciales en cualquier proyecto lo que los hace desarrollar una actitud crítica. El melancólico es bien organizado y amante de tener las cosas materiales ordenadas y sus archivos en orden. Es altamente disciplinado y trabaja bien sin necesidad de tener encima a un supervisor. A la vez que se preocupa de los detalles, su inclinación al perfeccionismo puede empantanarlo en los puntos finos. Su naturaleza tiende a ver el lado negativo de la vida lo que lo lleva a extremar su mal humor y a una sensación de que todos están en contra de él. Los melancólicos alcanzan aproximadamente el 17% de la población.

El gran temor del melancólico es ser criticado, la imperfección en sí mismo y en otros y que las circunstancias cambien. Como el flemático, prefiere que todo siga igual.

Un personaje bíblico que fue melancólico es Lucas. Un médico altamente dotado disfrutaba haciendo investigación para los dos libros de la Biblia que escribió. Sus descripciones son meticulosas, mostrando con ello una mente analítica.

Estas son las cuatro personalidades más importantes. Aunque hay que admitir que muchas de las declaraciones son generalizaciones, no deja de ser interesante observar las diferencias y contrastes entre las personas. Es importante señalar aquí que cada persona es una mezcla única de estas personalidades. Nadie es 100% colérico o flemático. Por ejemplo, alguien puede ser 70% colérico, 20% sanguíneo y 10% melancólico. Tim LaHaye enumera doce diferentes combinaciones o mezclas con una cantidad ilimitada de variantes.[3] Mientras más dominante sea un tipo de personalidad más reflejará la persona las características que hemos descrito. Vea el cuadro al final de este capítulo para un resumen de las cuatro personalidades.

CÓMO APLICAR LO QUE HEMOS VISTO SOBRE LAS PERSONALIDADES

Con esta base, hay varias formas de aplicar lo que hemos visto sobre las personalidades.

IDENTIFIQUE SU PROPIA PERSONALIDAD

Es tiempo para que eche una mirada a sí mismo. Quizás ha escuchado decir que es muestra de orgullo pensar en uno mismo. Pero Pablo nos exhorta en Romanos 12.3: «Por la gracia que se me ha dado, les digo a todos ustedes: Nadie tenga de sí un concepto más alto que el que debe tener, sino más bien piense de sí mismo con moderación, según la medida de la fe que Dios le haya dado». Es correcto pensar de nosotros mismos con «juicio sobrio» o, en una manera equilibrada.

Es casi seguro que cuando repase las descripciones que hemos presentado, usted se identificará con una o más de las categorías. Vaya ahora al examen que hizo al comienzo de este capítulo. Ponga los siguientes tipos de personalidad junto al número que corresponda:

1. Sanguíneo   3. Flemático
2. Colérico   4. Melancólico

Repase su puntuación en cada categoría. ¿Qué personalidad logró el puntaje más alto? ¿Cuál el segundo? ¿Resultó como usted esperaba? Este examen, aunque no exhaustivo, es útil para identificar su rasgo de personalidad primario y quizás, además, secundario.[4] Visite nuestro sitio en la Internet donde encontrará una versión de este examen que podrá imprimir para usar con el fin de que alguien más lo evalúe a usted.

RECONOZCA LAS PERSONALIDADES DIFERENTES EN LAS SITUACIONES DE LA VIDA

Puede ser divertido reflexionar en la manera en que las diferentes personalidades responden en forma diistinta a situaciones similares. Vamos a echar un vistazo a varias actividades comunes y a la forma en que cada personalidad reacciona.

Comer

La personalidad afecta la forma en que comemos. El **colérico** ataca su comida con vigor, rara vez cambia el menú, habla mientras traga y come mientras se prepara para pasar a un nuevo proyecto. El **sanguíneo** come lo que se le presente, habla hasta que se trae la comida a la mesa y disfruta probando nuevos tipos de comida. Para él, la relación en la mesa es más importante que la comida. El **flemático** raramente prueba platos diferentes; prefiere el menú que ya le es familiar. Come con calma y a menudo es el último en terminar. El **melancólico** se toma todo el tiempo del mundo para decidir lo que va a comer. Arregla con delicadeza en el plato su comida y come sistemáticamente, sea terminando una cosa para seguir con la otra o comiendo una porción de todo y luego repetir el proceso.

Comprar

Si usted lleva de compras a las cuatro personalidades, prepárese para observar interesantes diferencias. El **colérico** compra rápido; puede ser un comprador impulsivo haciendo decisiones veloces. Busca siempre la fila más corta para llegar a la caja a pagar. Comprar es algo que hay que chequear en la lista «de cosas por hacer» y mientras más rápido cumpla con esta tarea, más rápido pasará a cosas más importantes. El **sanguíneo** siempre quiere ir de compras con alguien para poder conversar mientras tanto. Si eso no es posible, busca nuevas amistades en la tienda, la recorre a lo largo y a lo ancho mirando las ofertas y con frecuencia termina comprando todo menos lo que realmente necesitaba. El **flemático** prefiere ir de compras solo y siempre volver al mismo lugar. Lleva una lista de lo que necesita y rara vez se deja tentar por impulsos. El **melancólico** planea cada detalle como si ir de compras fuera una campaña militar. Escoge la mejor ruta para llegar a la tienda y una vez en ella, la recorre metódicamente, buscando cada cosa siguiendo el orden en que la tiene anotada en su lista. Su calculadora viene muy bien para sumar los totales y observa a la cajera cuidadosamente para asegurarse que ha entrado correctamente cada precio. Guarda todos los cupones y los usa para conseguir el máximo descuento.

Manejar

Ponga a cada personalidad al volante y su experiencia será muy diferente. El **colérico** conduce rápido, apurado por llegar a tiempo a su cita. Mientras conduce está preocupado por hacer otras cosas, especialmente las que tiene anotadas en su lista de «cosas por hacer». Recibe una tras otra multas por exceso de velocidad pero para él ese es un precio muy pequeño para cambiar el mundo. Los **sanguíneos** son erráticos para conducir, a veces a alta velocidad y otras a la vuelta de la rueda; se distraen fácilmente hablando a alguien a través del celular mientras van conduciendo. No tienen ni idea de cuándo el auto necesita mantenimiento y no se preocupan sino hasta que algo se daña y el vehículo ya no puede seguir rodando. A menudo usan la marcha de reversa en plena carretera cuando se pasan del desvío de salida o necesitan encontrar el camino correcto. El **flemático** conduce parsimoniosamente sin apuro y no necesita ir cambiando de carriles para ganar tiempo. Raramente viola la ley ¿y multas por exceso de velocidad? Jamás. El **melancólico** también es respetuoso de la ley y raramente conduce a alta velocidad. Registra detalladamente las fechas en que el auto necesita revisión rutinaria y está al tanto de cuándo es la próxima visita al mecánico. Planea anticipadamente la ruta por lo que rara vez se extravía.

En el ascensor o elevador

Cuando llega el momento en que hay que subir a uno de los pisos superiores de un edificio nuestras cuatro personalidades actúan también en una forma muy diferente. El **colérico** espera impaciente la llegada del elevador pulsando repetidamente el botón mientras regaña por lo bajo sobre lo lentos que son estos aparatos. Se ubica lo más cerca que puede de la puerta para ser de los primeros en entrar. Al **sanguíneo** le encantan los elevadores y le cuesta esperar para ver quienes irán con él en el próximo ascenso o descenso. El **flemático** espera pacientemente en la fila y si el ascensor no acaba de llegar opta por usar las escaleras pero sin quejarse. El **melancólico** entra al elevador y se ubica bien pegado a las paredes para dejar el mayor espacio posible para los demás. Calcula mentalmente el peso de cada pasajero y luego el total de kilos que representan para asegurarse que están dentro del límite de capacidad del vehículo.

¿Y no vamos a reconocer la tremenda creatividad de Dios? ¿No es maravilloso que todos hemos sido creados diferentes y respondemos según nuestras propias personalidades a las varias situaciones que se nos presentan en la vida? ¡Qué aburrida sería la vida si fuéramos todos iguales!

DEJE QUE DIOS TRANSFORME SU PERSONALIDAD

Dios le ha dado a usted una personalidad única que posee una potencia maravillosa. Sin embargo, el pecado ha corrompido cada personalidad y magnificado sus debilidades potenciales. Como cristianos, nosotros tenemos la gran oportunidad de pedirle a Dios que pula nuestra personalidad de modo que podamos reflejar plenamente su hermoso carácter.

El fruto del Espíritu descrito en Gálatas 5.22–23 es para aplicarlo a todo creyente y a cada temperamento. «El fruto del Espíritu es amor, alegría, paz, paciencia, amabilidad, bondad, fidelidad, humildad y dominio propio. No hay ley que condene estas cosas». Algunos temperamentos necesitan más de un fruto que otro. Por ejemplo, el colérico puede necesitar más amor por la gente que el sanguíneo. El flemático puede necesitar más autocontrol que el colérico mientras que el melancólico puede necesitar una medida extra de gozo para sobreponerse a su naturaleza pesimista. Para Tim LaHaye hay dos emociones principales que afectan a cada ser humano: la ira y el miedo.[5] Estas dos emociones han estado presentes en la experiencia humana desde la Caída y pueden conducir a muchas conductas erradas y al pecado.

La ira puede llevar a la amargura, a la malicia, a los gritos, a la envidia, al resentimiento, a la intolerancia, a la crítica, a la venganza, a la cólera, al odio, a la sedición, a los celos, a los ataques, al chisme, al sarcasmo y a la falta de perdón.

El miedo puede llevar a la preocupación, a la ansiedad, a la timidez, a la indecisión, a las supersticiones, a la alienación, a la soledad, a la agresión, a las dudas, al sentimiento de inferioridad, a la cobardía, a la suspicacia, a la depresión, a la vacilación, a la altivez.

Así se interrelacionan los temperamentos: sanguíneos y coléricos tienen más dificultad con la ira mientras que flemáticos y melancólicos son más propensos al miedo. Es tarea del Espíritu Santo ayudarnos a superar estas debilidades emocionales. Dios puede transformar nuestros temperamentos para que andemos diariamente en la fuerza de su Espíritu y bajo su control. Nosotros tenemos que hacer nuestra parte arrepintiéndonos y dejando que el Espíritu nos cambie. Nuestra meta debería ser minimizar nuestras debilidades que vienen con nuestra personalidad y dejar que las cualidades brillen como nunca antes. Mientras más controlados estemos por el Espíritu y más de sus frutos produzca en nosotros, mayor hermosura alcanzaremos. Aunque no podemos cambiar nuestra personalidad básica, si dejamos que el Espíritu nos moldee a través de los años, será difícil identificar claramente nuestra personalidad en un test como el de este capítulo.

TRABAJA CON PERSONALIDADES DIVERSAS

Ya que, como hemos visto, la gente es tan diferente en sus personalidades, nuestro estilo de liderazgo debe reflejar esta realidad. No se puede dirigir a todos de la misma manera. Piense en su propia personalidad y qué tipo de personas le resulta más fácil para conectarse. Conectarse con quienes son diferentes puede ser difícil, pero no imposible. Para ser más efectivo en su liderazgo, usted necesita aprender a relacionarse con los que son diferentes. A continuación encontrará algunas sugerencias que le ayudarán a dirigir personalidades diferentes. Piense cómo su liderazgo es influido por su personalidad.

El colérico

Si usted es un líder colérico, posee un gran potencial para hacer mucho a través de otros si deliberadamente los valora y se conecta con la gente que lo rodea. Si acepta que su estilo para comunicarse cuesta para interpretarlo con mayor dificultad de la que usted esperaba, entonces debe usar intencionadamente formas más suaves. Escriba notas de apoyo y estímulo a los que trabajan con usted.

Si está dirigiendo a un colérico, ¡buena suerte! Bromas aparte, esta es una combinación complicada, pero se puede. Aprenda a comunicarle al colérico que usted lo valora a él y a su trabajo. Reconozca que él está motivado por lo que se pueda lograr y sienta la satisfacción acometiendo grandes tareas. Con el colérico use una comunicación directa. Y si es necesario, aumente el volumen un poco para conseguir su atención.

El sanguíneo

Si es un líder sanguíneo, su punto fuerte estará en desarrollar la relación con los demás. Sobresaldrá en formar equipos de trabajo, atraer gente a su lado y ser un incentivador. Aprenda a escuchar a otros y preste atención a sus necesidades en lugar de seguir preocupado de las suyas. También va a ser necesario que desarrolle suficiente autodisciplina para llevar a cabo las tareas triviales que le depara el liderazgo.

Si usted es líder de un sanguíneo, déle toda la atención y aprobación que le sea posible. Pase tiempo con él. Después de una reunión con varias personas, quédese unos minutos extra con él. Si usted es un flemático, intente estimularlo a la acción. Recuerde sus historias y pídale que la próxima vez se las ponga al día. Póngale asignaciones que maximicen sus capacidades en relación con los demás y exíjale el menor trabajo posible en detalles.

El flemático

Si usted es un líder flemático tiene el potencial para una gran influencia. Su habilidad para congeniar con todo tipo de personas le sirve muy bien en su liderazgo. Una fuerte pasión por seguir a Jesús le ayudará a sobreponerse a su falta natural de motivación y así podrá llevar a cabo cosas significativas. Esfuércese en mantener una actitud positiva y confronte su reticencia a cambiar intentando algo nuevo.

Si es líder de un flemático no espere que cambie rápidamente. Recuérdele con anticipación sobre cambios que vienen y ayúdele a ver los beneficios del cambio. Trabaje con él para poner metas realistas. Haga uso de su estabilidad para suavizar las aristas ásperas con otros miembros del equipo.

El melancólico

Si usted es un líder melancólico tiene muchas ventajas que le pueden ayudar a ser efectivo. Puede usar el poder de su mente para recordar nombres y detalles de aquellas personas que forman el grupo que dirige. Su don de organización lo habilitará para llevar adelante una organización eficiente y productiva. Trabaje duro en desarrollar sus habilidades sociales para sentirse confortable cuando esté con la gente. Desarrolle una perspectiva más positiva de la vida y adopte una posición proclive a asumir riesgos.

Si está dirigiendo a un melancólico, reconozca la necesidad de tal persona por orden y estabilidad. Asígnele trabajos con anticipación y permítale decidir cómo trabajará para terminar cada cosa a tiempo. Aprecie sus precauciones sin darle chance a que su negativismo influencie a otros.

FORME UN EQUIPO TOMANDO EN CUENTA LAS PERSONALIDADES

Lo hermoso de las personalidades es que cada una contribuye poderosamente a que se establezca un buen equipo de trabajo. En realidad, es imposible tener un equipo funcionando a su máxima capacidad sin todo tipo de personas. La efectividad de su liderazgo será significativamente determinada por su habilidad para formar un equipo que refleje las potencialidades de cada personalidad. Reconozca que cada personalidad tiene algo importante con que contribuir al equipo y trabaje para que todos los aportes se unan en un propósito común. Reflexione sobre el contenido de la sección arriba con las ideas para liderar cada una de las personalidades. ¿En qué áreas en el pasado ha sido usted más fuerte? ¿Dónde necesita mejorar?

Enseñe a su equipo sobre las personalidades de tal manera que todos entiendan claramente el valor de cada una. Destaque la forma en que usted puede relacionar a unos y a otros en beneficio del equipo. El siguiente capítulo se enfocará más en el aspecto crucial de la formación de su equipo.

CONCLUSIÓN

Aprenda lo que más pueda sobre usted mismo y por qué actúa en la forma en que lo hace. Trabaje con las áreas importantes que le impiden funcionar bien pero siempre enfocado en sus puntos fuertes. Aprenda a reconocer, a apreciar y a respetar la personalidad de los demás, y su habilidad de liderazgo mejorará sustancialmente.

LAS CUATRO PERSONALIDADES BÁSICAS

Personalidad	Colérico (3%)	Sanguíneo (11%)	Flemático (69%)	Melancólico (17%)
Descripción	El colérico es extrovertido pero no tanto como el sanguíneo. Es orientado a la acción, capaz de terminar los trabajos que empieza. Está siempre moviéndose. Es dogmático y decidido, lo que hace de él un líder natural.	El sanguíneo es un amigo cálido, extremadamente extrovertido, lleno de vida y divertido. Le encanta hablar, contar historias y entretener a los demás. Es «el alma de la fiesta». Fácil de emocionarse, tiene altos y bajos extremos.	El flemático es una persona calmada y tranquila con una disposición agradable que disfruta de un sentido del humor seco; rara vez se enoja. Tiende a ser un espectador de la vida pero puede ser un líder capaz. Es un pacificador natural.	El melancólico es una persona muy dotada y sensible. Es introvertido y aunque leal, no hace amigos fácilmente. Es minucioso y persistente, a menudo un perfeccionista. Disfruta las artes finas (música, arte, etc.). Es analítico y puede ver en un proyecto dado problemas potenciales.
Puntos fuertes	1. De voluntad firme 2. Independiente 3. Visionario 4. Práctico 5. Productivo 6. Decidido 7. Líder 8. Asume riesgos	1. Extrovertido 2. Sensible 3. Amistoso 4. Cálido 5. Locuaz 6. Entusiasta 7. Compasivo 8. Animador	1. Pacífico 2. Tranquilo 3. Despreocupado 4. Confiable 5. Objetivo 6. Diplomático 7. Eficiente/Organizado 8. Práctico 9. Humorístico	1. Dotado 2. Analítico 3. Creativo 4. Dispuesto al sacrificio 5. Industrioso 6. Autodisciplinado 7. Ordenado/organizado
Debilidades potenciales	1. Frío 2. Sin emociones 3. Autosuficiente 4. Impaciente 5. Dominante/mandón 6. No perdona fácilmente 7. Sarcástico 8. Enojón 9. Cruel 10. Raramente anticipa problemas	1. Indisciplinado 2. Exagerado 3. Inestable emocionalmente 4. Improductivo 5. Egocéntrico 6. No atiende detalles	1. Desmotivado 2. Posponedor 3. Egoísta 4. Tacaño 5. Autoprotector 6. Indeciso 7. Temeroso 8. Preocupado 9. Apagador de entusiasmo 10. Resistente al cambio	1. Malhumorado 2. Egocéntrico 3. Propenso a sentirse perseguido 4. Vengativo 5. Quisquilloso 6. Teórico 7. Esquivo 8. Crítico 9. Negativo 10. Se enreda en los detalles
Los más grandes temores	Que se aprovechen de él	Rechazo; pérdida de aprobación	Pérdida de seguridad, confrontación	La crítica, cambio de circunstancias, la imperfección
Ejemplo	Pablo	Pedro	Timoteo	Lucas

ASIGNACIÓN PARA LA ACCIÓN

Reflexione sobre los resultados de la evaluación de su personalidad. ¿Qué ha aprendido acerca de usted en esta lección?

¿Qué áreas de su personalidad impiden que desarrolle todo su potencial y qué puede hacer para cambiar esta situación?

Piense en los miembros inmediatos de su familia. Haga una lista de sus nombres abajo e indique la personalidad de cada uno.

¿Qué puede hacer para relacionarse mejor con ellos ahora que puede identificar las características de su propia personalidad y la de los demás?

Piense en el grupo que dirige. Ponga los nombres de unas 5 a 8 personas clave y señale sus personalidades. Luego indique lo que puede hacer usted para guiarlos más eficientemente basado en sus personalidades.

	Nombre	Personalidad	Pasos a seguir
a.			
b.			
c.			
d.			
e.			
f.			
g.			
h.			

Capítulo 10

EL LÍDER Y SU EQUIPO DE TRABAJO

Con menos de dos minutos por jugar, la gente en las graderías, de pie seguía el desempeño de su equipo en pos del gol que rompiera la paridad que persistía hasta ese momento. Un largo pase por aire desde las posiciones defensivas, el balón cayó en los pies del jugador que corría por la banda derecha. Enfrentó a un defensa, a dos y desde veinte metros tiró al arco. El balón se elevó, hizo una curva y entró en el arco rival por el ángulo superior derecho haciendo inútil el esfuerzo del portero por evitar el gol. Había sido un tiro perfecto. El estadio prorrumpió en un solo grito clamoroso mientras el árbitro daba por finalizado el partido.

Cabe la pregunta: ¿quién fue el que logró el triunfo? ¿Fue aquel jugador que, en los últimos segundos y con un tiro genial puso el balón en las redes? Aunque él recibió todas las felicitaciones de sus compañeros de equipo y del público, quien logró el triunfo fue el desempeño del conjunto. De todo el equipo. Sin la participación ardua de todos los jugadores, aquel pase preciso nunca se habría producido y el jugador de la banda derecha jamás habría podido hacer lo que hizo. Fue el esfuerzo de todo el equipo.

Al borde del campo de juego, había estado el entrenador. Había sido él quien logró armar un equipo que por su calidad pudo disputar el campeonato que acababa de finalizar. Había sido su trabajo minucioso a través del cual logró ubicar al mejor jugador en su posición correcta. Había sido él quien había trabajado para que los once jugadores desarrollaran todas sus capacidades futbolísticas, que cada uno diera el máximo de sus virtudes y, al mismo tiempo, minimizara sus puntos flacos. Como líder, fue él quien trabajó para que su equipo alcanzara el triunfo.

¿Cómo alcanza usted la visión que Dios le ha dado? ¿En qué manera hace trabajar a su equipo? Si su visión es de Dios, es más de lo que usted puede manejar con sus propias fuerzas. Necesitará un buen equipo que trabaje con usted para llevar a la realidad esa visión. Mientras más grande sea el sueño, más determinante es el equipo que va a necesitar. Si va a subir una cuesta, no necesita un equipo muy fuerte, pero si piensa ascender al Everest, sí que lo va a necesitar.

El plan de Dios para usted y el grupo que lidera es del tamaño del Monte Everest lo cual requiere un equipo ad hoc. Usted es el líder entrenador y su responsabilidad es obtener lo mejor de sus hombres (y al hablar de hombres nos estamos refiriendo también a mujeres) para poder alcanzar la cima.

Pablo trabajó con un equipo, lo que le permitió alcanzar mucho más de lo que pudo haciéndolo solo mientras preparaba líderes para el futuro. A menudo se refiere a un miembro de su equipo como un compañero o colaborador de trabajo, como leemos en los siguientes versículos:

Así que les enviamos a Timoteo, hermano nuestro y colaborador de Dios en el evangelio de Cristo, con el fin de afianzarlos y animarlos en la fe. (1 Tesalonicenses 3.2)

En cuanto a Tito, es mi compañero y colaborador entre ustedes; y en cuanto a los otros hermanos, son enviados de las iglesias, son una honra para Cristo. (2 Corintios 8.23)

En este capítulo veremos cinco principios en la formación de un equipo que nos ayude a ser más efectivos en nuestra función de líderes.

EL PODER DE UN EQUIPO

Equipos eficientes son grupos poderosos de personas. Tienen potencial para producir en dos áreas:

LOS EQUIPOS PUEDEN PRODUCIR EN MAYOR CANTIDAD

El poder de un equipo de trabajo es que produce más que la suma de los individuos porque multiplican la energía. Varios caballos tirando como equipo pueden mover mucho más que el total de su esfuerzo individual. Si un equipo de caballos se une y uno es capaz de mover 1.600 kilos y otro 1.300 esperaríamos que entre los dos movieran 2.900 kilos; pero juntos, uniendo sus fuerzas, podrían mover hasta 4.000 kilos. Esta fórmula de equipo para producir una cantidad mayor funciona tanto en el reino de los humanos como en el mundo de los caballos.

Este concepto aparece fuertemente respaldado por la propia Escritura. Vea los siguientes versículos:

¿Cómo podría un hombre perseguir a mil si su Roca no los hubiera vendido? ¿Cómo podrían dos hacer huir a mil si el Señor no los hubiera entregado? (Deuteronomio 32.30)

Uno solo puede ser vencido, pero dos pueden resistir. ¡La cuerda de tres hilos no se rompe fácilmente! (Eclesiastés 4.12)

Más valen dos que uno, porque obtienen más fruto de su esfuerzo. (Eclesiastés 4.9)

No hay duda que cuando la gente trabaja como equipo se cumple más fácilmente la tarea propuesta.

LOS EQUIPOS PUEDEN PRODUCIR MÁS CALIDAD

Los equipos no solo pueden hacer más, sino que la calidad es mejor cuando la gente trabaja unida. ¿Cómo ocurre esto?

Los equipos multiplican las ideas

¡Los equipos de trabajo producen mejores ideas porque dos cabezas piensan más que una! Una persona con un papel y un lápiz puede escribir algunas ideas; pero junto con otras, se produce una sinergia que multiplica las ideas y refuerza las que ya existen. Una persona dice: «Yo creo que deberíamos...». Esta chispa provoca otras ideas y alguien más agrega: «¿Qué les parece si...?». Esto desencadena más ideas. De muchas ideas habrá de surgir la que nos servirá para alcanzar la meta. Como dice el autor Ken Blanchard: «Ninguno de nosotros es tan inteligente como todos nosotros».[1]

Los equipos maximizan el vigor

Si yo trabajo solo, no hay forma en que pueda ir más allá de mis puntos débiles. Pero cuando trabajo en equipo, los puntos fuertes de los demás me permitirán concentrarme en mis fuertes. La persona que tiene el don de la palabra puede ayudar a la que es un experto trabajando con las manos. El soñador visionario recibe ayuda del creativo. El sanguíneo puede hacer la venta y el melancólico puede llevar las cuentas. Una persona puede ser buena para conseguir dinero y otra para hacer el mejor uso de él. ¡Juntos pueden hacer un magnífico equipo! El líder en administración y autor, Peter Drucker sabiamente dice: «El propósito de un equipo es hacer efectivas las habilidades de cada integrante y sus debilidades irrelevantes».[2]

He aquí otra forma de ver esto. Si yo estoy trabajando solo y soy fuerte en el 50% de lo que necesito hacer, el 50% lo haré bien pero el otro 50% no tendrá la misma calidad. Estaré trabajando la mitad de mi tiempo en mis puntos fuertes y la mitad en los débiles. Supóngase que usted está en la misma situación pero con puntos fuertes y puntos débiles opuestos. ¿Qué podría pasar si usted y yo nos unimos y cada uno se concentra en sus puntos fuertes? Ambos estaremos trabajando en lo que hacemos bien y nos estaríamos complementando en los puntos débiles. Haremos más y lo que hagamos será mejor. Si usamos números para representar nuestro rendimiento, esto es lo que se vería:

Trabajando solo:		Trabajando juntos:	
Persona uno:	100+50=150	Persona uno:	100+100=200
Persona dos:	50+100=150	Persona dos:	100+100=200
Total rendimiento:	300	Total rendimiento:	400

Cuando yo trabajo solo, la mitad de mi trabajo será bastante pobre, pero cuando trabajo con usted y me concentro solo en mis puntos fuertes, el 100% de mi trabajo resultará efectivo. Trabajando juntos podremos maximizar nuestras capacidades. Calidad y cantidad mejoran.

Bíblicamente, el concepto de los dones espirituales trabaja sobre la premisa de que cada uno necesitamos de los demás para estar completos. Cada parte tiene que hacer la suya para que el todo funcione bien. Pablo dice: «Por su acción todo el cuerpo crece y se edifica en amor, sostenido y ajustado por todos los ligamentos, según la actividad propia de cada miembro» (Efesios 4.16). En 1 Corintios usa la analogía del cuerpo para ilustrar cada parte con la función que le corresponde desempeñar.

Ahora bien, el cuerpo no consta de un solo miembro sino de muchos. Si el pie dijera: «Como no soy mano, no soy del cuerpo», no por eso dejaría de ser parte del cuerpo. Y si la oreja dijera: «Como no soy ojo, no soy del cuerpo», no por eso dejaría de ser parte del cuerpo. Si todo el cuerpo fuera ojo, ¿qué sería del oído? Si todo el cuerpo fuera oído, ¿qué sería del olfato? En realidad, Dios colocó cada miembro del cuerpo como mejor le pareció. (1 Corintios 12.14–18)

EL PROPÓSITO DE UN EQUIPO

¿Para qué tenemos un equipo? Las razones prácticas anotadas arriba justifican fuertemente la existencia de los equipos en lugar de los esfuerzos individuales. Sin embargo, hay una razón fundamental para la existencia de un equipo.

EL PROPÓSITO DEL EQUIPO ES LLEVAR A CABO LA VISIÓN

El equipo existe únicamente para hacer de la visión una realidad. Esto parece obvio, sin embargo en la práctica, muchos equipos pierden de vista su objetivo. Después de algún tiempo de estar funcionando, el equipo puede llegar a creer que existen para beneficio de ellos en lugar de para llevar a cabo la visión. La visión debería mantenerse claramente ante los ojos del equipo y repetida lo suficientemente a menudo como para que los miembros del equipo no olviden cuál es la razón de su existencia como grupo.

Piense en la visión que tiene usted para su iglesia o para su organización. ¿Sabe el equipo cuál es la visión de su líder? ¿Les ha recordado por qué están haciendo lo que hacen? ¿Cómo sabrá usted cuando está consiguiendo avanzar hacia el logro de la visión?

Una de las cosas que hacen de la actividad deportiva algo tan atractivo es que hay una respuesta inmediata porque los números los conocen todos. Cada juego tiene un ganador. En las organizaciones, los líderes son responsables de asegurarse que cada miembro del equipo entienda la meta y el resultado que se espera lograr. En las iglesias esto tiene sus complicaciones, toda vez que con frecuencia la visión es algo tan espiritual que nunca se logra saber cuándo se ganó por lo que a menudo celebrar las victorias se pasa por alto.

Las iglesias ganan cuando...

- Asisten nuevas personas
- Alguien se entrega a Cristo
- Un miembro asume un ministerio
- Alguien sale en misión especial
- Nace un nuevo líder

Piense en otras «victorias» que podría añadir a esta lista del grupo que usted dirige.

Este propósito implica que **la razón de existir de un equipo es más grande que la existencia individual.** El equipo no tiene que ver conmigo, ni tiene que ver con usted, sino que tiene que ver con la razón que hemos sido llamados a ejecutar. Como humanos, tenemos la tendencia de decir: «¿Qué beneficio me reporta esto a mí?». Pero pensar así es un grave error. Ninguno de nosotros estamos en un equipo para beneficio de nosotros mismos aunque el beneficio que produzca alcanzar la visión termine bendiciéndome a mí también.

Nuestra tendencia natural como organización que crece es empezar a pensar que la organización existe para el bienestar de su personal. Si perdemos de vista la visión, empezamos a concentrarnos en nuestras propias necesidades con lo cual el equipo pierde su poder. Cada vez que pongo mi interés por sobre el propósito del equipo, he cometido un serio error. Si se quiere alcanzar todo su potencial, los miembros de un equipo tienen que pensar primero en el equipo, no en ellos mismos. Piense en su equipo y en su función como uno de sus integrantes. ¿Piensa primero en el propósito para el cual el equipo fue formado o piensa en sus propias necesidades y expectativas?

EL PEGAMENTO DE UN EQUIPO

¿Qué es lo que mantiene unido a un equipo? ¿Qué es lo que, como equipo, nos mantendrá moviéndonos en una misma dirección? Debido a que tenemos dones, puntos fuertes, perspectivas y una serie de cosas diversas, es fácil que ese factor nos lleve en direcciones diferentes. Para que un equipo se mantenga unido, necesitamos tener a lo menos tres cosas en común: visión, valores y experiencias.

Visión común

Para que un equipo funcione con efectividad, debemos tener una visión común; es decir, entendida y compartida por todos los miembros del equipo. Obviamente, este no es el propósito de un equipo pero sí es un componente crítico para mantenernos unidos. En la medida que reconozcamos la visión de conjunto, el equipo dispondrá de un cuadro claro sobre cómo la parte de cada uno se ajusta perfectamente a la visión global. Nuestra participación puede ser de liderazgo o quizás de apoyo o respaldo, pero cada miembro del equipo debe entender cómo va a contribuir a alcanzar la visión común.

Piense en su equipo y evalúe dónde califica usted en esta área:

Calificación: ¿cómo estamos en el área de visión común? (1 a 10, con 10 como puntaje perfecto) _____

Valores comunes

Es posible que todos estemos avanzando en pos de la misma visión pero tener ideas diferentes sobre cómo lo vamos a lograr. Una persona puede valorar la intimidad que se puede conseguir en un grupo pequeño mientras que otra puede pensar que un crecimiento mayor es la forma de avanzar. No podemos trabajar juntos como equipo a menos que compartamos valores comunes. Es necesario identificar y hablar sobre los valores para asegurarnos que se llevan a cabo como un esfuerzo común. Usted podría comenzar identificando lo que valora viendo de qué manera se beneficia su organización. O podría dirigir su grupo mediante un proceso de descubrir qué valores sustentan en común y luego trabajar para reforzar estos valores.

Calificación: ¿cómo estamos en el área de compartir valores comunes? (1 a 10, con 10 como puntaje perfecto) _____

EXPERIENCIAS COMUNES

Compartir experiencias edifica al equipo. Pueden ser charlas informales sostenidas mientras se toma una taza de café, cosas que se comentan relacionadas con nuestras familias y otros asuntos significativos u orando juntos; o algo expresado en entornos más formales como un retiro o tiempo fuera del horario de trabajo. Las experiencias que se comparten fortalecen el entendimiento y la confianza, elementos esenciales para que los equipos funcionen con eficiencia.

Si usted está dirigiendo una empresa o una organización no lucrativa, pregúntese qué debe hacer para promover experiencias comunes. ¿Alienta las conversaciones en los pasillos o durante el tiempo de descanso? ¿Acostumbra usted llevar a su equipo aparte para pasar unos minutos compartiendo la visión o fortaleciendo la confianza mutua?

Si usted dirige un grupo de la iglesia, piense en cómo fortalecer experiencias comunes para su equipo. Esto puede incluir comidas juntos en el ambiente de la iglesia o en las casas, retiros de la iglesia, experiencias ministeriales comunes, proyectos de trabajo, tiempos para relajamiento y entretención juntos, etc. Piense en otras alternativas.

Calificación: ¿cómo estamos en el área de experiencias comunes? (1 a10, con 10 como puntaje perfecto) _____

LOS PROBLEMAS DE UN EQUIPO

Los equipos de trabajo hacen que los sueños funcionen pero esto no ocurre automáticamente ni en manera fácil. Hay obstáculos comunes que muchas veces impiden que los equipos funcionen bien. Por esto es que el líder necesita construir un equipo. Brian Molitor en su libro *The Power of Agreement* escribe: «La gente tiene que convencerse del privilegio que significa cooperar con sus pares. No nos equivocamos al decir que para muchas personas, cooperar con otros no es natural. Es algo extraño que debemos enseñar y estar reforzando continuamente después que el entrenamiento haya concluido».[3]

Vamos a analizar a tres gigantes que son capaces de matar un equipo de trabajo:

DESCONFIANZA

La **confianza** es esencial si vamos a trabajar juntos. Yo debo confiar en usted, a tal grado que deje que compense con sus habilidades algunos de mis puntos débiles. Yo necesito confiar que usted, como yo, está llevando adelante las mismas metas y mis mismos valores.

Patrick Lencioni en *The Five Dysfunctions of a Team* dice que la confianza es básica en un equipo y se crea por una voluntad a ser vulnerable. Lencioni anima a los equipos a desarrollar confianza simplemente conociendo a las otras personas y aprendiendo a reconocer las virtudes y debilidades de cada individuo.[4] Sin confianza, el equipo va a perder tiempo rodeando los asuntos sin estar dispuesto a disentir.

Si no podemos disentir abiertamente, no lograremos progresar en el trabajo y no podremos aportar con nuestras ideas ni comprometernos con la acción acordada por el equipo.

Desarrollar confianza es una prioridad para un líder de equipo. Asegúrese primero que usted sea una persona digna de confianza. La confianza se construye con el tiempo y no hay atajos. En *Los 7 hábitos de la gente altamente efectiva* Stephen R. Covey escribe: «Si cumplimos las promesas que nos hacemos a nosotros mismos y a otros, poco a poco nuestra honra llegará a ser más grande que nuestro humor y las variantes que pudiere tener».[5] A medida que esto ocurra estaremos desarrollando confianza a los ojos de los demás. Entonces, para comenzar, podremos enfocarnos en crear confianza en nuestro equipo usando algunas de las sugerencias anotadas arriba.

Evaluación: ¿cómo estamos en esta área de confianza en una escala de 1 a 10? _____

FALTA DE COMUNICACIÓN

No faltan los problemas en un equipo debido a una comunicación deficiente, trátese de ausencia de comunicación o comunicación mal desarrollada. Es muy fácil que alguien se sienta herido en sus sentimientos porque no se le escucha o porque se le ha dejado al margen del flujo de información dentro del equipo. Una comunicación clara fortalece al equipo.

Cuando vea que hay una comunicación deficiente, practique la regla de las veinticuatro horas. Nunca deje algo sin resolver más allá de veinticuatro horas. Háblelo. Confróntelo. No tratarlo a tiempo y resolverlo puede afectar negativamente al equipo.

En el mundo de hoy usamos la comunicación electrónica cada vez con mayor frecuencia. El correo electrónico es una gran herramienta para ayudarnos a trabajar juntos pero es tremendamente limitada en cuanto a la comunicación de sentimientos, pensamientos e ideas y tampoco sirve mucho para desarrollar relaciones fuertes. Si, en su caso se producen conflictos en la comunicación y, si le es posible, use la comunicación cara a cara. Use el correo electrónico para comunicar información o asuntos que tienen menos peligro de ser afectados por los malos entendidos.

Evaluación: ¿cómo estamos en el área de la comunicación en una escala de 1 a 10? _____

FALTA DE CRECIMIENTO

En varios capítulos anteriores hemos considerado lo referente al crecimiento individual. Pero esta es un área muy extensa que afecta al desarrollo de un equipo y no únicamente al individuo. Así como una cadena es tan fuerte como lo es su eslabón más débil, el equipo será tan fuerte como su integrante más débil.

Los individuos componentes de un equipo deben ser apasionados acerca de su propio crecimiento pero, a la vez, el equipo como tal debería comprometerse colectivamente en el crecimiento conjunto. Los equipos deben reconocer que si no crecen, la organización entera se detendrá en su crecimiento. El equipo puede aprender a trabajar juntos más efectivamente, a manejar mejor el tiempo, a confiar más, a enfocarse en los puntos fuertes de los otros, etc. Pero esto solo ocurrirá si el equipo crece y se desarrolla. No espere que ocurra crecimiento en la organización si el equipo se mantiene en el mismo nivel. Me gusta el humor del proverbio: «Si usted sigue haciendo lo que ha hecho siempre, siempre conseguirá lo que ha conseguido siempre».[6] El crecimiento en la organización vendrá a través del crecimiento individual en la organización o reemplazando a los individuos con gente nueva. Mi sugerencia es que es más sabio ayudar a su equipo a crecer.

¿Está creciendo su equipo? ¿Está usted extendiéndose para llegar a ser todo lo que Dios quiso que fuera? ¿Está usted dispuesto a cambiar la forma en que ha venido haciendo las cosas con la intención de crecer? ¿Se toma el tiempo necesario para crecer? ¿Ha desarrollado en su organización una cultura de crecimiento?

Evaluación: ¿cómo estamos en esta área de crecimiento en una escala de 1 a 10? _____

LA PRÁCTICA DE UN EQUIPO

Vamos a aplicar los principios que hemos aprendido en este capítulo al examinar lo que cada miembro puede hacer para fortalecer el equipo.

Reconozca su función

Sea absolutamente claro en cuanto a cómo su función encaja en el cuadro general del equipo. No subvalore ni sobrevalore su función. Ponga al equipo por sobre las ambiciones personales pero reconozca el valor de su contribución. Entienda que su función no es ser el equipo entero; usted juega una parte y necesita que las otras jueguen la suya. Tómese un momento para escribir, en forma tan concisa como le sea posible, la función que usted desempeña en el equipo y la forma en que contribuye al trabajo total.

_____

_____

_____

_____

_____

_____

_____

_____

_____

_____

_____

_____

_____

FORTALEZCA SU PAPEL

Desarróllese de tal manera que sobresalga en lo que hace. Cuando hace su trabajo con excelencia, todo el equipo se beneficia. A la inversa, si lo hace deficientemente, todo el equipo lo resiente. Un piso sucio puede hacer que un visitante no regrese; una observación descomedida puede alejar a un miembro potencial o a un cliente. Si no se manejan bien las finanzas, los líderes pueden no hacer las mejores decisiones. Si los documentos no se ponen en forma ordenada, la reunión lucirá desorganizada. Su función necesita ser ejecutada como que es decisiva para la misión ¡y de hecho lo es! Esto debería ser motivo suficiente como para un más grande desarrollo de las habilidades o de la capacidad. En su carta informativa «Leadership Wired», Maxwell incluye un desafío a desarrollar. Dice:

Usted no puede dar lo que no tiene; por lo tanto, la autosuperación precede a la superación del equipo. El primer paso hacia la superación del equipo es que se supere usted... La mejor manera en que yo puedo agregar valor a mi equipo es haciéndome yo mismo más valioso. Si puedo llegar a ser un mejor jugador, si puedo mantenerme mejorando mis habilidades, si puedo estarme extendiendo interiormente en forma constante entonces tendré la capacidad para que otros crezcan. Demasiadas personas todavía están tratando de dar lo que aprendieron quince años atrás lo que los pone en serias dificultades.[7]

¿Qué pasos necesita dar para fortalecer su función?

- _____
- _____
- _____
- _____
- _____
- _____
- _____

RECONOZCA LA FUNCIÓN DE LOS DEMÁS

Todas las personas de su equipo son necesarias; por lo tanto, usted debe reconocer el valor de lo que los demás aportan. En el trabajo en conjunto, sus diferencias llegan a ser la fuerza del equipo. Haga un esfuerzo deliberado para entender y valorar la contribución única que cada uno hace a su equipo. Sea generoso al expresar su agradecimiento a los demás miembros por lo que hacen a favor del equipo. Ahora tómese un momento para agradecer a alguien en su equipo por la forma en que se desempeña. Use el correo electrónico, una nota o una llamada telefónica para darle las gracias.

PASE LA BOLA

¿Recuerda nuestra historia del partido de fútbol? El jugador marcó el gol que les dio el triunfo porque un compañero le pasó la bola. En ese preciso segundo, el jugador que hizo el gol era la persona correcta porque resultó ser el mejor del equipo. Otros seguramente habrían querido marcar el gol pero habría sido una actitud de egoísmo que un jugador en una posición menos ventajosa hubiera intentado hacer el gol. Se habrían privado de la victoria.

¿Qué podemos aprender de esta ilustración? Hay ocasiones en que necesitamos pasar la bola a otros en el equipo; darle a otro la oportunidad de alcanzar el éxito. ¡Cuando él marca, usted también marca! No necesitamos superestrellas sino jugadores que beneficien al conjunto.

A nosotros nos puede encantar hacer determinado trabajo pero si alguien lo puede hacer mejor o si hay cosas que podemos hacer para ayudar mejor al equipo, debemos pasar la bola. Esto no es descargar nuestro trabajo en los hombros de otros sino permitirles que brillen en áreas en las que son más fuertes que nosotros a la vez que estamos fortaleciendo al equipo.

Para reflexionar: ¿hay cosas que yo estoy haciendo que debería pasarlas a otros miembros de mi equipo?

CELEBRE LAS VICTORIAS

Una de las razones para que las actividades deportivas sean tan populares es que dan la oportunidad de celebrar las victorias. A todos nos gusta celebrar y los equipos saben cómo hacerlo juntos. El trabajo de un líder es llevar al equipo a la victoria y luego celebrar lo que se logró. Cuando usted haya hecho un buen trabajo, ¡deténgase un momento para celebrar! Busque una oportunidad para reconocer las victorias.

Busque formas de honrar los logros individuales así como para los miembros del equipo, tales como cumpleaños, aniversarios, graduaciones, etc. Las celebraciones son recompensas al esfuerzo y constituyen un impulso para el futuro.

¿Cómo podría celebrar una reciente victoria con su equipo?

Autoevaluación: de las cinco acciones enumeradas arriba ¿en qué área soy yo más fuerte?

¿Más débil?

¿Qué necesito hacer para cambiar?

CONCLUSIÓN

Los líderes eficientes trabajan conscientemente para formar equipos fuertes. Reconozca que no subirá más arriba que el equipo que le rodea. Selecciónelos bien, prepárelos bien y trabaje eficientemente con ellos. Así hará realidad el sueño que Dios le ha dado. Complete la asignación para la acción para ver cuánto ha aprendido y para desarrollar un plan de acción para su equipo.

ASIGNACIÓN PARA LA ACCIÓN

Identifique su equipo. ¿A quién considero mi «equipo»? (Puede ser un comité, una junta de directores, un grupo de trabajo, un grupo informal, etc.)

Califique a su equipo

1. Trabaje con las calificaciones del capítulo y evalúe su equipo con cada una de las preguntas.

2. Escoja una de las calificaciones que sienta que ha sido la más alta para su equipo. Escríbala a continuación y dé un ejemplo de por qué usted siente que su equipo es más fuerte en esta área.

3. Escoja una de las calificaciones más bajas para su equipo. Escríbala a continuación y explique por qué es baja.

¿Qué se puede hacer para fortalecer esta área del esfuerzo del equipo?

Califíquese usted mismo

1. ¿Hasta dónde valoro mi equipo?
   ¿En qué forma lo demuestro?

2. ¿Me veo a mí mismo como un miembro del equipo o como un jugador individual?

3. ¿Cuál es mi contribución individual al equipo?

4. ¿Qué puedo hacer para fortalecer mi aporte y así mejorar al equipo en su totalidad?

5. ¿Qué otros pasos me está llamando Dios a dar para fortalecer nuestro equipo? (Sea tan específico como le sea posible e incluya cómo y cuándo va a dar esos pasos.)

Capítulo 11

EL LÍDER Y LOS DONES ESPIRITUALES

E ran las 6:30 de aquella mañana de domingo, treinta minutos antes del comienzo de nuestro primer servicio cuando llegué a la propiedad de la iglesia. En la entrada había dos hermanos instalando una pancarta especial para dar la bienvenida a las visitas. El jefe de los ujieres estaba ocupado preparando los boletines y dejando los platos para la ofrenda listos para el servicio. Otro miembro estaba probando el equipo de sonido y asegurándose que todo funcionara bien mientras los músicos afinaban sus instrumentos. Varias personas se dedicaban a limpiar los asientos para quitar cualquier vestigio de polvo. Los intercesores estaban en el subterráneo orando por el servicio. Los miembros del ministerio de hospitalidad estaban preparando el salón donde darían la bienvenida a los visitantes. Todo esto ocurría sin que yo tuviera que estar directamente involucrado.

Su iglesia tiene el mismo potencial que la mía. En sus seguidores hay el mismo potencial que al activarse podrá producir en su iglesia nueva vida y nueva energía, podrá expandir su ministerio a la vez que reducirá su estrés. El secreto yace en liberar el poder de los dones espirituales en su iglesia. Su trabajo como líder es: 1) entender el plan de Dios para los dones espirituales, y 2) usarlos.

Un pasaje clave para entender el plan de Dios lo encontramos en Efesios 4.11–16.

Él mismo constituyó a unos, apóstoles; a otros, profetas; a otros, evangelistas; y a otros, pastores y maestros, a fin de capacitar al pueblo de Dios para la obra de servicio, para edificar el cuerpo de Cristo. De este modo, todos llegaremos a la unidad de la fe y del conocimiento del Hijo de Dios, a una humanidad perfecta que se conforme a la plena estatura de Cristo. Así que ya no seremos niños, zarandeados por las olas y llevados de aquí para allá por todo viento de enseñanza y por la astucia y los artificios de quienes emplean artimañas engañosas. Más bien, al vivir la verdad con amor, creceremos hasta ser en todo como aquel que es la cabeza, es decir, Cristo. Por su acción, todo el cuerpo crece y se edifica en amor, sostenido y ajustado por todos los ligamentos, según la actividad propia de cada miembro.

Hay varias enseñanzas clave en este pasaje que le ayudarán a entender el plan de Dios para los dones espirituales.

LOS DONES SE DAN A TODOS LOS CREYENTES

En este y otros pasajes (Efesios 4.7; 1 Corintios 12.7), Dios hace claro que ha dado un don espiritual a cada creyente. Esto lo incluye a usted y a todo creyente de su iglesia. He hablado a muchos creyentes que no creían que tenían un don hasta que les mostré lo que enseña la Biblia. Una vez que creen que Dios les ha dado un don, quieren descubrirlo y empezar a usarlo en la iglesia.

EL PLAN DE DIOS ES PARA QUE LOS LÍDERES PREPAREN A LOS MIEMBROS

Pablo identifica estos dones de liderazgo, a veces llamados los cinco ministerios: apóstoles, profetas, evangelistas y pastores o maestros. ¿Cuál es su responsabilidad como líder? ¿Es hacer el ministerio? ¡NO! ¡MIL VECES NO! Su responsabilidad es preparar a la gente para el trabajo.

Muchos pastores y líderes de iglesias piensan que Dios los juzgará por cuánta cantidad de trabajo hicieron: cuántos trajeron al reino y a cuántos enfermos visitaron. Pero el estándar de Dios es completamente diferente. El trabajo que ha dado a los líderes es *preparar a las personas para el ministerio*. Cualquiera cosa menos de esto es no dar la talla. ¡Qué revolución experimentarían nuestras iglesias si los líderes entendieran y abrazaran este concepto!

EL PLAN DE DIOS PARA CADA CREYENTE ES QUE USE SU DON

El pueblo de Dios debe estar preparado para «la obra del ministerio» y crecer «según la actividad propia de cada miembro». En su ejército, Dios tiene un trabajo para cada uno; nadie se enlista para quedarse sentado. Cuando los creyentes usan sus dones, crecen. Pablo hace muy claro que si los cristianos no están usando sus dones, se quedan sin madurar en su fe. Pero cuando los dones espirituales se usan, los creyentes crecen espiritualmente y también permiten que la iglesia crezca en número de miembros. Esto ocurre porque muchas personas se involucran en el trabajo y así, la carga se comparte. Esto crea una atmósfera en la cual las personas son altamente motivadas a participar. ¡No necesitamos más espectadores en la iglesia; necesitamos más «participantes»!

¿Ve usted el punto? Solo visualice los resultados del emocionante crecimiento que se liberará cuando usted comience a enfatizar los dones espirituales. Medite en el mensaje de Pablo y deje que se establezca en lo profundo de su corazón. Usted no tiene que hacer todo el trabajo; en realidad, no hará nada. Su trabajo es preparar a otros para que hagan el trabajo. Si falla en esto, perderá lo mejor de Dios en su vida y ministerio.

¿Qué puede hacer un líder para usar los dones que Dios ha puesto en la iglesia? Hay por lo menos dos cosas que usted puede hacer.

Primero, *conozca su propio don*. Sería muy difícil para usted preparar a otros en sus dones si usted no conoce cuál es el suyo. Cuando conozca su propio don estará en capacidad de trabajar para hacerlo más efectivo. Pablo le dijo a Timoteo según leemos en 2 Timoteo 1.6: «Por eso te recomiendo que avives la llama del don de Dios que recibiste cuando te impuse las manos». «Avivar» significa trabajar en ello, desarrollarlo y hacerlo más poderoso en el ministerio. Nuestros dones nos han sido dados sobrenaturalmente pero Dios espera que nosotros los desarrollemos. No se detenga a observar a alguien que ha alcanzado un desarrollo excepcional en un cierto don ni piense que Dios derramó su Espíritu en ese hermano. No. Dios le dio el don, pero el hermano lo desarrolló.

Cometió errores, aprendió y creció hasta ministrar poderosamente en esa área.

> Su trabajo es preparar a otros para que hagan el trabajo. Si falla en esto, perderá lo mejor de Dios en su vida y ministerio.

Conocer su don y usarlo le permitirá también ser liberado de su sentimiento de culpa. Mi don es enseñar y Dios cambia las vidas de las personas cuando yo uso ese don. Sin embargo, no veo multitudes salvadas en mi ministerio ya que yo no tengo el don de evangelista. No debería sentirme culpable ya que ese no es mi don. Me puedo concentrar en la enseñanza y animar a las personas con el don de evangelización para que sobresalgan en esa área.

Si usted no conoce su don espiritual, le recomiendo que lea mi libro *Use That Gift* u otro libro que trate el tema de los dones espirituales.

Segundo, *prepare a otros para que usen su don.* Hemos identificado el plan de Dios para los líderes que es preparar a otros en la iglesia para el ministerio. Si aplicamos esta verdad en nuestras vidas, qué tremenda diferencia hará en nuestro ministerio. Esto es discipular, preparar y entrenar para el liderazgo todo de una vez.

¿Cómo podemos desarrollar los dones de otros? Veamos los siguientes cinco pasos:

EVALUAR

El primer paso en el proceso de preparación es evaluar a las personas con las que está trabajando para detectar su don espiritual. Un líder debería entender a su gente, especialmente a aquellos que están más cerca de él. Tratándose de un pastor, debería pensar en sus ancianos, sus diáconos, la junta de directores de la iglesia y preguntarse: «¿Conozco el don de cada uno?». A continuación hay tres cosas que deben buscarse en la evaluación de una persona.

A. Examine su rendimiento

Fíjese en las cosas que las personas hacen bien. ¿Dónde es que son más eficientes? Busque los frutos en un área en particular de sus vidas en las que Dios realmente las usa. ¿Dónde está el fruto? ¿Dónde brillan?

B. EXAMINE SU PASIÓN

¿Qué de verdad los entusiasma? ¿Cuándo puede ver el fuego reflejado en sus ojos? Quizás sea en la evangelización, en el servicio a otros, en la administración. El área en la cual Dios los ha dotado producirá pasión en ellos. Piense en esto cuando está poniendo personas en los comités.

C. EXAMINE SUS PRIORIDADES

Pregunte: «¿Qué es lo más importante para hacer en la iglesia? Va a obtener diversas respuestas, dependiendo de las prioridades de cada persona. Por lo general, sus prioridades están vinculadas con sus dones.

Cuando encuentre áreas en las cuales una persona está trabajando bien, tiene una pasión y ve una prioridad clave en la iglesia, lo más probable es que ha identificado su talento.

CAPACITAR

Una vez que ha identificado los dones espirituales de las personas, usted necesita capacitarlas para el ministerio. Esto requiere tiempo y energía. ¿Cómo puede entrenarlas?

Primero, **enséñeles**. Enseñar a las personas en cuanto a sus dones espirituales es fundamental para los nuevos creyentes después que se han conectado en la fe. Dedique varios sermones en el servicio del domingo para enseñar acerca de los dones espirituales. Luego, agrupe a la gente de acuerdo con sus dones y enséñeles más específicamente.

Segundo, **entrénelos**. Con demasiada frecuencia asumimos que debido a que la gente tiene un don, saben cómo usarlo. Pero no siempre es así; por eso, necesitamos entrenarlos. Si es el don de profecía, deben de aprender cómo hacerlo bien. Si han recibido el don del servicio y están solicitando se les nombre como ujieres, debemos enseñarles lo que implica ser ujier. Si es el de dirigir la adoración, alguien necesita decirles cómo deben de hacerlo. Su primer trabajo como líder es preparar a otros, entrenarlos para el ministerio. Si no sabe cómo hacerlo por sí mismo, su responsabilidad es encontrar a alguien que prepare a estas personas.

Esto tomará tiempo, compromiso, dinero y paciencia. Esté preparado a invertir fuertemente en las vidas de su gente. Programe seminarios, algún tipo de enseñanza informal y consejería individual. Deberá entender que, inicialmente, entrenar a otros le tomará más tiempo que si hiciera usted mismo el trabajo. Pero al final, verá que esta es una inversión sabia que rendirá grandes resultados.

ÚNALOS CON OTROS CON EL MISMO DON

Ponga juntas a las personas con el mismo don. Es posible que deba llamar a una reunión a todos los que tengan el don de sanidad. En esa reunión puede hacerse el entrenamiento. También en este contexto se puede desarrollar un plan de mentoría utilizando a quienes tienen más experiencia para guiar a los más jóvenes. Un tiempo para compartir experiencias, éxitos y fracasos ayudará a que los participantes crezcan fuertes. Saber quiénes tienen el mismo don también le puede proveer mucho estímulo.

INSPIRACIÓN

La gente necesita inspiración, saber que su trabajo es importante. Tiene mucho más valor cuando la inspiración proviene del líder. La persona que hace el aseo necesita que se la estimule haciéndole ver que su trabajo es vital. El coro responde a los recordatorios de que la unción en el canto es vital en la adoración. Cada persona debe ver su trabajo como algo imprescindible para que la iglesia alcance todas sus metas. Nunca diga: «Su trabajo es el *más* importante» sino que asegúrese que todos sean conscientes de la importancia de su participación en el trabajo global.

¿Cómo puede usted inspirar a las personas para que usen su don? A continuación tenemos cuatro formas prácticas de hacerlo.

1. Afirmación verbal y estímulo. Hable con la gente. Estimúlelos. Dígale al ujier, él o ella, que luce muy bien. Agradezca al equipo de adoración por el tiempo y el esfuerzo que les toma practicar para cantar tan bien.

2. Una nota escrita. No le va a tomar más de tres minutos escribir una nota que alguien puede conservar en su Biblia por años. Agradézcales por servir al Señor con usted. ¡Una nota personal breve hace maravillas! Propóngase como meta escribir por lo menos una cada semana.

3. **Reconocimiento público.** Reconozca a las personas que están usando sus dones. Felicite a un servicio destacado sin ofender a los demás. Conceda un premio mensual por el servicio o resalte un ministerio especial en el boletín de la iglesia. Que los ujieres permanezcan de pie mientras se les brinda un aplauso. ¡Eso es estimular! ¡El pastor se interesa por lo que yo estoy haciendo!

4. **Entrenamiento continuo.** Preocúpese que los dones tengan la oportunidad de crecer. Esto demuestra que usted valoriza lo que se está haciendo. Organice seminarios para profesores, para líderes de jóvenes y otros colaboradores. Efectúe retiros para sus líderes clave. Comparta algún artículo o un libro que le parezca que puede ayudarles a crecer.

PROMUEVA

El paso final en cuanto a la preparación es promover a cada persona a través de un reconocimiento público. Al hacerlo, usted les está diciendo cuánto aprecia su contribución y, a la vez, crea un clima donde los dones espirituales prosperan.

La promoción incluye dar a las personas una responsabilidad mayor cuando amerita. Si han servido bien en un área, están listos para una responsabilidad mayor. *¡Tenga cuidado, sin embargo, de no promoverlos fuera de su don!* Por ejemplo: no porque hayan hecho un excelente servicio como ujieres lo van a hacer en el comité de misiones. Pero déles la oportunidad para que su don sea promovido. Si han enseñado bien, asígneles algo mayor. Si han sido buenos maestros en la escuela dominical considere la posibilidad que puedan enseñar a otros maestros (siempre que también estén dotados en esta área).

CONCLUSIÓN

En su condición de líder, dé alta prioridad al desarrollo de los dones en su gente. Comience por reconocer y desarrollar los dones de los que están más cerca de usted en el trabajo. En un grupo pequeño, busque dones y enciéndalos. Identifique en su ministerio de jóvenes los dones que haya y póngalos a trabajar. Libere los dones y observe a su gente y a su iglesia para ver cómo crecen.

ASIGNACIÓN PARA LA ACCIÓN

1.   Evalúe cuidadosamente su propio don. (Use como ayuda la lista de dones que aparece en los pasajes siguientes: 1 Corintios 12.8–31; Romanos 12.1–8; Efesios 4.11.) ¿Cuál es su don primario? ¿Qué otros dones siente que le ha dado Dios?

2.   Vaya a una persona muy cercana a usted (su cónyuge si es casado o casada) y pregúntele qué don —o dones— ve en usted. ¿Qué don o dones identificó?

3.   ¿Qué está haciendo usted para desarrollar su don?

4.   Escriba abajo los nombres de a lo menos cinco personas a las que usted está dirigiendo. (Si usted es pastor podrían ser sus ancianos o los miembros del concilio o junta.) Al lado de cada nombre anote el don o los dones que usted siente que esa persona tiene.

Nombre	Dones espirituales
A.	
B.	
C.	
D.	
E.	

¿Qué puede hacer para PREPARAR a estas personas? Sea específico y ponga una fecha para hacerlo. Su plan puede ser para solo una persona o para el grupo completo según aparecen abajo.

1.

2.

3.

Capítulo 12

EL LÍDER Y LA DISCIPLINA
EN LA IGLESIA

Jaime se dirigía lentamente a su casa. Se veía cansado después de un largo día de trabajo. Cuando estaba por trasponer la puerta vio venir, de la dirección opuesta, a su vecina Janet. Janet era una joven soltera de su iglesia e integrante del coro. Vio que con ella venía un joven y Jaime se preguntó quién podría ser. Iban tan concentrados en la conversación que pasaron al lado de Jaime sin percatarse de su presencia. Cuando los vio entrar a la casa de ella, Jaime oró a Dios para que la protegiera contra cualquier ataque del enemigo. El resto del día lo pasó preocupado, pensando en la hermana Janet y preguntándose si el joven aún estaba con ella. *¿Qué podía haberle pasado en su relación con Dios?*

A la mañana siguiente, Jaime salió de su casa rumbo al trabajo. Para su sorpresa vio a Janet saliendo apresuradamente con el mismo joven. Ahora estaba seguro que algo andaba mal. Pasó el día pensando en lo que podría hacer. ¿Informaría de la situación al pastor? Quizás hablaría con la hermana de Janet y le pediría que hablara con ella sobre lo que Jaime había visto. O quizás sería mejor no decir nada y, en su lugar, orar. O informar al grupo que se reunía, precisamente, esa noche y pedirle que oraran por la joven.

Por fin, optó por pedir consejo, así es que fue donde usted y le contó la historia. ¿Qué le habría dicho usted? (Decida antes de seguir leyendo.) Este capítulo le va a ayudar a entender el proceso bíblico para manejar los asuntos de disciplina en la iglesia. Conflictos, pecado y relaciones rotas son una parte real de la vida de una iglesia con las cuales el líder tiene que vérselas. La disciplina de la iglesia es una de las tareas más desagradables del liderazgo pero no es posible ignorarla.

Sería maravilloso si nunca hubiera que tratar asuntos de disciplina, pero es un hecho triste de la vida cristiana que no todos los que comienzan la carrera, la terminan. A lo largo del camino algunos volverán atrás. ¿Qué hacer cuando se presente un caso así? Las transgresiones se van a presentar. ¿Cómo manejarlas? ¿Cuál es la responsabilidad de la iglesia y cómo puede trabajarse a la manera de Cristo? ¿Cómo nosotros, como líderes, guiamos a la iglesia en el área de la disciplina? Estas son algunas de las preguntas que vamos a responder en este capítulo.

EL PROPÓSITO DE LA DISCIPLINA

¿Cuál es el propósito primario para la disciplina en la iglesia? ¿Es para castigar al que se porta mal? ¿Es para mantener pura la iglesia? ¿Es para demostrar nuestra autoridad? ¿Es para mantener un testimonio claro en la comunidad? La Escritura nos da dos razones para la aplicación de la disciplina.

El primer propósito es para **expresar amor**. Es posible que esto lo sorprenda pero yo creo que es el motivo fundamental de toda disciplina. ¿Por qué nos disciplina Dios? Hebreos 12.6, 10 nos da la respuesta: «Porque el Señor disciplina a los que ama, y azota a todo el que recibe como hijo. En efecto, nuestros padres nos disciplinaban por un breve tiempo, como mejor les parecía; pero Dios lo hace para nuestro bien, a fin de que participemos de su santidad». Dios nos ama y a veces su amor lo obliga a adoptar medidas dolorosas para que podamos ser más como él es. Pero el motivo es su amor. Pablo se hace eco de este pensamiento cuando le dice a Timoteo que no permita enseñar a los falsos maestros. «Debes hacerlo así para que el amor brote de un corazón limpio, de una buena conciencia y de una fe sincera» (1 Timoteo 1.5).

Pudiera parecer contradictorio pensar en la disciplina como una expresión de amor. Sin embargo, el amor debe hacer siempre lo que es mejor para la persona y a veces eso significa disciplina. Si yo digo que amo a mis hijos pero no los disciplino, ¿qué clase de amor es ese? Mi amor por ellos demanda que los discipline cuando ellos hacen algo erróneo, que los corrija y eduque apropiadamente. Amor y disciplina van juntos. Y jamás debería existir el uno sin el otro. Si no disciplinamos con amor verdadero, no estamos disciplinando como lo hace Dios.

Un segundo propósito para disciplinar en la iglesia es **salvar**. Nuestra meta al disciplinar debería ser salvar a la persona. Pablo dijo que la iglesia de Corinto debería poner a uno de sus miembros fuera del compañerismo «para destrucción de su naturaleza pecaminosa a fin de que su espíritu sea salvo en el día del Señor» (1 Corintios 5.5).

Disciplinar es salvar.

La disciplina en la iglesia debería aplicarse únicamente con el propósito de salvar a la persona implicada. El infractor debería ser obligado a abandonar la iglesia solo como último recurso y con el propósito de que esa persona sea salva. En esencia, la iglesia está diciendo: «La única forma que creemos que usted puede ser salvo ahora de una destrucción eterna es sacarlo de la iglesia para que pueda experimentar el dolor que trae arrepentimiento».

Todo lo que hacemos en la iglesia tiene la finalidad de salvar a los perdidos. Nuestra meta no puede ser la destrucción de nadie; estamos aquí para salvar y traer a los salvados al reino eterno de Dios.

DISCIPLINAR ES SALVAR. Es purificar a la persona y traerla al arrepentimiento, no castigarla por su pecado. A veces los líderes se sienten tentados a pensar que se les ha dado autoridad para castigar a la gente por su pecado. Yo no encuentro nada en la Escritura que respalde esta idea. En 2 Corintios 13.10, Pablo dice acerca de su autoridad: «Conforme a la autoridad que Dios me ha dado para edificación, y no para destrucción». Debemos ser muy cuidadosos en cómo usamos la autoridad que Dios nos ha dado.

«Pero» es posible que usted pregunte, «¿qué me dice de la pureza de la iglesia?». ¿No disciplinamos para mantener la iglesia pura? ¡Busqué algún pasaje de la Escritura que pudiera apoyar este concepto y no encontré ninguno! (Posiblemente «Limpiaos de la vieja levadura» de 1 Corintios 5.6, 7 podría usarse para tal fin; sin embargo, el contexto de este pasaje no deja dudas de que la excomunión se haría «para destrucción de la carne, a fin de que el espíritu sea salvo en el día del Señor Jesús».)

Cuando no pude encontrar una evidencia firme que respaldara la idea de que la disciplina tiene como propósito mantener la iglesia pura, me puse a pensar. ¿Por qué la Escritura no da esta razón para la aplicación de disciplina en la iglesia? Yo creo que cuando se disciplina para mantener la iglesia pura estamos sugiriendo que no estamos motivados por el amor hacia la persona sujeta a disciplina. ¿Qué es lo que quiero decir? Cuando hay un miembro que ha pecado y la disciplina se hace necesaria, yo podría sentirme tentado a pensar que por mantener la pureza de la iglesia esta persona debería ser privada de la comunión. Y con esto, estaría demostrando que yo amo más a la iglesia que a esa persona. Que estoy más preocupado por mi reputación como líder o por nuestra reputación como iglesia que por la persona afectada. La disciplina aplicada por motivo de la pureza se está enfocando en la organización en lugar de en la persona. Si realmente amamos a la persona, la disciplinaremos y la iglesia se conservará pura pero si nuestro enfoque es la pureza de la iglesia, estaríamos disciplinando sin amor y a la vez estaríamos contaminando lo que queremos preservar puro.

¿Qué ocurre cuando la disciplina se aplica para mantener la iglesia pura? La persona bajo disciplina puede sentir este motivo y reaccionar negativamente en lugar de humillarse. También será difícil para nosotros recibir a la persona de vuelta porque estuvimos motivados por una preocupación por la iglesia y no por la persona. Sí. Jesús quiere que su iglesia sea pura y nosotros necesitamos ser cuidadosos en preservar el buen nombre de ella, pero este no debería ser el propósito de nuestra disciplina.

Pensemos en la manera en que aplicamos disciplina dentro de nuestras familias. Pongamos un caso hipotético: yo llevo a mis hijos de visita a la casa de alguien y allí, uno de ellos hace una observación en voz alta que me llena de vergüenza: «¡Papá, mira; este sillón está roto!». Yo me siento tan mal que quisiera castigarlo allí mismo. Pero si lo hiciera, lo haría por un motivo egoísta. Estaría más preocupado por mí mismo que porque mi hijo madure. Si lo llegase a disciplinar sería motivado por mi amor hacia él y mi deseo de verlo madurar. La disciplina a los hijos y la disciplina en la iglesia están muy relacionadas. (Quizás esta sea parte de la razón por la que Pablo demanda que los líderes disciplinen bien a sus familias.) Cuando en la iglesia alguien peca y nos avergonzamos de lo que puedan decir al respecto los no cristianos podríamos ir fuera de la iglesia y golpear a alguien porque nos ha avergonzado. En tal caso, nuestra motivación sería egoísta en lugar de una disciplina basada en el amor.

Recuerde esto cuando se enfrente a un asunto de disciplina en la iglesia: ¿por qué está aplicando disciplina? ¿Está basada en el amor y en el deseo de ver arrepentida a la persona que pecó o está basada en un deseo por nuestra propia reputación?

EL PROCESO DE DISCIPLINA

Hemos establecido el propósito de la disciplina; veamos ahora cómo es que realmente disciplinamos. Primero, vamos a examinar las acciones envueltas en el asunto, y luego, las actitudes.

LAS ACCIONES

El texto base para analizar cómo estamos aplicando la disciplina en la iglesia lo encontramos en Mateo 18.15–20.

Si tu hermano peca contra ti, ve a solas con él y hazle ver su falta. Si te hace caso, has ganado a tu hermano. Pero si no, lleva contigo a uno o dos más, para que "todo asunto se resuelva mediante el testimonio de uno o dos testigos". Si se niega a hacerles caso a ellos, díselo a la iglesia; y si incluso a la iglesia no le hace caso, trátalo como si fuera un incrédulo o un renegado. Les aseguro que todo lo que ustedes aten en la tierra, quedará atado en el cielo, y todo lo que desaten en la tierra, quedará desatado en el cielo. Además les digo que si dos de ustedes en la tierra se ponen de acuerdo sobre cualquiera cosa que pidan, les será concedida por mi Padre que está en el cielo. Porque donde dos o tres se reúnen en mi nombre, allí estoy yo en medio de ellos.

Este pasaje señala varios pasos que deben darse cuando alguien peca.

Paso uno: uno a uno

Jesús dice que el primer paso es ir donde el hermano y reprenderlo estando los dos solos. Esta acción es personal y privada.

• Este paso es personal

Note que la iniciativa la debe tomar la persona que reconoce la existencia de la falta. El que se percata del pecado es responsable; no la célula de oración del líder, no el pastor ni nadie más. No es algo que se pueda discutir con el mejor amigo o compartir como una petición de oración.

Este paso es una acción deliberada de la persona que está consciente del problema. Jesús dice: «Ve y repréndele». Esto no se puede lograr con solo orar. Por supuesto que es necesario orar por la situación, pero la oración debe de estar acompañada por la acción.

• Este paso es privado

¿Cuántas personas deberían, en este punto, estar involucradas en el caso? ¡SOLO DOS! Solo dos personas deberían estar participando e incluso, solo dos personas deberían estar al tanto del asunto.

¿Por qué la instrucción de Jesús es ir en forma privada? A nadie le gusta que se le diga que ha hecho algo malo o que ha ofendido a alguien. Hacerlo privadamente facilita la aceptación de la culpa a la vez que protege la reputación de la persona y da fe de un amor verdadero.

Jesús también entendió los problemas que podrían suscitarse cuando esta acción no se lleva a cabo. En el caso de Jaime y Janet, supongamos que Jaime lleva el reporte al pastor. El pastor, entonces, va a ver a Janet. Después de intercambiar saludos, el pastor dice: «Me han dicho que te vieron acompañada de un joven». ¿Cuál será la más probable reacción de Janet? Inmediatamente le dirá: «¿Quién se lo dijo?». De esta manera, en lugar de tratar con el asunto específico, la confrontación se centrará en el procedimiento. Instintivamente, Janet asume que aquellos que están hablando de ella al pastor también la han agraviado a ella.

¿Qué habría pasado si en el caso de Janet se hubiesen seguido las instrucciones de Jesús y Jaime hubiera ido a hablar con ella? Hay varias posibilidades. Primero, ella pudo haber admitido su pecado y se habría arrepentido. Jesús dice: «Has ganado a tu hermano». El asunto se resuelve y Janet puede ser restaurada a una correcta relación con Dios. (Quizás ella llegue a necesitar algún tipo de consejería para que alcance la victoria sobre su pecado, pero ese es un asunto de ayudarle a fortalecer su fe y no a someterla a disciplina.)

Segundo, cuando Jaime va a hablar con Janet, se da cuenta que su percepción había estado completamente errada. Janet pudo haberle dicho: «Me alegro que haya venido. Déjeme explicarle lo que pasó. El joven es primo mío. Ese día nos encontramos en el centro de la ciudad. Me contó que mi abuelita había muerto y que los funerales serían al día siguiente. Como esa noche ya era muy tarde para viajar, lo invité a que pasara la noche en mi casa y así viajaríamos juntos a la mañana siguiente. Me sentí tan confundida cuando lo vi a usted que hasta me olvidé de saludarlo. Mi primo durmió en mi casa, yo me fui a dormir con una vecina y al día siguiente viajamos juntos para estar en los funerales de mi abuelita».

Sí. Me doy cuenta que no todas las visitas sospechosas pueden estar relacionadas con el fallecimiento de algún familiar, pero el ejemplo que hemos puesto ilustra muy elocuentemente con cuánta facilidad llegamos a ciertas conclusiones sin que haya ocurrido nada malo. Imagínese el tremendo daño que habría ocasionado Jaime si hubiese ido a uno de los grupos de la iglesia, hubiera informado del caso y pedido oración por Janet. Lo más probable es que la próxima vez que alguien del grupo viera a Janet, dejara de saludarla y ella no sabría el porqué.

Una tercera posibilidad pudo haber sido que Janet se negara a hablar del asunto o lo negara de plano. En tal caso, tendría que darse el siguiente paso señalado por Jesús según la cita bíblica que hemos anotado arriba.

Antes de dar ese paso, quisiera hacer énfasis en este primero porque por lo general es ignorado o distorsionado. Si se aplicara apropiadamente, no dudo que más del 90% de los conflictos que se producen en la iglesia se solucionarían. Sí, 90% asumiendo que se hace bien y con la actitud correcta. Casi todos los problemas se resolverían a este nivel si los procedimientos fueran los adecuados.

Este paso es tan simple. Podría ser difícil ponerlo en práctica, pero es absolutamente claro lo que quiere decir Jesús. La gente dará muchas excusas porque no van directamente a la persona involucrada, pero esta es una instrucción muy clara de Jesús y ¡CUALQUIERA OTRA ACCIÓN QUE NO SEA ESTA ES PECADO!

- Los chismes son pecado, y peca tanto el que los hace circular como el que les presta atención.
- Solamente orar sin hacer algo concreto es también una desobediencia directa a la Palabra de Dios.
- Ir a contarlo al pastor es también pecado.

- Pedirle a otra persona que ore por esa situación es pecado.
- No decir ni hacer nada es pecado.

El pecado tiene un costo alto. Daña nuestra relación con Dios y afecta negativamente las relaciones en el seno de la iglesia. Todos hemos estado en tales situaciones y sabemos el dolor que implica. Las instrucciones de Jesús persiguen librarnos de ese dolor.

Una advertencia final a usted como líder. A este nivel, el problema no involucra al liderazgo de la iglesia. No se deje atrapar como líder involucrándose usted en un caso a este nivel. La tendencia natural de la gente es ver un problema y correr a contárselo al pastor.

«¡Oh, pastor! ¿Sabía que tal o cual hermano hizo o dijo tal o cual cosa?».

¿Cómo respondería usted a eso? El primer impulso es posible que sea involucrarse de una vez en el problema, pero de acuerdo con las instrucciones de Jesús que hemos estado considerando aquí, debería preguntarle a la persona que le trae el cuento: «¿Ya habló usted con aquella persona sobre esto?». Si no lo ha hecho, léale Mateo 18 y mándelo a obedecer la Palabra de Dios. Jesús sabe de qué está hablando. Usted no tiene tiempo para involucrarse en cada pequeña situación que se dé como parte normal de la vida de la iglesia. Usted debe enseñar a su gente a asumir su responsabilidad como partes del cuerpo de Cristo. Quizás usted quiera «meterse» en el problema porque quiere sentirse importante o porque se ve a sí mismo como el «policía» espiritual de la iglesia o porque quiere «saber» cada cosa que ocurre en el seno de ella. No caiga en la trampa. Hágase el firme propósito de que nunca más va a desobedecer las instrucciones claras de Jesús.

Nuestra meta en este paso es la reconciliación. Sin embargo, cuando tal cosa no ocurre, Jesús indica otro paso.

Paso dos: vaya a la persona acompañado por uno u otros dos

Jesús dice que si las cosas no se resuelven con el primer paso, *«toma aún contigo a uno o dos»*. De nuevo, este paso no es complicado. Él dice que debemos insistir pero ahora acompañados de uno o dos hermanos. No tres ni cuatro ni acompañados por toda la junta de directores de la iglesia sino con uno u otros dos. ¿Cuántos estarían ahora involucrados en el asunto? Solo tres o cuatro: los dos originales más uno o dos.

El propósito de llevar a los otros es volver a tratar el problema pero ahora con testigos. La elección de la o las personas que van a participar como testigos deberá hacerse con extremo cuidado. La o las personas escogidas deberían ser:

- Respetadas por el miembro con el problema
- Reconocida por su sabio juicio

Busque a alguien que usted sepa que es respetado por el miembro con problemas. Si llega con una persona que, a todas luces se pone de su lado, el hermano se pondrá inmediatamente a la defensiva.

También busque a una persona sabia en sus juicios. Se requiere una persona sabia para que ayude a resolver asuntos entre dos personas. Nunca se haga acompañar por alguien que tenga «la lengua suelta» o que sea de temperamento ligero. Vaya con alguien que sea objetivo y que sea capaz de trabajar creativamente con usted en la búsqueda de la solución. Recomendé que no les contara los detalles sino simplemente que les acompañara a resolver un problema. Entonces, cuando lleguen a la casa de Janet, podrá decir: «Janet, nos reunimos usted y yo ayer para tratar un asunto privado, pero no dimos con la solución. Hoy le he pedido a María que me acompañe. A ella no le he dicho nada de lo que usted y yo hemos hablado porque quiero decirlo en presencia de usted». Con un acercamiento así hay más posibilidades de conseguir la solución que se busca.

De nuevo, si se trabaja en forma adecuada, con frecuencia el resultado será tan positivo como se espera, la persona afectada podrá ver la seriedad de la situación y estará dispuesta al arrepentimiento. Sentirá la sinceridad del amor de quienes la están visitando. Alternativamente, la persona que lo ha acompañado puede ver que usted en realidad no tiene base para acusar a aquel miembro y todo puede llegar a solucionarse con un simple: «¡Lo siento! Por favor, discúlpeme».

Fíjese que este problema no ha llegado aun a ser algo que concierna a la iglesia en su inclusión global no obstante que, a estas alturas, un líder esté involucrado. Es un segundo intento que ha traído arrepentimiento y entendimiento y que ha resuelto el caso. Si bien pudiere ser conocido por más personas aun no es del dominio de todos. Por eso, en este punto no es conveniente solicitar oración o compartir información con alguien más. Solo cuando estos dos pasos hayan sido dados sin que se diera el resultado esperado es el tiempo para dar el paso número tres.

Paso tres: lleve el caso a la iglesia

Jesús dice: «Si no los oyere a ellos, dilo a la iglesia». Ahora, el caso es puesto en las manos del liderazgo; ha llegado el tiempo para que ellos se involucren.

Note que «dilo a la iglesia» no supone que la persona va a ser expulsada de la iglesia. Se trata que la iglesia confronte al miembro que ha pecado. Lo que se espera de él es que «escuche a la iglesia». Los líderes deberían asegurarse que tienen toda la información necesaria sobre el caso y no brincar a conclusiones precipitadas. Hacer un anuncio general a la congregación es prematuro. Los líderes deberían planificar una reunión entre ellos y la persona involucrada escuchando cuidadosamente a todos los lados. La meta es seguir mostrando el amor de Cristo, buscando la fórmula para que la persona sea restaurada a una relación normal con Dios y con la iglesia.

Solo si la persona se niega a oír a la iglesia debe darse el paso número cuatro.

Paso cuatro: la excomunión

Jesús dice que si una persona rehúsa escuchar a la iglesia, «trátalo como si fuera un incrédulo o un renegado». Este es ahora el punto en el cual la persona es expulsada de la iglesia o excomulgada. En otras palabras, la persona ya no es más considerada hermano o hermana en Cristo; es una persona del mundo.

Para describir este paso, Pablo usa la expresión: «entreguen a este hombre a Satanás» (1 Corintios 5.5). Las personas expulsadas de la iglesia por no querer arrepentirse dejan de gozar de la protección que la iglesia provee y, literalmente, han regresado al reino de Satanás. Allí, estarán expuestos a la total influencia de Satanás como un castigo de Dios. Obviamente, este no es un paso que se pueda dar a la ligera.

> ¡Con frecuencia, a una persona que ha sido excomulgada se la trata peor que a un incrédulo!

Jesús dice que la iglesia debería ahora tratar a esta persona como «un incrédulo o un renegado». ¿Cómo tratamos a los incrédulos? Oramos por ellos, les testificamos y aun comemos con ellos como lo hizo Jesús (Mateo 15.21–28) pero ya no tenemos una relación estrecha con ellos. Pablo advierte del peligro de tener una relación cercana («ni aun comáis») con alguien que se llama a sí mismo hermano pero está viviendo en pecado (1 Corintios 5.11).

Desafortunadamente, con frecuencia a una persona que ha sido excomulgada de la iglesia se la trata peor que a un incrédulo. A menudo, los miembros de la iglesia ignoran totalmente a la persona y hasta renuncian a tratar de traerlo de nuevo a Cristo. Esto también es desobedecer las instrucciones de Jesús con lo que podemos estar demostrando que nuestras motivaciones no fueron realmente de amor hacia la persona afectada.

Los pasos que Jesús señala son muy claros y es absolutamente necesario que se den exactamente como se indica. Cuando no «vamos por el Libro» nos exponemos a toda clase de problemas que pronto se harán visibles. Antes de eso, vamos a examinar el último de los pasos.

Paso cinco: reconciliación

La reconciliación puede ocurrir en algún punto del proceso de disciplina de la iglesia. Jesús alude a este paso cuando de nuevo dice: «Si te oyere, has ganado a tu hermano» (Mateo 18.15). Si en algún punto la persona se arrepiente, debemos recibirlo de vuelta a la comunión y al compañerismo. Pablo dice que cuando la persona se ha arrepentido, nuestro deber es «*perdonarle y consolarle*» (2 Corintios 2.6–11). No debemos olvidar que este es el propósito principal de la disciplina y nunca será demasiado tarde para que la persona se arrepienta y regrese al seno de la iglesia, lo que puede ocurrir *antes* o *después* de la excomunión.

Esto suscita una pregunta muy importante. ¿Cómo podemos saber si una persona de verdad se ha arrepentido? Es posible que Janet, después de haber sido expulsada de la iglesia, venga a usted llorando y pidiendo que la perdonen. ¿Cómo va a saber usted si ella es sincera?

En 2 Corintios 7.9–11 donde se refiere a la «*tristeza según Dios*» y a la «*tristeza del mundo*» Pablo da algunas directrices sobre el asunto. Describe las características de la tristeza según Dios o arrepentimiento genuino que produce «seriedad, indignación, temor, afecto, celo y vindicación» (v. 11).

Uno de los indicadores clave para buscar en una persona es si está dispuesta a hacer lo que sea necesario para actuar correctamente.

Pablo llama a esto «disposición a que se haga justicia». Si alguien está de verdad arrepentido, no va a negarse a una confesión pública ni va a luchar por no perder su posición de liderazgo. Pero cuando viene poniendo condiciones, lo más probable es que su arrepentimiento no sea genuino. Si dice: «Deseo ser restaurado, pero no...» habría que preguntarse seriamente sobre su sinceridad. En la persona de veras arrepentida debería haber un evidente espíritu de aprender y una voluntad evidente de recibir consejo del pastor o de los líderes de la iglesia.

Antes que terminemos de referirnos a los procedimientos, queremos mencionar la instrucción especial que para los líderes encontramos en 1 Timoteo 5.20: «A los que pecan, repréndelos en público para que sirva de escarmiento». Es algo muy serio disciplinar a un líder de la iglesia y se requiere una reprensión pública. Pablo reprendió a Pedro públicamente (Gálatas 2.14) cuando actuó mal. De un líder se espera mucho y las consecuencias de su pecado son grandes. Santiago dice: «Hermanos míos, no pretendan muchos de ustedes ser maestros, pues, como saben, seremos juzgados con más severidad» (Santiago 3.1). Este es uno de los costos del liderazgo. Los líderes tienen gran influencia sobre las personas y sus acciones pueden afectar a otros tanto como a sus seguidores. Por esta razón, cuando un líder peca, a menudo se le pide que deje su posición a lo menos por algún tiempo. La razón es que aunque ha sido perdonado por su pecado, ha perdido la confianza de la gente y esa confianza debe ser restaurada antes que pueda volver a ser efectivo como líder. Esto también da a Dios tiempo para tratar a fondo con lo que causó el pecado.

LAS ACTITUDES

No solo es importante que actuemos correctamente cuando tenemos que atender asuntos de disciplina en la iglesia sino que también tenemos que tener actitudes correctas. En la Biblia hay tres actitudes clave que se nos manda a tener cuando vamos a disciplinar a alguien.

MANSEDUMBRE

Gálatas 6.1 dice: «Hermanos, si alguien es sorprendido en pecado, ustedes que son espirituales deben restaurarlo con una actitud humilde. Pero cuídese cada uno, porque también puede ser tentado». Disciplinar con mansedumbre no es fácil. La tendencia es parecer rudo cuando lo hacemos para que la persona reciba lo que merece. Esto es especialmente duro, me parece, para quienes tienen el don de evangelización o de profecía o son de temperamento colérico. Pareciera lo más natural decir, con el pensamiento: «¡Pecaste, ahora sufre!». Pero el versículo dice: «con mansedumbre».

HUMILDAD

Después de aconsejarnos para que tratemos con la persona mansamente, el mismo versículo dice: «No sea que tú también seas tentado». Cuando disciplinamos a otros debemos ser conscientes de nuestra propia debilidad. Nosotros también podemos fallar. Es muy fácil pensar: *¡Yo nunca cometería un pecado como ese!* Pero recuerde: «Antes del quebrantamiento es la soberbia; y antes de la caída la altivez de espíritu» (Proverbios 16.18). No piense que porque ha sido otro el que ha pecado, usted es mejor. ¡A Satanás le encantaría que cayera en esta trampa! Si reconoce esto, entonces podrá disciplinar con la actitud de humildad.

Pablo también nos advierte que podemos ser tentados al tiempo que disciplinamos a otro al hacerlo con acciones y actitudes equivocadas. Podemos estar tan disgustados con la persona que ha pecado que dejemos de ver nuestra propia hipocresía. Necesitamos pedirle a Dios que examine nuestros corazones cuando vamos a disciplinar a otros.

DOLOR

En 1 Corintios 5.2, Pablo dice a la iglesia de Corinto que la actitud apropiada hacia el hermano que ha pecado debería ser de dolor. Dolor es una palabra fuerte que describe pena intensa. Debería causarnos un dolor profundo si la persona no ha estado dispuesta a arrepentirse. Nos debería causar un gran dolor poner a esa persona fuera de la iglesia. Porque se trata de perder a un hermano o a una hermana. El diablo estaría ganando y a menos que la persona se arrepienta, pasará toda la eternidad en el infierno. Esto nos debería causar un gran dolor.

Es fácil sentirse bien en cuanto a esto en lugar de tener un dolor genuino por la persona en problema. A veces en la iglesia cuando se anuncia una excomunión, la gente responde con gozo al pensar: *¡por fin, el pastor ha dado el paso y ahora la iglesia vuelve a ser pura!* Una falta de dolor refleja siempre una falta de amor hacia la persona involucrada y una falta de conciencia respecto de nuestras propias debilidades.

Nuestra actitud es extremadamente importante, por lo cual debemos observarla cuidadosamente. No solo es importante lo que hacemos sino cómo lo hacemos. Muchos problemas de disciplina vienen por actitudes impropias.

LOS PROBLEMAS EN LA DISCIPLINA

En el proceso de disciplinar en la iglesia pueden presentarse varios problemas. Ya hemos visto algunos de ellos pero será útil enfocarnos en lo que ocurre cuando tenemos el proceso y la actitud equivocada.

PROCESO EQUIVOCADO

Cuando el proceso descrito por Jesús no se sigue con cuidado se producen varios problemas.

1. El pastor puede verse involucrado demasiado pronto

Uno de los errores más comunes en el proceso de disciplinar en la iglesia es cuando el pastor se involucra demasiado pronto. Esto puede dar como resultado que la persona se ponga a la defensiva porque no ha sido amonestada apropiadamente en secreto. Genera resentimientos y da origen a múltiples explicaciones que tienen que ver más con el proceso que con la mala acción. También consigue que el pastor pase demasiado de su tiempo transformado en un «policía espiritual».

2. Se escoge a la persona equivocada para acompañar en el paso dos

La persona escogida deberá ser respetada por el miembro con el problema y debería ser, necesariamente, alguien de buen juicio. No es sabio escoger personas que simpaticen con su posición. Elija a una persona neutral capaz de ser objetiva. Si usted se hace acompañar por una personal parcializada, el miembro se pondrá a la defensiva y las posibilidades de una reconciliación se reducirán.

3. La iglesia debe ser excluida del proceso

Hay casos de disciplina que son manejados solo por un líder que, por lo general, es el pastor. Este procedimiento puede abrir la puerta para malos entendidos, lo que da como resultado que surjan personas que simpatizan con la persona involucrada. Si hay falta de comunicación, el resultado será desinformación. Al no tratarse públicamente, la situación va a estar sujeta a chismes y a malas interpretaciones. 2 Corintios 2.6 nos recuerda que la disciplina es impuesta *«por muchos»*. La disciplina aplicada en el contexto de la iglesia no debe ser cosa de una sola persona. Es muy fácil para una persona parcializarse o llegar a conclusiones erróneas. Por lo menos el liderazgo de la iglesia debería participar en el proceso, reuniéndose con las partes involucradas. Los ancianos deberían hacer algún tipo de investigación y hacer preguntas directas a ambas partes. Esto ayudará al pastor a protegerse de ofensas personales.

4. El castigo puede ser demasiado severo y prolongarse por demasiado tiempo

Esto ocurrió en la iglesia de Corinto (2 Corintios 2.7–8) con el resultado de una «pena excesiva» por parte de la persona excomulgada. Se requiere de sabiduría para saber cuándo es suficiente. Pablo instó a la iglesia a recibir de vuelta a la persona e integrarla a la comunión.

5. El caso es cuestionable

Asegúrese que el «pecado» en cuestión es una violación clara de la Escritura y no solo una diferencia de opinión. Pablo hace claro esto en Romanos 14.1 cuando hace referencia a «entrar en discusiones». Necesitamos ser cuidadosos de no excomulgar a alguien por algo que no es claramente una falta.

6. Investigaciones inadecuadas

Muchas veces, casos de pecado y disciplina se ven obstaculizados por investigaciones inadecuadas. A nadie le gusta investigar casos de pecado pero cuando hay que hacerlo debe hacerse en buena forma.

A continuación algunas sugerencias que deberían tenerse en cuenta cuando se lleve a cabo una investigación:

* **Hable con las fuentes**
  Confirme los relatos de primera mano. No se quede únicamente con versiones de segunda mano. «Fulano dijo tal cosa...» Se requiere de tiempo y energía, pero el amor obliga a asegurarse que estamos recibiendo la historia completa. Dígale a la gente

cuando se reúna con ellos: «Si usted menciona a alguien más, le voy a pedir a ese alguien que confirme lo que usted me está diciendo».

- **No revele más de lo necesario**
  Las demás personas no necesitan saberlo todo. Guarde sus observaciones para usted. Por ejemplo, si usted está tratando de confirmar los reportes sobre Janet y Jaime le ha dicho que Lucy también los vio, va a tener que hablar con Lucy. Pero, cuando se reúna con Lucy no diga: «Me han llegado reportes que dicen que Janet durmió con un joven». Simplemente pregúntele: «¿Qué ha observado en Janet? ¿Ha visto algo que comprometa su testimonio?».

- **No llegue a conclusiones precipitadas**
  Siempre debe dar a la persona el beneficio de la duda. No asuma que es culpable mientras no se demuestre que lo es. De alguna manera, la tendencia es asumir lo peor acerca de la persona en lugar de lo mejor. Recuerde: «[El amor] no se deleita en la maldad sino que se regocija con la verdad. Todo lo disculpa, todo lo cree, todo lo espera, todo lo soporta» (1 Corintios 13.6–7). Si usted no es capaz de juzgar imparcialmente, todo el caso estará contaminado con su pecado.

ACTITUDES EQUIVOCADAS

1. Orgullo

El pecado de orgullo puede destruir la necesaria disciplina. Si la persona que está recibiendo la disciplina siente un espíritu de orgullo reaccionará en contra. Constantemente debemos cuidarnos de esta actitud. El tiempo de la disciplina debería ser ocasión para examinarnos a nosotros mismos y pedirle a Dios que nos limpie de cualquier pecado. Pregúntese: «¿Amo realmente a esta persona que estoy disciplinando o estoy actuando con orgullo?».

2. Falta de perdón

Una iglesia que pretenda ser seria en cuanto a mantener un nivel alto de santidad puede fácilmente desarrollar una renuencia a perdonar.

Es interesante observar que poco después que Jesús enseñó sobre la disciplina en Mateo 18 Pedro le haya preguntado acerca del perdón. Jesús le respondió con la historia de un siervo inmisericorde (Mateo 18.21–35). Nosotros que hemos sido perdonados tanto deberíamos estar dispuestos a perdonar a aquella hermana o a aquel hermano que ha cometido fornicación o que ha robado. ¿Estamos dispuestos a perdonar? Piense en alguien a quien usted conoce y que haya sido excomulgado. ¿Lo ha perdonado y recibido de vuelta al seno de la iglesia? Si hacer esto es difícil, probablemente se deba al orgullo o a falta de un amor genuino por la persona que pecó. 2 Corintios 2.5–11 urge a la iglesia a perdonar a la persona que se ha arrepentido. He oído de casos en los cuales a la persona se le ha dicho: «Aunque se arrepienta, por favor no vuelva a esta iglesia». En lugar de eso, deberíamos dedicar un tiempo para regocijarnos cuando alguien regresa a la iglesia.

Aplicar disciplina en la iglesia no es tarea grata pero es inevitablemente necesario hacerlo. Cuando se maneja bien, tiene el potencial para un proceso de crecimiento de todos los involucrados. Su función como líder es determinante. Usted tiene tres responsabilidades fundamentales relativas a la disciplina en la iglesia:

- **Entienda el propósito bíblico y el proceso de disciplinar.** Este capítulo lo ha capacitado para pensar profundamente sobre el asunto. Usted debería seguir estudiando acerca del tema, especialmente los pasajes bíblicos pertinentes.
- **Enseñe a su gente lo que ha aprendido.** Muchos líderes nunca han enseñado a su gente el proceso de disciplina en la iglesia como lo describe Jesús en Mateo 18. Fije una fecha para enseñar lo que ha aprendido.
- **Asegúrese que en la iglesia se siga el modelo de Dios.** Es su responsabilidad asegurarse que la gente haga lo que la Escritura enseña. Usted tendrá muchas oportunidades para guiar amorosamente a su gente a hacer lo que les ha enseñado. Cuando aprendan estas cosas juntos, usted tendrá una congregación mucho más madura, capaz de regocijarse en el poder de la Palabra de Dios.

ASIGNACIÓN PARA LA ACCIÓN

1. Reflexione sobre su experiencia con la disciplina en la iglesia. (Escoja un caso de su experiencia para responder las preguntas siguientes.)

    ¿Cuál fue el motivo primario de los líderes? ¿Fue su amor por la persona, su preocupación por proteger la pureza de la iglesia o alguna otra cosa?

    _____

    _____

    _____

    ¿Qué acciones se adoptaron en el proceso de disciplinar? (Sea específico.)

    _____

    _____

    _____

    _____

    A partir de lo que hemos aprendido de la Escritura, ¿estuvieron las acciones ceñidas a la Biblia? _____ Explique por qué sí.

    _____

    _____

    _____

2. ¿Por qué cree que es tan difícil para los creyentes dar el primer paso en Mateo 18?

    _____

    _____

    _____

    _____

3. ¿Cuál es el resultado cuando este paso se pasa por alto?

    _____

    _____

    _____

    _____

4. Observe los seis problemas bajo «proceso equivocado». Piense en la lista. ¿Cuál ha sido el más común en su iglesia, y cuál ha sido el resultado?

_____

_____

_____

_____

5. ¿Qué acción específica puede usted emprender como líder para ayudar a su gente a seguir las instrucciones escriturales referentes a la disciplina? (Nota: Mientras más alta sea su posición de liderazgo, más control deberá tener en esta área. Sin embargo, todos pueden hacer algo para contribuir al crecimiento en esta área.)

_____

_____

_____

_____

_____

¿Cuándo lo hará usted? _____

Capítulo 13

EL LÍDER Y LA ADMINISTRACIÓN
EN LA IGLESIA

El pastor Frank, de pie ante su congregación, se aclara la garganta mientras se prepara para hacer un anuncio. Sostiene varios papeles en sus manos, los que va repasando mientras lee: «Las damas tendrán su reunión esta tarde a las 3. ¿Correcto?». Espera que la presidenta conteste la pregunta a la audiencia. Luego, continúa: «Las campañas anunciadas la semana pasada han sido canceladas debido a algunas circunstancias que han hecho imposible seguir adelante con ellas. La juventud se reunirá brevemente en el santuario después del servicio. También los hombres adultos se reunirán en el santuario. Bueno, esto no está bien, así que los jóvenes se reunirán en otro lugar. Bien. Ahora veamos...» Se esfuerza por leer lo que está escrito en los papeles. «El bautismo que íbamos a celebrar esta noche ha sido pospuesto debido a que el río viene muy crecido. Anunciaremos la nueva fecha. Ahora, la persona que va a dirigirnos en el himno final que pase adelante, por favor». Acto seguido se sienta, dobla los papeles y se los pone en el bolsillo.

¿Ama el pastor Frank a Jesús? ¡Absolutamente! ¿Irá al cielo? ¡Absolutamente! ¿Podrá levantar una iglesia fuerte? ¡Absolutamente NO! ¿Por qué no? Sus habilidades administrativas son demasiado pobres.

A la palabra «administración» muchos líderes de iglesias le arrugan la frente y lucen como si tuvieran que ir al dentista a sacarse un diente sin anestesia.

Es posible que la administración no sea la actividad más emocionante en el liderazgo, pero aun así, no deja de ser indispensable. Si usted es un líder fuerte pero un administrador débil habrá muchas cosas que no caminen bien en su liderazgo. La administración es débil en muchas iglesias que, de otra manera, serían fuertes. Mi propósito en este capítulo es ayudarle a hacer el trabajo de administración eficientemente.

Primero, ¿qué es administración? Administrar es «manejar o supervisar la ejecución, uso o conducta de...» o «atender asuntos de negocios». Para nuestro interés, administración es *el manejo necesario para llevar a cabo la visión*. La visión provee dirección pero sin una administración adecuada la visión nunca llegará a ser una realidad tangible. La administración incluye detalles como planeamiento, organización, escribir cartas, establecer metas y clasificar todo lo necesario para implementar la visión que Dios le ha dado. Todo esto está en contraste con los aspectos más «espirituales» del ministerio tales como orar, predicar y evangelizar.

LA PRIORIDAD DE LA ADMINISTRACIÓN

Muchos ven el trabajo administrativo como una actividad no espiritual que, en el mejor de los casos, se soporta y con frecuencia se subestima y se descuida. Al demostrarle el valor de la administración como algo inherente al liderazgo pretendo cambiar esta percepción.

La administración provee una estructura necesaria

La administración provee la estructura y el orden que la visión requiere. La administración es el motor que pone en movimiento a la visión. La visión sin administración nunca trabajará bien y lo más seguro es que no pase de ser un sueño en la mente del líder. La visión pinta un cuadro del destino mientras que la administración provee el mapa para el viaje. La administración es la carne del esqueleto y sin carne sus sueños son inútiles.

LA ADMINISTRACIÓN PROVEE UN CRECIMIENTO NECESARIO

Una buena administración capacita al líder para que experimente crecimiento tanto personal como organizacional.

Crecimiento personal

Con una administración efectiva el líder puede hacer más en menos tiempo y con aun menos recursos. Esto permite al líder seguir creciendo en las áreas de sus mejores capacidades. La gente que crece aprende a organizarse y a disciplinarse. Planifican sus vidas para hacer las cosas más importantes. Una vida ordenada es una vida en crecimiento y los líderes que crecen producen organizaciones que crecen.

Todo líder debe tener algunas habilidades administrativas. El líder que es débil en administración necesita suficiente habilidad para manejar la organización a través de gente bien calificada.

Crecimiento organizacional

Una iglesia bien administrada atraerá más gente y personas de más alto nivel. La gente se siente atraída por lugares donde reina el orden, los propósitos y donde ven un claro sentido de dirección. Aun aquellos cuyas vidas son desordenadas no se sienten atraídos por una iglesia donde hay confusión, donde los planes se elaboran en el último minuto y donde no se encuentra una adecuada preparación. Este era el problema del pastor Frank. Todo lo demás es igual. La gente prefiere una iglesia bien administrada a una dirigida como la del pastor Frank.

Una buena administración atrae a personas de más alto nivel. Los líderes fuertes no se quedan en una iglesia donde las cosas son un caos. Ellos viven una vida organizada, trabajan en lugares donde hay orden y estructura, y esperan que en la iglesia las cosas se hagan bien. Sin una buena administración estas personas muy pronto empezarán a buscar otra iglesia. El pastor Frank ya los ha perdido. Cuando se van, él comenta: «¡De todas maneras, ellos nunca se comprometieron!».

Muchos grupos o iglesias nunca prosperan debido a su pobre administración. Toda vez que administrar es un don espiritual, todos los líderes pueden desarrollar alguna capacidad en este arte. Un buen secretario puede brindar una ayuda valiosa en esta área. Cuando una organización experimenta crecimiento, personas mejor dotadas se integrarán para ayudar.

LA ESPIRITUALIDAD NO ES SUSTITUIDA POR LA ADMINISTRACIÓN

La unción y la pasión espirituales son necesarias para atraer gente pero cuando estas encuentran un planeamiento, un orden o un plan de seguimiento inadecuado en cosas que requieren de atención, pronto se irán.

Habiendo enfatizado la importancia de la administración, permítame dejar en claro que la administración no puede reemplazar la intercomunicación entre la gente. No quiero decir que el éxito de una iglesia dependa únicamente de una buena administración. Una buena administración con personas pobremente dotadas no llegará muy lejos. Se requiere un equilibrio.

Este capítulo está dirigido a pastores y a quienes están en posiciones de alto liderazgo aunque se puede aplicar a los líderes del nivel que sea. Pondrá un fundamento para mantener el crecimiento en esta área de la administración.

EL PROCESO DE ADMINISTRACIÓN

¿Cuál es el proceso de la administración? Hay tres áreas principales en las que un pastor o un líder clave debe concentrarse: DESCRIPCIÓN, ORGANIZACIÓN Y OPERACIÓN. La descripción tiene que ver con el planeamiento, la organización con las personas y la operación con el proceso.

DESCRIPCIÓN TIENE QUE VER CON PLANEAMIENTO

Una parte significativa de la administración tiene que ver con el planeamiento; es decir, con el señalamiento de lo que se quiere que ocurra. En el capítulo cuatro sobre las metas vimos sucintamente esta materia que también se relaciona con la administración.

Planee sus metas

Las metas deben establecerse para cada área. El método para fijar las metas se explicó en el capítulo cuatro, pero a continuación vamos a agregar algunos puntos adicionales que nos parecen necesarios.

Cuando haya establecido las metas, ¡hágalas públicas! Esto es parte de compartir la visión con la gente. No deje de estárselas recordando regularmente. Sí, es posible que algunas no lleguen a realizarse pero si las cosas se han hecho bien la mayoría se alcanzará y toda la gente se va a sentir animada.

Este es un paso que amedrenta porque pone en peligro nuestro liderazgo. Hace algunos años establecí una meta de alcanzar a 365 personas para Cristo. Una persona cada día. Aunque estaba convencido que podríamos lograrlo, anunciarlo fue todo un desafío. Pero compartí la visión con la gente y continuamente les estuve recordando esa meta. Puse un gráfico en la iglesia y en mi oficina puse otros letreros donde se leía nada más que «¡365!».

Como líder, usted necesita evaluar sus metas y rectificar cualesquiera problemas que se hayan desarrollado. Establezca un tiempo una vez al mes para revisar sus metas y ver cuánto se ha alcanzado. Si no lo tiene en la lista, decida lo que hay que hacer para alcanzar el éxito.

Planee su programa

Después que haya establecido las metas, póngale fechas. Esto implica preparar un programa de actividades, un calendario de la iglesia que incluya programas de largo y de corto plazo.

Programa de largo plazo

El programa de largo plazo comprende todo un año de actividades. Deberá prepararse antes que comience el año. Este programa es esencial para una planificación apropiada. ¿Por qué?

1. Evita conflictos de programación.
2. Le ayuda a alcanzar sus metas. Si usted no pone sus metas en el calendario, será difícil que se realicen.

Por supuesto, sin duda que será necesario hacer algunas modificaciones en el curso del año. Pero este programa será un excelente marco para coordinador las actividades.

¿Cómo se hace? Busque un tiempo de tranquilidad, siéntese con sus metas, un calendario y cualesquiera otras agendas que pudieran afectar su planeamiento; por ejemplo, quizás tenga que considerar un calendario denominacional.

Comience poniendo las actividades en su calendario. Utilice un lápiz de grafito de modo que pueda borrarlo cuando sea necesario hacer algún cambio. Si tiene ciertas cosas que ocurren en forma normal, escríbalas primero. Por ejemplo, las damas pudieran tener un encuentro de compañerismo el primer domingo de cada mes por la tarde, o usted pudiera tener una semana de oración cada tercera semana del mes. Luego podría poner otras actividades en el calendario, comenzando con lo más importante tales como esfuerzos evangelísticos o campañas para recaudación de fondos. Repase todo el año y vea qué trabaja bien y qué no. Algunas cosas que podría considerar como su plan:

- Días festivos. Quizás quiera usar algunos para alguna actividad especial; también podría querer disfrutar del feriado sin actividades de la iglesia.
- Agendas escolares. Esto afectará las actividades de la juventud y también puede influir tiempos cuando es difícil recaudar fondos.
- Patrones climáticos que pueden afectar reuniones al aire libre y bautismos.
- Su calendario denominacional.

Espacie las actividades más importantes de manera que la gente no se sienta sobrecargada. Deje tiempo para conseguir fondos para proyectos que requieren de dinero.

Programa de corto plazo

Regularmente, un programa de corto plazo cubre de 1 a 3 meses e incluye programas para predicación, líderes de servicios, ujieres y otras actividades rutinarias. Mientras más crezca su iglesia, más importante llega a ser este programa para mantener las cosas funcionando suavemente. Asegúrese que las personas que están en el programa estén informadas de sus respectivas responsabilidades.

Si está pensando en invitar predicadores de fuera, asegúrese de su disponibilidad antes de ponerlos en el programa. Hábleles o escríbales una carta invitándoles. Deberá ofrecerles todos los detalles sobre tiempo y expectativas.

ORGANICE ARREGLOS CON LAS PERSONAS

El administrador no solo está para hacer planes para la iglesia sino que debe organizar a la gente para que trabaje unida y bien. Deben establecerse las estructuras apropiadas para llevar adelante la visión. Esto incluye fijar las estructuras del liderazgo, escoger y proponer a los líderes y capacitar a la gente para llevar adelante la visión. Ya que esta estructura puede variar de un tipo de gobierno eclesiástico a otro, voy a dar solamente líneas generales que puedan ser adaptadas a cada situación.

Organice la estructura de su liderazgo

La primera área que debería organizarse es la estructura del liderazgo: cómo se nombran los líderes y los niveles de responsabilidad en la iglesia. En muchas iglesias esto está especificado en la constitución o en los estatutos. En tales casos solo se necesita conocer la estructura administrativa e implementarla.

En otras iglesias, particularmente en algunas nuevas, la estructura aún no se ha establecido. Cuando una iglesia o ministerio son pequeños la tentación es pensar que estos asuntos no tienen importancia. Pero el líder es la persona que debe adelantarse al futuro y poner un fundamento sólido para lo que vendrá. Es importante hacer preguntas sobre la estructura de la iglesia. ¿Será el pastor solo quien lleve adelante la iglesia? ¿Habrá un concilio o junta directiva? ¿Cómo puede reemplazarse al pastor? ¿Cómo se escogerá a los líderes? ¿Cuál es el procedimiento para reemplazarlos? ¿Cuáles son las cualidades y las líneas de responsabilidad?

Estas preguntas deben responderse ANTES QUE LOS PROBLEMAS SE PRESENTEN. Cuando ya se han manifestado es muy difícil responderlas. Muchas iglesias no prevén dificultades en estas áreas, solo descubren problemas serios. Por lo tanto, es sabio establecer la estructura de la iglesia antes.

Ponga por escrito la forma en que se organizará su iglesia

Si usted pertenece a una denominación, es probable que esto se encuentre ya escrito en la constitución o en los reglamentos. Si existe para la iglesia local algún grado de flexibilidad, usted necesitará pensar en estas cosas. Responda las preguntas que se plantean más arriba. Busque consejo de otros líderes de iglesias o de líderes en organizaciones similares. Vea qué funcionó bien y qué hicieron en forma diferente.

Desarrolle un diagrama organizacional

Un diagrama organizacional es un cuadro en el cual se describe la forma en que las diferentes posiciones se relacionan entre sí. Un diagrama puede ser de gran ayuda para entender las líneas de responsabilidad en la iglesia. Muestra con toda claridad qué persona o grupo es responsable de qué y a quién. Debe entenderse claramente, especialmente por parte de los líderes.

A continuación se incluyen dos diagramas organizacionales sencillos. En el diagrama «A» el pastor está claramente en una posición por encima de la junta de la iglesia. Él tiene la última palabra. En el diagrama «B» la junta directiva es la que tiene autoridad sobre el pastor.

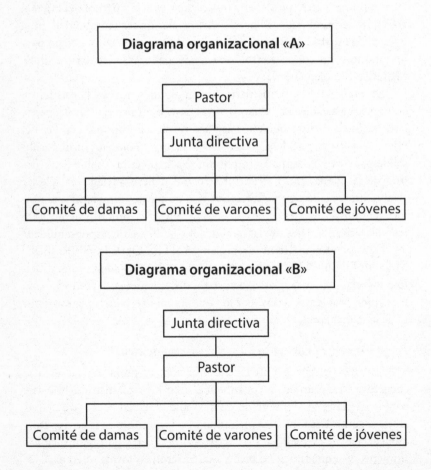

A la estructura de su iglesia podría denominársela «junta», «concilio», «sesión» o darle algún otro nombre para describir el máximo cuerpo administrativo.

Nuestro objetivo aquí no es referirnos a los méritos de este o de aquel sistema sino decir que cada persona involucrada debería entender claramente la relación entre los diferentes órganos de liderazgo en la iglesia.

Organice a sus líderes

Una vez que se haya establecido la estructura del liderazgo deberá procederse a escoger a los líderes. El método para esto dependerá de la estructura organizacional que usted haya escogido. Algunas iglesias dan al pastor casi el control total; otras se lo dan a la junta o a la asamblea.

Muchas veces cuando estoy enseñando este concepto, alguien hace la pregunta: «¿Cuál es el mejor sistema?». La Biblia no dice: «Y ustedes nombrarán a sus líderes mediante elecciones», ni, «El pastor podrá nombrar sus líderes según su personal parecer». En muchas instancias, en la Escritura los líderes son nombrados; en otros casos, a la asamblea se le da voz en este proceso. (Vea Hechos 6.1–6 y 14.23 donde aparecen dos métodos diferentes usados en la iglesia primitiva.)

Si se trata de escoger un sistema, yo prefiero que en una iglesia joven se seleccione a los líderes mediante propuesta mientras en iglesias crecidas y maduras, se le puede dar mayor atribución en esto a la asamblea de miembros. El líder máximo (el pastor y o la junta) siempre deben retener el derecho final de aprobar a los líderes escogidos por la asamblea. Por ejemplo, las damas pueden elegir sus líderes de entre ellas, sujetas a la aprobación del líder o líderes de la iglesia. Yo, en mi condición de pastor, podría saber algo acerca de alguien que lo descalifique para la posición a la que se la quiere elevar mientras que los demás líderes es posible que no estén al tanto de lo que yo sé. Aun en una situación en que los miembros de la iglesia tengan la facultad de seleccionar a sus líderes, un pastor sabio influirá el proceso con buena enseñanza acerca qué virtudes buscar en un líder.

En el capítulo ocho estudiamos lo referente a la selección de líderes. Aquí, me concentraré en dos grupos que con frecuencia se encuentran en las iglesias: ancianos y diáconos. Toda vez que estos oficiales generalmente son los de más alta posición en la iglesia, debe tenerse sumo cuidado en el proceso de selección.

Ancianos y diáconos

Veamos primero las cualidades que deben tener los que aspiren a ser ancianos y diáconos según lo encontramos en 1 Timoteo 3.1–13 y en Tito 1.6–9. Dios ha dado instrucciones claras acerca del tipo de personas seleccionadas para estos oficios. Cuando Dios dice que la vida familiar debe estar en orden, no se puede ignorar la vida de la familia del líder potencial. Es fácil pensar que determinada persona es tan espiritual que dejamos de ver aspectos importantes de su vida.

Cuando se trate de elegir a un anciano o a un diácono, no mire únicamente su educación, situación económica o prominencia en la comunidad. Un verdadero anciano ya tendría que estar ofreciendo asistencia «pastoral» a la gente, sea formal o informalmente. ¿Visita la gente su casa buscando consejo u oración? ¿Visita él a otros para aconsejar y alentar? ¿Se conecta bien con la gente y tiene su confianza? Si no ha hecho nada de esto antes de nombrarlo, no espere que mediante un milagro lo haga después.

Los diáconos, igual cosa. Deberían ya estar envueltos activamente en un servicio práctico. Una buena manera de detectar a alguien que pudiera desempeñar eficazmente la posición de diácono es observar a las personas que se preocupan por ordenar las sillas, organizar la comida que se va a servir y recordar traer las toallas para el bautismo. Una persona con el don de servicio será fácil de identificar si usted la observa cuidadosamente.

Organice sus comités

Una vez que se ha establecido la estructura del liderazgo y se ha escogido a los líderes, en la mayoría de los casos se les agrupa en comités. Los comités son para compartir el trabajo y distribuir las responsabilidades. Permiten a un pequeño grupo de personas concentrarse en aspectos específicos de la visión y ayudar de esta manera a hacerla realidad. Un comité puede pensar, específicamente, en misiones, o en finanzas. Otro puede encargarse de las necesidades especiales de las viudas. Cuando en una iglesia los comités están funcionando bien bajo la dirección del pastor y de los líderes de más alto nivel se puede lograr mucho. Un líder sabio aprenderá a trabajar a través de comités.

Determine qué comités son necesarios para que las operaciones de su iglesia se ejecuten sin problemas. Asegúrese; sin embargo, que haya una verdadera necesidad para cada uno de ellos. No establezca comités solo para darle a la gente algo que hacer. Esté seguro que hay un objetivo claro y que el comité va realmente a facilitar el crecimiento y la participación de otros. A medida que la iglesia crezca, recuerde que es posible que algunos comités ya no sean necesarios. ¡Elimínelos! A continuación se incluyen algunas indicaciones para el uso efectivo de los comités.

Convóquelos

El método para convocar dependerá de la estructura de su iglesia. Cuando convoque a la gente a servir, tenga en cuenta los dones, madurez espiritual, disponibilidad y disposición. No convoque a nadie fuera de los dones que tiene, por encima de su madurez espiritual, más allá de su disponibilidad o más allá de su disposición. Vuelva a leer este párrafo y reflexione en sus implicaciones para su organización.

Organícelos

Habiendo escogido a los miembros de sus comités, organícelos. Esto comprende varios pasos.

1. Déles a conocer su propósito, sus líneas de responsabilidad y los límites de autoridad

Esto podría hacerse por escrito cuando se inicia el trabajo. Explique claramente el propósito de cada comité, la persona o junta ante la cual son responsables, y los límites de su autoridad. Por ejemplo, puede decirle al comité de jóvenes que ellos son responsables por la planificación de todas las funciones de la juventud, sujeta a la aprobación de los ancianos.

2. Escoja a los oficiales

Por lo general, estos son el presidente, una secretaria y un tesorero. En algunos casos podría necesitarse, además, un vicepresidente y un asistente a la secretaria.

3. Ayude a los oficiales a entender sus funciones

Nunca asuma que todos entienden sus funciones. Asegúrese de informar con toda claridad a los oficiales sobre sus funciones. Yo he usado la siguiente «descripción de trabajo» para los oficiales.

Responsabilidades del presidente

1. Convocar a reuniones
2. Presentar las agendas al grupo
3. Dirigir la discusión y asegurarse que se hagan decisiones satisfactorias
4. Supervisar que las decisiones se cumplan

Para una muestra de sesión de entrenamiento para presidentes, vea el apéndice G.

Responsabilidades del secretario

1. Registrar exactamente cada cosa significativa que ocurra durante la reunión
2. Redactar la correspondencia oficial
3. Mantener el archivo en buenas condiciones

Vea el apéndice H, «El trabajo de un secretario de un comité», apéndice que se puede usar para entrenar a los secretarios. Vea también el apéndice I para un ejemplo de cuántos minutos podrían usarse.

Responsabilidades del tesorero

1. Recolectar y desembolsar el dinero del grupo de acuerdo con las instrucciones del comité
2. Mantener los registros exactos de todos los ingresos y gastos
3. Entregar informes de las finanzas cuando se le soliciten
4. Mantener un libro de contabilidad si se considera necesario

Para mayores detalles sobre cómo llevar las cuentas vea el capítulo catorce.

Déles libertad de acción

Después de seleccionar y organizar los comités, ¡déjelos que trabajen! Con frecuencia se da el caso que se nombran los comités pero el trabajo de la iglesia lo sigue haciendo el líder. El pastor Pedro le dijo al comité de misiones que planeara una cruzada. Algunos días después se encontró con el presidente y le dijo: «Oh, a propósito, ayer me encontré con un amigo y lo invité para que fuera el predicador en la cruzada; y él vendrá con su propio equipo. También hablé a la imprenta sobre los afiches». Cuando algo así ocurre, los miembros del comité se sienten frustrados y pierden interés. Ellos necesitan tener la libertad para hacer su trabajo. Quizás cometan algún error pero todos los cometemos. Déjelos que aprendan. ¡Apóyelos!

Otro aspecto de dar libertad de acción a los comités es hacer un reconocimiento público de sus miembros ante el resto de la iglesia u organización. Que los demás sepan quiénes son ellos y cuál es su responsabilidad. Reconózcalos públicamente por su buen esfuerzo. Hacer eso no significa que no se les va a supervisar. Ellos son responsables ante el pastor o ante alguna junta. Seguramente van a necesitar algún tipo de entrenamiento para ser más efectivos. O van a necesitar algún tipo de corrección a medida que van aprendiendo de sus errores. ¡Hágalo y hágalo bien! Pero no haga el trabajo que les corresponde a ellos.

Evalúelos

Designe a los miembros de los comités. Asígnele a cada uno su trabajo. Asegúrese que sus límites sean claros. Fije responsabilidades. Déles la libertad que necesitan para hacer su trabajo. Y luego, evalúelos para estar seguro que el trabajo que hicieron lo hicieron bien. El pastor o la persona responsable deberían reunirse regularmente con cada presidente de comité para revisar, resolver problemas, darles ánimo y compartir la visión. De vez en cuando, periódicamente, el pastor debería reunirse con todo el comité aunque esto debería ser menos y menos necesario.

OPERE DE ACUERDO CON EL PROCESO

Vamos a ver ahora el tercer componente del proceso de administración: operar. Esto tiene que ver con el proceso de administración, revisar algunas de las áreas que ya hemos considerado y hacer algunos agregados complementarios a otras.

Usaremos para ello la palabra O.P.E.R.A.T.E.*

---

* (N. del T.) Dejaremos la misma palabra en inglés cuya traducción, en nuestro caso, sería: «trabajar, ejecutar, actuar»; ejemplo: la persona que trabaja con una maquinaria se dice que «opera» esa maquinaria, de ahí la palabra «operate».

Organice

Esta palabra ya la hemos usado en este capítulo. Primero, vimos la necesidad de organizar la estructura de la iglesia y luego organizar los comités. Tiene que ver específicamente con organizar a las personas. A los líderes de la iglesia local aún les queda mucho trabajo por hacer que tiene que ver con organizar. Para determinadas actividades de corta duración son esenciales los comités temporales. Las tareas más importantes como un esfuerzo de evangelización hacia la comunidad requieren mucha organización.

Se necesita organizar las oficinas, con un sistema de archivo adecuado. Cuando alguien viene a la oficina y solicita una tarjeta de bautismo y usted se sumerge en un mar de papeles diciendo por lo bajo «estoy seguro que esas tarjetas estaban por aquí» la persona que está esperando se dará cuenta que usted necesita ayuda en esta área de la administración, ¿no es cierto? Mantenga un tablero mural y pegue allí notas sobre las cosas más importantes por hacer. Decida cuándo va a estar en la oficina y cuando estará fuera de ella, en visitación. Use sus prioridades para planear su agenda. Que la gente sepa cuándo está usted accesible.

Organizar no es algo que se hace una vez y ¡ya!; es un proceso necesario en todas las etapas del crecimiento. A medida que la iglesia se hace más grande, se requerirá más organización.

Planifique

Plan, o planificar, es otra palabra importantísima en administración. Planear es un ingrediente clave en todo el proceso administrativo por lo que vale la pena repetir aquí.

El planeamiento requiere tiempo y esfuerzo. No se va a producir sin una decisión consciente. Demasiados líderes de iglesias no planifican y, como resultado, se produce el caos. En su libro sobre administración cristiana, Peter Wiwcharuck pregunta: «El gran universo de Dios se opera según un plan estricto. ¿Hay una excusa para que su «universo» sea operado como un accidente evolucionando a partir de un conflicto y la confusión?».[1]

El planeamiento incluye pedir permisos, publicidad, preparar presupuestos, invitar y confirmar conferenciantes y predicadores y muchas otras cosas. Fíjese en las actividades anotadas en su calendario. Establezca un tiempo lo suficientemente anticipado para que pueda planear cada una. Mientras más grande la actividad, más anticipadamente deben comenzar los preparativos. Si usted tiene una reunión de junta, planifique con tiempo de modo que pueda invitar a algún conferenciante o preparar la enseñanza para ese seminario. Esto pudiera parecer tedioso (¡y lo es!) pero los resultados hacen que bien valga la pena el esfuerzo. Recuerde: «Quien falla en planificar, planifica para fallar».

Emplee

En la medida que su iglesia o su organización crezcan, se hará necesario emplear personas para que ayuden a llevar adelante la visión. Si usted aún no ha llegado a ese punto, siga trabajando en la visión. Su visión y las metas deberían ser lo suficientemente grandes como para llegar a tener que buscar a otros para que le ayuden. Emplear personas es un asunto muy serio y las organizaciones cristianas tienen problemas comunes relacionados con el empleo.

Analizaremos varios elementos clave para emplear con éxito.

A. Busque y encuentre a la persona correcta

La persona que usted emplee podrá o edificarlo o destruirlo. Sea extremadamente cuidadoso al momento de elegir. Maxwell dice que en una organización pequeña la persona que usted contrate es aun más importante que en una grande. Si usted tiene un equipo de diez empleados y una persona no sirve, su problema será únicamente del 10%. Pero si usted tiene nada más que dos personas y una falla, tendrá un problema de un 50% de su personal. Por eso, asegúrese que la primera persona que contrate sea buena de una vez.

Siempre busque a la mejor persona posible que esté disponible para asumir ese puesto de trabajo. Ponga la mira en verdaderos líderes, no solo en alguien que anda buscando empleo. No todos los que estén disponibles harán el trabajo. Piense antes de contratar. ¿Qué tipo de persona es la que necesito? Hágase un cuadro mental antes de tratar de escoger a la persona. Piense en el tipo de personalidad que se requiere para el trabajo tanto como las habilidades y los dones espirituales que se requieran. Si usted busca un contador, concéntrese en un melancólico. Pero si necesita a un recepcionista y evangelista no emplee a alguien de la lista de los «20 mejores» de Maxwell sobre los veinte requisitos en un potencial miembro del personal: actitud positiva, alto nivel de energía, calidez, integridad, responsabilidad, buena imagen de sí mismo, capacidad mental, capacidad de liderazgo, capacidad de seguir, ausencia de problemas personales, habilidad con la gente, sentido del humor, elasticidad, antecedentes, gran deseo, autodisciplina, creatividad, flexibilidad, ve el «cuadro completo», intuitivo.[2]

B. Fije descripciones de trabajo

Las descripciones de trabajo deben establecer claramente las expectativas de ambas partes involucradas en un acuerdo de contrato de trabajo. Puede evitar malos entendidos a la vez que provee algún tipo de responsabilidad entre la iglesia y el empleado. También ofrece protección legal para ambas partes. Se hace aun más importante mientras más personas se agregan al personal.

Incluso trabajadores voluntarios, como secretarias de comités se verán beneficiadas por una descripción clara y por escrito. No podemos simplemente asumir que todos saben qué se espera de ellos y cómo van a enfrentar el trabajo.

Hay descripciones de trabajo formal e informal. Las descripciones de trabajo formal incluyen: fecha de inicio, salario mensual y beneficios, responsabilidad, método para terminación del contrato, vacaciones, horario de trabajo y el trabajo que se espera que cumpla el empleado.

Para ejemplos de carta de nombramiento y términos del acuerdo entre el empleador y el empleado, vea el apéndice J.

C. Comunicación

La comunicación es un asunto clave en relación con la planta de empleados. Desajustes en la comunicación crean muchos problemas en las relaciones de trabajo. ¿Qué debería comunicarse?

Sueños y esperanzas

Comparta sus sueños y esperanzas con cada uno de los miembros del personal. Si ellos no tienen la visión, su trabajo no será más que eso, nunca un ministerio. Los empleados deberían entender cómo su trabajo se ajusta al cuatro global y por qué es tan importante en cuanto a la visión.

Expectativas

¿Qué espera usted de cada persona? Sea específico. Dé entrenamiento cuando se requiera. No espere que un empleado nuevo sepa cómo quiere usted que se hagan las cosas. Aunque se le dé un trabajo similar al de otra persona, necesita aprender cómo trabajar con usted. Haga desde un principio claras sus expectativas. Dígale cómo y cuándo evaluará usted su trabajo.

Fallas

Cuando una persona ha fallado en algo, ¡dígaselo! Hable la verdad con amor. Muchas veces los administradores fallan en comunicarse claramente cuando las expectativas no se han alcanzado. Esta falla no conduce sino a frustraciones por ambas partes. Hable del asunto, revise sus expectativas y pónganse de acuerdo para hacer los cambios que estimen necesarios.

D. Premios

Los empleados necesitan incentivos para mantener su motivación en un nivel alto. Piense cómo podría premiar el tipo de conducta y trabajo que desea y espera. Un bono, aunque sea modesto; un regalo de algo, algunos días extra de descanso, reconocimiento público, una nota de agradecimiento por un trabajo bien hecho alentará la productividad y mantendrá la moral alta. Estas cosas no cuestan mucho dinero aunque demanden de usted en cuanto líder algún esfuerzo.

E. Evaluación

Una evaluación periódica ayuda a todos a elevar su nivel. Para un empleador, es muy importante que cada miembro de su equipo de trabajo tenga una evaluación regular. Esto debería hacerse a lo menos una vez en el año aunque sería mucho mejor si se hace cada seis meses. Es importante revisar la descripción de trabajo con el empleado y evaluar su rendimiento en las diferentes áreas del trabajo y la relación del trabajo con la forma en que ha actuado. Esto se puede lograr haciendo que diferentes miembros del personal se evalúen entre sí o que los mismos empleados se evalúen ellos mismos. Yo he usado la fórmula de evaluación que aparece en el apéndice K, pidiéndoles a los miembros del personal que llenen un formulario y autocalifiquen su productividad en las áreas apropiadas. Cuando nos reunimos, intercambiamos formularios, los leemos y luego hablamos. Para hacer esto se necesita tener valor pero en más de una ocasión mis empleados me han dicho que apreciaron mi buena voluntad de sentarme y hablar con ellos y que esto los hizo sentirse mejores trabajadores y personas más fuertes.

F. Despida adecuadamente

A veces un trabajador no valora las expectativas. Esto puede ocurrir cuando no se asigna el trabajo apropiadamente o puede ser cuestión de carácter o actitud. Es difícil en los ambientes cristianos despedir a un trabajador pero a veces es necesario hacerlo. Recuerde que usted como líder es responsable de proveerse del mejor equipo de empleados posible para el crecimiento de la organización. Cuando conserva a un empleado incompetente está causándole daño a la organización, a la persona y a usted mismo en cuanto líder. Esto pone el asunto bajo una luz diferente. Cuando no le quede otra alternativa que proceder al despido, siga estos tres «hágalo»:

- **Hágalo cuidadosamente**
Asegúrese que todo sea absolutamente claro. Ore, hable y pida consejo. Pregúntese si ha hecho todo lo posible para que la persona afectada se desarrolle en su función de empleado. ¿Ha entendido el trabajador cuál ha sido el déficit en su desempeño? ¿Se le ha advertido en forma apropiada? Despedir a alguien debería ser el recurso final, no la primera medida.

- **Hágalo personalmente**
Siéntese a hablar con la persona. No le entregue una carta de despido cuando vaya saliendo de su oficina. Deberá escribir una carta formal de terminación de contrato para su archivo pero tenga el valor y la cortesía de confrontar a la persona. Déle la oportunidad de exponer cualquiera molestia o amargura hacia usted como líder.

- **Hágalo rápidamente**
Una vez que ha decidido que un empleado será despedido, hágalo rápidamente. No dilate la decisión. Páguele lo que le corresponde y déjelo que se retire. Es mejor pagar un mes de salario y liberarse de esa persona que dejarlo por el peligro de drenar la moral de toda la organización.

Registro

Una parte importante de la administración es guardar registro de todo. Los archivos de los registros deben comenzarse desde un principio y mantenerse a lo largo de toda la vida de la iglesia. Al guardar los registros se consiguen tres cosas:

- Un registro seguro de cuanto está ocurriendo en la iglesia.
- Permite que lo que se necesite se encuentre fácilmente.

- Da la oportunidad a otros a entender lo que está pasando o ha pasado.

El propósito al guardar registros es conservar información importante para futuros liderazgos. Quizás por esto sea que muchos pastores no ven necesario guardar registros; sencillamente no tienen planes de salir algún día de esa posición. Hasta donde pueden entender y recordar las cosas, no ven necesidad de mantener archivos con información. Pero un día dejarán la posición de líderes por lo que será sabio estar preparado para cuando esa ocasión se presente.

Toda iglesia debería tener un medio para guardar información. Por lo general, esto se hace con algún sistema de archivos. Cada comité o junta en la iglesia debería tener un archivo. Además de eso, debería mantenerse registro de otras actividades en la iglesia. Por ejemplo, archivo de bautismos, registro de dedicación de niños, de fallecimientos, de matrimonios, de bienes muebles, de finanzas y de membresía. Todo eso ayuda a mantener los registros correctamente y al día. También es necesario mantener archivo de informes a la denominación y toda correspondencia.

Los archivos de la iglesia deberán mantenerse en un lugar seguro, preferiblemente no bajo el colchón del pastor. Aun si el pastor no tiene una oficina los archivos de la iglesia deberían mantenerse separados de los papeles personales. Si aun no tiene uno, provéase de un gabinete lo más pronto posible.

La correspondencia es una parte importante de la documentación administrativa. Las cartas pertenecen a la organización, no a quien las escribe o recibe. Siempre debe archivarse una copia. Las fotocopias son apropiadas o, si usted usa un computador, imprima una copia adicional.

Asistencia a reuniones

Las reuniones son importantes porque ponen las mentes a trabajar juntas para el análisis de asuntos y hacer decisiones que beneficiarán a todo el grupo. Se dedica mucho tiempo a las reuniones. Este puede ser tiempo bien empleado o tiempo malgastado.

¿Qué puede hacer usted como líder para hacer de una reunión algo fructífero?

- **Prepárese**

Establezca la agenda antes de la reunión. ¿Cuáles son los asuntos más importantes? ¿Qué se necesitará para la reunión... informes, correspondencia, documentos archivados? Asegúrese que el acta de la última reunión esté lista. Léala para recordar qué cosas desde la última reunión se han hecho y qué aún no.

• **Mantenga la reunión avanzando**
Decida cuánto tiempo dedicará a la reunión y sepárelo para estar seguro que toda la agenda se abarcará convenientemente. Muchas veces se malgasta el tiempo en asuntos sin importancia, dejando sin tratar cosas más urgentes. Si en algún punto no se logra consenso y la decisión no es urgente, planee incluirlo para la reunión siguiente. Deje tiempo suficiente para que los miembros expresen su opinión pero cuando todos estén de acuerdo en algo, no alargue innecesariamente la discusión del asunto. Pregunte: «¿Hay alguien que no esté de acuerdo?». Y si no hay nadie, siga con el punto siguiente de la agenda.

• **Adopten decisiones**
Su trabajo como líder es hacer que se adopten decisiones. No deje que la discusión se prolongue innecesariamente sin alcanzar una decisión. Si no se llega a una conclusión, consiga acuerdo para decidirlo en la próxima reunión aunque esfuércese porque ya mismo se llegue a un acuerdo. Trate de lograr consenso sobre qué se va a hacer, cuándo se va a hacer y quién lo hará.

Tome tiempo

Una de las grandes necesidades en administración es el tiempo cronológico. Se requiere tiempo para hacer una buena administración. Muchos pastores no invierten en esto el tiempo necesario porque creen que es mejor usar el tiempo en oración y en evangelizar. Aunque la administración no sea el llamado primario del pastor, debería separar una cantidad de tiempo razonable para esta actividad. Quizás para comenzar sea bueno separar una mañana por semana. Este es el tiempo para planificar, escribir cartas, organizar el trabajo y prepararse para las reuniones. A medida que el trabajo aumenta, algo de esto podría delegarse a otra persona con capacidades administrativas pero de cualquier manera, asegúrese de darle el tiempo suficiente a los asuntos administrativos.

Evalúe

En administración como en muchas otras áreas del liderazgo, la evaluación es esencial. «Dónde hemos estado, cómo lo hemos hecho, qué estuvo bien, qué estuvo mal» son todos asuntos importantes que hay que atender. Esfuércese para que el avance no se detenga. Pídale a Dios que lo fortalezca en sus puntos débiles.

No deje de estar controlando la estructura administrativa de la iglesia para asegurarse que sea pertinente a las necesidades. A medida que la iglesia crece deberán reexaminarse las estructuras. ¿Dan lugar al crecimiento por todos deseado? ¿Qué cambios es necesario introducir?

Otros pueden ayudarle en esta área. Pida que le comenten cómo ven el trabajo que usted está haciendo. Como pastor, yo me reúno semanalmente con un grupo de personas para evaluar el servicio del domingo. Nos detenemos en asuntos tales como con qué grado de eficiencia manejamos el tiempo, cómo estuvo la dirección de la música y la adoración, cómo funcionó el equipo de sonido, si las visitas recibieron una buena bienvenida y varias otras áreas. Esto podría verse como una pérdida de tiempo, pero lo que nosotros estábamos haciendo era evaluar la excelencia, siempre susceptible de mejorar.

LOS PELIGROS DE LA ADMINISTRACIÓN

¿Cuáles son los problemas con que nos encontramos en administración?

No se hace lo suficiente

Un problema común entre los líderes de las iglesias es que sencillamente no hacen lo suficiente en materias administrativas. Quizás no han recibido entrenamiento para hacer las cosas bien y no «les sale» naturalmente o no entienden la importancia de la administración.

Dedíquele tiempo a la administración. Aprenda cómo administrar. Siga los pasos señalados, pero hágalo metódicamente. Puede parecer trabajo arduo pero con práctica llega a ser familiar y usted seguramente que mejorará. Todo líder que desea crecer en esta área puede llegar a ser suficientemente hábil como para llevar a su iglesia u organización a un nivel más alto.

Falta de delegar

Delegación es un área de la administración y de la gente desarrollada acerca de la cual no hemos dicho mucho pero en lo cual una gran cantidad de líderes son débiles. Delegar es trabajar a través de otros, capacitándolos para que ayuden a llevar adelante el trabajo. Mientras no aprendamos a delegar, nuestra iglesia u organización no crecerá más allá de lo que pueda lograr una sola persona. Pregúntese qué está haciendo usted que otros pudieran hacer. ¿Quién puede hacerlo? ¿Qué tipo de entrenamiento se necesita? Este es un asunto de equipamiento, equipamiento que es una parte clave de su función como líder.

Otros líderes no delegan porque no creen que alguien más pudiera hacer el trabajo tan bien como lo hacen ellos. Esto puede ser o no ser verdad pero está lejos de ser un criterio inteligente. Cuando un líder insiste en hacerlo todo nunca podrá alcanzar todo su potencial. En cambio, si delega, podrá concentrarse en otras áreas que traerán un gran beneficio a la organización a la vez que este solo hecho lo puede llevar a niveles más altos. Los expertos en administración recomiendan que cuando alguien más puede hacer un trabajo un 80% tan bueno como puede hacerlo usted, es tiempo de delegar. Permita que otros también se desarrollen y juntos van a lograr mucho más.

Un cartel en mi oficina me recuerda: Delega. Diariamente. Diligentemente. Deliberadamente.

> Delega.
> Diariamente.
> Diligentemente.
> Deliberadamente.

Piense en la sabiduría que encierran estas palabras de J. Oswald Sanders: «El oficio de una sola persona jamás podrá desarrollarse más que la carga que una persona puede llevar».[3] Y, «Si no delega, el líder cae en un marasmo de detalles secundarios que lo sobrecargará y alejará su atención de las tareas más importantes. La gente bajo su autoridad no alcanzará su propio potencial. En algunos casos, insistir en hacer un trabajo uno mismo es el resultado de una simple pedantería».[4]

No siempre es fácil dejar que otros hagan lo que nosotros sabemos hacer tan bien. Se requiere que tengamos un amplio espectro de la visión. Maxwell dice: «Si usted quiere hacer bien unas pocas tareas, hágalas personalmente. Si quiere hacer tareas grandiosas que impacten, aprenda a delegar».[5]

Tómese un momento para autoevaluarse en el área de la delegación. ¿Cómo podría delegar más efectivamente?

ADMINISTRACIÓN PERSONALIZADA

Una última trampa es lo que yo llamo «administración personalizada» que no es otra cosa que una administración que se lleva de una forma tal que los demás no pueden seguir. Un tesorero puede llevar el registro de las finanzas de la iglesia en un pedazo de papel y guardarlo en un cajón en su casa. Él le puede decir el contenido de cada hoja de papel pero nadie más entiende el contenido de esa papelería. Si el proceso de archivar se realiza descuidadamente, la persona que archivó es posible que cuando lo requiera, encuentre lo que busca; sin embargo otros no tendrán la misma suerte.

A una iglesia o administración bien operada puede venir otro líder, ver lo que está ocurriendo y sin demora seguir llevando la visión adelante. Trabaje siempre pensando en el futuro. Ponga el fundamento que permanezca y que sea útil para otros.

CONCLUSIÓN

La administración de una iglesia es una parte importantísima de su liderazgo y usted puede hacer todo lo que las circunstancias le exijan para ser un buen administrador. Aun cuando se trate de un área en la que usted quizá no esté especialmente dotado, su esfuerzo por mejorar lo llevará a un más alto nivel. Trabaje. Sude los detalles. Los resultados compensarán. Comience con la asignación para la acción y enfile hacia adelante desde este punto.

ASIGNACIÓN PARA LA ACCIÓN

I. ¿En qué áreas de la administración está usted habitualmente involucrado?

II. Como líder, piense en cuánto tiempo le da a los asuntos administrativos.

Haga un círculo en la descripción que mejor se aplique: poco, algo, apenas el suficiente, suficiente, demasiado. ¿Cuál es el resultado?

III. Piense en su iglesia u organización como un todo. ¿Qué importancia tiene la administración o la organización? Haga un círculo en la descripción que mejor se aplique: no lo suficiente, raramente lo suficiente, suficiente, demasiado. ¿Cuál es el resultado?

IV. Examine la estructura administrativa en su iglesia u organización respondiendo a las preguntas que aparecen a continuación. Quizás necesite asesorarse si no puede contestar algunas preguntas.

1. ¿Quién designa a los líderes?

2. ¿Quién es el que toma las decisiones principales? (Debería ser una persona o el comité)

3. ¿Qué comités ya existen?

4. ¿A quién son responsables los comités?

5. ¿Quién es la persona responsable de mantener los registros oficiales?

6. ¿Tiene su iglesia una constitución o un reglamento?

7. ¿Hay un cuadro mural?

8. ¿Quién decide sobre los programas de corta duración?

V. Piense en los comités que existen en su iglesia. ¿Están funcionando como corresponde o solo son comités en el papel? ¿Se sienten los miembros en libertad de cumplir con sus asignaciones? ¿Han sido escogidos bien y adecuadamente adiestrados? Dedique unos minutos a pensar en estos asuntos y luego responda las preguntas que aparecen a continuación, encerrando con un círculo la respuesta más apropiada: desde su perspectiva, ¿cómo calificaría la productividad de los comités de su iglesia? (Son inútiles, son útiles, soy muy útiles.)

¿Qué puede hacer usted para fortalecer la función de los comités en su iglesia?

¿Cuándo lo va a hacer?

VI. Vuelva en sus notas al acrónimo O.P.E.R.A.T.E. (Organice, Planifique, Emplee, Registre, Asista a reuniones, Tome tiempo, Evalúe.) ¿Cuál de estas áreas es más relevante a su necesidad en este momento como líder? _____ Usando otro papel, escriba tres cortos párrafos en el área que ha seleccionado. En el párrafo uno, ponga en sus propias palabras la enseñanza relacionada con esta área. En el párrafo dos, escriba su experiencia (éxitos, fracasos, observaciones) en esa área. Y en el párrafo tres, escriba lo que ha hecho y hará para fortalecer su administración.

Capítulo 14

EL LÍDER Y LAS FINANZAS

Yo escuchaba con toda atención al pastor Frank derramando su corazón ante mí. «Estoy atrasado en el alquiler de mi casa y el dueño viene todos los días a cobrarme. La iglesia hace dos meses que no me paga mi salario. Para poder sobrevivir he tenido que pedir dinero prestado pero ahora no sé qué hacer». Su rostro reflejaba su frustración y su ropa bastante gastada hablaba de su sufrimiento. Frank representa a muchos pastores que tienen un corazón sincero para servir a Dios pero que libran verdaderas batallas en el área de las finanzas.

He observado que a lo menos el 80% de la gente que sirve a Dios vive en una especie de esclavitud financiera, incluyendo a líderes como el pastor Frank. Esto es desagradable a Dios y tremendamente frustrante para las personas vinculadas a ellos. No hay duda que esto no es lo que quiere Dios para sus hijos los creyentes.

Las iglesias están siempre quejándose de que no hay suficiente dinero. ¿Por qué? ¿Será porque Dios planeó que su reino fuera pobre? ¿Será porque los pastores pertenecen a la clase más pobre de la sociedad? ¿Se sentirá Dios muy bien cuando ve que los programas se postergan o cancelan por falta de recursos? ¡No! Mil veces no. ¿Qué es, entonces, lo que sucede? ¿Por qué no hay dinero suficiente en la iglesia? Yo creo que hay dos razones principales:

Falta de visión

Muchas veces la escasez de dinero no es más que un reflejo de una falta de visión del líder. Como lo notamos en el capítulo tres, el dinero fluye hacia la visión. Cuando una visión ha sido claramente configurada y la gente la acepta, estarán dispuestos a dar. Los seguidores necesitan una visión que los motive lo suficiente como para querer involucrarse y estar dispuestos a sacrificarse por ella. Cuando, por el contrario, la visión no se ha expuesto con claridad o no ha sido aceptada por los seguidores, habrá poco interés en dar y, como resultado, surgirán los problemas financieros.

La visión necesita ser lo suficientemente grande como para inspirar un dar sacrificial. Aunque el tesorero de la iglesia pudiere estar preocupado por disponer del dinero suficiente para pagar las cuentas y mantener el presupuesto sano, lo más probable es que los miembros no se sientan motivados a dar simplemente para mantener la iglesia. Comparta una visión grande. «Vamos a dar generosamente para que, después de pagar todas las cuentas, podamos financiar los esfuerzos orientados a la comunidad para traer nuevos creyentes a los pies de Cristo.

Falta de obediencia a la Palabra

Una segunda razón para que muchas iglesias y ministerios carezcan de dinero es por falta de obediencia a la Palabra de Dios. Esto puede producirse por ignorar la Palabra, desobedecerla conscientemente o ambas cosas.

¿A quién echarle la culpa? ¿A la economía? ¿Al gobierno? ¿A la falta de donantes? ¡No! «En el liderazgo, todo lo que sube, baja». Estos son los problemas con los que los líderes de las iglesias deben luchar y resolver. Es parte del liderazgo.

Antes de ir a los detalles sobre lo que el líder debe hacer en el área de las finanzas, vamos a examinar lo que dice la Escritura sobre la importancia de las finanzas en la vida de un líder.

> El que es honrado en lo poco, también lo será en lo mucho; y el que no es íntegro en lo poco, tampoco lo será en lo mucho. Por eso, si ustedes no han sido honrados en el uso de las riquezas mundanas, ¿quién les confiará las verdaderas? (Lucas 16.10, 11)

Fíjese cuidadosamente en dos cosas que Jesús está diciendo aquí. Primero, usted no puede esperar más si no maneja apropiadamente lo poco que tiene. Si no maneja fielmente unas pocas monedas, ¿por qué Dios le habría de dar más? ¡Él no es tonto! Usted necesita preguntarse si ha manejado fielmente lo que Dios le ha dado. Sea fiel en lo poco y luego ore pidiendo más.

Segundo, Jesús dice que si no manejamos apropiadamente las riquezas materiales no se nos pueden confiar aquellas cosas más importantes que él llama *«lo verdadero»*. La riqueza material no es «verdadera» riqueza; no sobrevivirá a la prueba del tiempo. Se la pueden robar o la puede perder. A los líderes espirituales se les confían las almas de hombres y mujeres que son más valiosas que todo el dinero del mundo. Por lo tanto, un líder que no está viviendo de acuerdo con la Palabra de Dios en cuanto a sus finanzas nunca experimentará completa bendición de Dios en su ministerio. Muchos líderes con quienes he hablado creen que Dios va a hacer una excepción con ellos porque son en realidad necesitados. Pero Dios no hace acepciones a su Palabra. Cuando estamos predicando y enseñando pero viviendo en una esclavitud financiera, estamos proyectando una mala imagen del Dios al que servimos.

Entonces, ¿qué deberían hacer los líderes en cuanto a las finanzas? Hay tres cosas que todo líder debería hacer para introducir un cambio significativo en su iglesia.

LOS LÍDERES DEBERÍAN OBEDECER LOS PRINCIPIOS DE DIOS SOBRE LAS FINANZAS EN SUS VIDAS PERSONALES

En cada una de las áreas del liderazgo, es vital que haya una concordancia entre lo que decimos y lo que hacemos, y el área de las finanzas no es una excepción. Tenemos que ser «ejemplos de la grey» (1 Pedro 5.3). Tenemos que ser obedientes a la Palabra antes de enseñarla a otros.

Esdras nos da este modelo a seguir cuando viene a la Palabra de Dios. Esdras 7.10: «Esdras se había dedicado por completo a *estudiar* la ley del Señor, a *ponerla en práctica* y a *enseñar* sus preceptos y normas a los israelitas». Esdras dio tres pasos en relación con la Palabra: la estudió, la cumplió y la enseñó a otros. Sin estudio, nunca podremos saber qué hacer. Sin hacer, no estamos calificados para enseñar. Sin enseñar, no podemos ayudar a otros.

- No intente enseñar antes que haya estudiado.
- No intente estudiar sin obedecer.
- No intente hacer sin enseñar

Vamos a aplicar estos principios a los líderes y a las finanzas.

Estudie la Palabra

Un líder debería tener el mejor entendimiento de lo que dice la Biblia acerca del dinero. Y ella tiene mucho que decir al respecto. Provéase de una concordancia y busque referencias a dinero, riqueza, trabajo y posesiones. Va a sorprenderse al ver lo mucho que la Palabra dice acerca del dinero. Solo Proverbios tiene más de 125 versículos que se refieren a finanzas.

Muchos líderes son simplemente ignorantes de lo que la Biblia enseña acerca del dinero. Muchos cristianos solo han oído mensajes sobre dar y sobre el diezmo y nada más. Pero, en la Biblia hay mucho más que eso acerca del dinero. El tema del diezmo es solo un aspecto de lo que es honrar a Dios con nuestro dinero.

Mientras estudia la Palabra, lea otros libros cristianos sobre finanzas. Mi libro, *7 Keys to Financial Freedom* [Siete claves para una libertad financiera] es resultado de mi estudio de la Palabra sobre el tema. Hay muchos otros buenos libros. Aprovéchelos.

Obedezca la Palabra

Después de leer y entender lo que la Palabra enseña sobre finanzas, comience a practicar lo que ha leído y aprendido. ¡Saber lo que hay que hacer y hacerlo son dos cosas bien diferentes! «No se contenten con solo escuchar la palabra, porque así se engañan ustedes mismos. Llévenla a la práctica. Así que comete pecado todo el que sabe hacer lo bueno y no lo hace» (Santiago 1.22; 4.17).

Antes que la iglesia cambie en el área de finanzas, nosotros como líderes debemos empezar a vivir la Palabra de Dios en esa área. Ya tenemos demasiados predicadores dando puños en los púlpitos por los diezmos que no están llegando. Otros líderes exigen los diezmos pero ellos no dan lo que han prometido a los líderes denominacionales que están sobre ellos. ¡No es de extrañar que la iglesia esté sumida en gran confusión acerca del dinero. ¡NECESITAMOS EJEMPLOS! Seamos ejemplo a los demás en relación con el dinero.

LOS LÍDERES DEBERÍAN ENSEÑAR EN SUS IGLESIAS LOS PRINCIPIOS DE DIOS SOBRE LAS FINANZAS

Jesús dijo que teníamos que ir a todo el mundo y hacer discípulos... enseñándoles «que guarden todas las cosas que os he mandado» (Mateo 28.20). ¿Enseñó sobre finanzas? ¡Sí! Más que sobre el cielo y el infierno. Cualquier pastor que no enseñe lo que Jesús enseñó sobre el dinero está desobedeciendo su mandato.

De alguna manera los pastores han desarrollado una mala actitud sobre la enseñanza que tiene que ver con finanzas. En mis primeros años como pastor, tuve muchos problemas con este asunto. Enseñaba sobre todo lo que usted se pueda imaginar pero evitaba meterme con las finanzas de mi congregación. Tenía miedo de que me vieran como un codicioso y pensaran que al hablar del tema estaba buscando mi propio beneficio. Esto se prolongó por varios años hasta que finalmente me di cuenta que esa actitud estaba haciendo más mal que bien. Me di cuenta que la Palabra de Dios es para que la obedezcamos y es para nuestro bien. Si su Palabra enseña sobre el dinero y yo evito hablar del tema a la congregación, la gente va a perderse la bendición que Dios quiere darle. Además, yo voy a sufrir como pastor porque la gente anda en desobediencia y no les estoy enseñando lo que debo. Pero si les enseño y ellos hacen lo que Dios quiere que hagan, recibirán su bendición. Se beneficiarán, la iglesia se beneficiará y sí, el pastor también se beneficiará. ¿Hay algún problema con eso? ¿No? ¡Entonces comience a enseñar!

Si usted es pastor, acepte que su responsabilidad es asegurarse que la gente esté recibiendo la enseñanza que necesita. A menudo, los pastores no quieren predicar sobre este tema, así que invitan a un predicador de afuera para que venga y predique sobre dar. Si el pastor no está dispuesto a vivir y a enseñar sobre finanzas, un sermón por un predicador invitado será de muy poco valor. Así es que ¡anímese! Ponga su vida en orden y luego enseñe lo que dice Dios.

¿Qué le enseñaría a su congregación?

Enseñe los principios de ganar, dar y administrar dinero

Su enseñanza debería ser un acercamiento equilibrado al tema de las finanzas. La gente necesita entender la naturaleza espiritual de las finanzas y cómo afecta nuestra vida espiritual y nuestro testimonio. Necesitan entender las formas correctas y erróneas de ganar dinero y los principios bíblicos para dar, ahorrar y presupuestar.

Mi libro, *7 Keys to Financial Freedom*, fue diseñado para este propósito. De hecho, desarrollé las enseñanzas para mi iglesia y para posteriormente publicarlo. Me siento agradecido porque ha sido de una tremenda bendición en muchas iglesias. Un pastor que lo usó, vio un inmediato crecimiento del 50% de las entradas en su congregación.

La enseñanza debe ser reiterada, especialmente en el área de las finanzas. Algunas personas oirán el mensaje y harán cambios pero pronto volverán a sus viejos hábitos. Otros necesitan oír el mensaje dos o tres veces antes de aceptarlo. Si alguien manifiesta no estar aún preparado para aceptarlo en su totalidad, déle tiempo y vuelva a trabajar con él o ella. La misma iglesia que vio un crecimiento de un 50% en sus ingresos después de haber impartido la enseñanza necesitó volver a tratar el asunto dentro de unos meses porque las entradas habían empezado a bajar. Se necesita una enseñanza de seguimiento para obtener cambios duraderos. Quizás usted necesite programar series anuales de enseñanza sobre finanzas para hacer que la gente camine en obediencia, no un día o dos sino en forma permanente.

Enseñe lo que significa sostener a los pastores

Debido a que se trata de un área un poco delicada y bastante sensitiva, vamos a concentrarnos ahora en lo que significa el sostenimiento financiero de los pastores. Muchos pastores sufren innecesariamente porque no están dispuestos a enseñar a sus congregaciones lo que la Palabra dice sobre el plan de Dios para sostener económicamente al liderazgo de la iglesia. Los pastores tienden a evitar el tema o se van al otro extremo y predican tanto sobre el asunto que pareciera que solo eso es la preocupación de Dios. En esto, como en todo lo demás, debe haber un equilibrio saludable.

Antes de enseñar o predicar sobre el sostenimiento de los pastores, el líder debería examinar cuidadosamente sus sentimientos y motivos.

La motivación no puede ser amargura personal, dolor o avaricia. Pídale a Dios que abra sus ojos para ver hasta sus más profundos motivos. Si algo impuro hay en su vida, pídale a Dios que lo libere de tal cosa antes de enseñar sobre este asunto.

Al revisar la Palabra de Dios, estoy más y más convencido que muchas iglesias no están siguiendo su plan para el financiamiento del ministerio. ¿Le parece que es plan de Dios que los pastores ganen menos trabajando para el reino que lo que ganarían trabajando para el mundo? Yo creo que no aunque por algún tiempo pudiere ser necesario. Por otra parte, ¿cree usted que es plan de Dios que el pastor viva con lujos y riquezas, muy por encima del nivel promedio de las personas de su congregación? De nuevo, creo que no.

Entiendo las motivaciones de muchos pastores bivocacionales que han comenzado iglesias con un amor genuino por las personas a las que quieren alcanzar. Su versículo favorito es: «De gracia recibisteis, dad de gracia» y este versículo justifica su negativa a aceptar dinero de la iglesia. Sin embargo, esta práctica casi siempre lleva a la iglesia a sufrir de debilidad financiera. Pablo trató este asunto en Corinto y luego se excusó con la iglesia. «¿En qué fueron ustedes inferiores a las otras iglesias? Pues solo en que yo mismo nunca les fui carga. ¡Perdónenme si los ofendo!» (2 Corintios 12.13). Irónicamente, esta iglesia tuvo dificultades en reconocer el liderazgo del apóstol Pablo. ¡Quizás este también sea el tiempo para que usted se disculpe ante su congregación!

El área de sostén financiero para los líderes de la iglesia está tan descuidada y mal entendida que tendremos que detenernos en algunos versículos de la Escritura que tratan el tema.

Porque en la ley de Moisés está escrito: «No le pongas bozal al buey mientras esté trillando» ¿Acaso se preocupa Dios por los bueyes, o lo dice más bien por nosotros? Por supuesto que lo dice por nosotros, porque cuando el labrador ara y el segador trilla, deben hacerlo con la esperanza de participar de la cosecha. Si hemos sembrado semilla espiritual entre ustedes, ¿será mucho pedir que cosechemos de ustedes lo material? Si otros tienen derecho a este sustento de parte de ustedes, ¿no lo tendremos aun más nosotros? Sin embargo, no ejercimos este derecho, sino que lo soportamos todo con tal de no crear obstáculo al evangelio de Cristo. (1 Corintios 9.9–12)

DE ESTOS VERSÍCULOS SE PUEDEN EXTRAER VARIOS PRINCIPIOS

a. **Es legítimo para el trabajador «comer» de su trabajo.** Todos comemos del trabajo de nuestras manos. ¿Por qué habríamos de pensar que es degradante que un hombre de Dios reciba su salario de la iglesia? El pasaje de 1 Corintios es muy claro en cuanto a que la persona que da de su tiempo y sus energías al trabajo de la iglesia tiene el derecho a esperar que esa iglesia a la que sirve lo sostenga económicamente.

b. **Es legítimo que aquellos que son ministrados espiritualmente den cosas materiales (dinero) a quien o quienes los ministran.** Pablo dice claramente que los que siembran semilla espiritual tienen el derecho de recibir fruto espiritual por su trabajo. Él esperaba que aquellos que se beneficiaban de este ministerio dieran para sostener al obrero.

c. **El ministro tiene la prerrogativa de rechazar este sostenimiento.** En el caso de la iglesia de Corinto, Pablo no recibió dinero de ellos. Sin embargo, insiste en que tenía el derecho, y nosotros ya hemos notado que él se disculpó por no ejercer ese derecho. Nunca ha sido derecho de la gente rechazar la idea de sostener a sus líderes. Cuando un ministro rechaza el sostenimiento que se le ofrece, debe hacerlo teniendo una buena razón para ello. Y cuando lo hace, debe hacerlo solo por un tiempo limitado si no, va en detrimento de su propia vida y de la vida de las personas, como lo demuestra la propia experiencia de Pablo.

El que recibe instrucción en la palabra de Dios, comparta todo lo bueno con quien le enseña. No se engañen: de Dios nadie se burla. Cada uno cosecha lo que siembra. El que siembra para agradar a su naturaleza pecaminosa, de esa misma naturaleza cosechará destrucción; el que siembra para agradar al Espíritu, del Espíritu cosechará vida eterna. (Gálatas 6.6–8)

El mandato aquí es que los que escuchan compartan con sus instructores. ¿Cuáles son las «cosas buenas» que tienen que dar a su maestro? ¿Será decir: «Gracias por el mensaje, Dios le bendiga»? ¡No. Pablo está hablando de cosas materiales o finanzas!

La ley de siembra y cosecha no es un mensaje a los pecadores diciéndoles que se arrepientan de las malas semillas que están sembrando. No. Es un mensaje a la iglesia diciéndoles que no sean desatinados en la forma en que sostienen al ministro. La forma en que siembren en su vida determinará lo que Dios les dé a ellos. La implicación de este versículo es que una iglesia que no da sostenimiento económico a su ministro está sembrando para complacer a la «naturaleza pecaminosa».

Los ancianos que dirigen bien los asuntos de la iglesia son dignos de doble honor, especialmente los que dedican sus esfuerzos a la predicación y a la enseñanza. Pues la Escritura dice: «No le pongas bozal al buey mientras está trillando», y «El trabajador merece que se le pague su salario». (1 Timoteo 5.17 -18)

¿Está claro? Dios espera que sus ministros sean sostenidos, no solo por fe sino por las personas de fe. La sugerencia aquí es que son dignos de un salario doble.

Estos versículos los encontramos en el Nuevo Testamento; el Antiguo Testamento está lleno de ejemplos de cómo Dios espera que su pueblo provea para los sacerdotes y levitas. Vez tras vez la nación de Israel se levantó y cayó en relación con este principio... tan pronto como el pueblo dejaba de sostener a sus ministros, volvían a sus casas, la obra de Dios se descuidaba y el pecado volvía a aumentar. Cuando el pueblo se arrepentía y retornaba a una estrecha relación con Dios automáticamente aumentaba el sostenimiento de aquellos que los ministraban. (En 2 Crónicas 30–31 puede encontrar un buen ejemplo de esto.)

Entonces, compruebe los motivos de su corazón, estudie la Palabra y luego enseñe al pueblo lo que Dios quiere decir sobre sostener la obra del ministerio.

LOS LÍDERES DEBERÍAN ESTABLECER EN SUS ORGANIZACIONES LOS PRINCIPIOS DE DIOS SOBRE LAS FINANZAS

Una tercera cosa que los líderes deberían hacer respecto de las finanzas es asegurar que los principios de Dios sobre las finanzas se practiquen en su organización. ¿Qué debería hacer el líder para establecer una buena organización en el área de las finanzas? ¡Vamos a hablar de dinero (*M.O.N.E.Y.* según las siglas en inglés)!

MONITOREE

Es la responsabilidad del pastor o líder monitorear lo que está ocurriendo con el dinero de la iglesia. Dios lo ha puesto en ese lugar y esa posición para que guíe y vele por el rebaño. Las finanzas son un indicador importante de lo que ocurre en una iglesia.

Esto no significa que el pastor tiene que necesariamente «meter sus manos» en el dinero. ¡Hacerlo no es sabio! Si el pastor cuenta o maneja el dinero eso lo puede llevar a abuso o sospecha. Pero no estará tan distante que no se dé cuenta de lo que está pasando. Dios lo hará responsable por cómo maneja los recursos de la iglesia, y su visión y dirección determinará cómo lo usen.

Debe haber algunos métodos para informar al líder. Esto puede hacerse semanal o mensualmente, pero el pastor debe estar informado de la situación de las finanzas en la iglesia y saber cuando se presentan los problemas.

ORGANICE

El líder necesita mantener un buen sistema de organización de las finanzas. Estos principios son primeramente para una iglesia pero también se pueden aplicar a una organización. Un buen sistema de finanzas incluye a lo menos tres aspectos:

Un presupuesto de trabajo

Un presupuesto es una proyección de ingresos y gastos por un periodo dado, normalmente anual. Cuando ha sido bien planificado, puede reducir fricciones potenciales concernientes a la administración financiera.

Cuando prepare un presupuesto tenga en cuenta lo siguiente:

- **Su pasado.** Revise los informes del año anterior sobre ingresos y egresos. Le puede dar algunas pautas para desarrollar el presupuesto que necesite establecer. Si tiene registros por más de un año, también le puede servir revisarlos. No deje que el pasado mate su fe sino permítale que traiga realismo a sus proyecciones.
- **Sus metas.** Su visión y sus metas determinarán varias cosas en su presupuesto. Primero, afectará sus objetivos en cuanto

a ingresos. Si usted planea duplicar los números, los ingresos deberían aumentar significativamente. Sus metas también afectarán sus prioridades y gastos particulares. Si está planeando una cruzada a gran escala va a necesitar un presupuesto para eso. Si está enfatizando desarrollar en discipulado y liderazgo, deberá asignar más dinero para esos aspectos.

Cuando los presupuestos se elaboran bien, muchas decisiones que consumen tiempo pueden ser despachadas con mayor prontitud por la junta o delegadas a una persona. Por ejemplo, si usted decide que este año va a gastar cierta cantidad en el programa de escuela dominical, dígale al presidente de ese comité cuál es la cantidad presupuestada y pídale que trabaje con eso. El comité no necesitaría escribir una carta a la junta pidiendo dinero para comprar una cajita de tiza. Recuerde que debe dejar que la gente trabaje tranquila.

- Si los ingresos exceden o quedan cortos respecto de la suma esperada, el presupuesto deberá cambiarse para ajustarlo a esta realidad.
- Disponer de un presupuesto evitará que caiga en la trampa de tomar decisiones sobre la pregunta: «¿Habrá dinero en el banco?». Las decisiones deben hacerse basadas en el presupuesto y no solo en la disponibilidad de fondos.

Registros apropiados

No hay excusa para que en una iglesia las anotaciones se hagan en el reverso de un sobre manoseado guardado debajo del cubrecama del tesorero. No hay iglesia que no pueda tener un libro de caja sencillo y vales de caja chica.

Cuando la iglesia es pequeña, no es necesario elaborar demasiado estos registros pero deben ser claros y anotados de tal manera que si alguien quiere revisar el libro de caja pueda entenderlo sin dificultad. Deben contener anotaciones por ingresos, egresos y el balance tanto en dinero efectivo como en el dinero que está en la cuenta del banco.

Los registros deberían permitir al tesorero preparar informes financieros regulares para el pastor, el concilio de la iglesia o la congregación. A medida que la iglesia crezca, el sistema puede hacerse más complicado para satisfacer las demandas. Un contador puede ayudar a mantener los libros en orden.

Vea el apéndice L, donde encontrará ejemplos de un libro de caja sencillo y formularios para informes.

Controles internos

Toda iglesia, sin importar su tamaño, debería establecer un sistema de controles internos. Los controles internos son sencillamente una forma de controlar las finanzas y hacer más difícil cometer fraude. Protegen el dinero de la iglesia y eliminan tentaciones innecesarias a aquellos que lo manejan.

Esto es difícil para nosotros como creyentes porque confiamos en los hermanos. Desafortunadamente, todos conocemos casos de buenos «hermanos» que robaron dinero a la iglesia. Muchas veces los líderes contribuyen a crear el problema por no tener controles internos. Un mentor me dijo que tratándose de dinero no es cuestión de confianza sino de sabiduría.

A continuación encontrará seis sugerencias prácticas para establecer controles internos que le ayuden a tener un buen sistema en su iglesia.

* **Separe funciones.** Asegúrese que las funciones financieras estén claramente separadas. Mientras que una persona maneja el dinero efectivo otra lleva los registros. Que las personas responsables de contar el dinero sean diferentes de las que hacen las anotaciones en los libros. Aquellos deben llevar su propio registro de lo que han contado. Las personas que reciben dinero en efectivo no deberían tener acceso a los libros contables. Esto puede ser confirmado con los registros del tesorero.

* **Nunca permita que una persona sola tenga acceso a dinero no contado.** El dinero es una poderosa fuente de tentación. No deje que nadie, incluyéndose usted, quede solo con dinero que no se ha contado. Piense en cómo recolectar, anotar y depositar en el banco los diezmos y ofrendas. Desde el momento en que el dinero se recoge hasta que se ingresa en los libros, nadie debe estar solo con el dinero. Permitirlo es abrir una puerta a la tentación.

* **Revise las cuentas regularmente.** No importa cuánta confianza tenga en el tesorero, revise las cuentas regularmente. Puede

hacerse mensual o trimestralmente o sobre una base irregular, pero asegúrese que haya un día para hacerlo. Confirme las cantidades en el libro de caja con lo que hay en efectivo y la cantidad en la cuenta del banco. Para esto último, use los reportes del banco. Revise los vales de la caja chica para confirmar las cantidades gastadas de acuerdo con las entradas en el libro de caja y asegurarse que se trata de desembolsos válidos.

- **Cambien posiciones con regularidad.** Con el tiempo, cualquiera puede ser tentado por el dinero y la sabiduría en estos casos significa que la rotación de las personas que manejan efectivo reducirá la tentación. No espere que el problema se presente. Planee movimientos de personal en forma regular.

- **Mantenga una cuenta bancaria.** Las cuentas bancarias son mucho más seguras que dejar que cualquiera persona maneje el dinero. Hay iglesias pequeñas que no tienen una cuenta bancaria incluso después de años de existencia. En un banco, es fácil comprobar los depósitos y los egresos; por lo general, se requiere de dos firmas para cualquiera transacción y el dinero se mantiene en un lugar seguro. Por supuesto, es necesario tener siempre a la mano un poco de dinero efectivo, pero este incluso puede retirarse de la cuenta bancaria con lo cual queda registrada la salida y cómo se utilizó.

- **Mantenga registros escritos claros.** Toda transacción financiera debería quedar claramente registrada por escrito. Las firmas responsables deben acompañar toda transferencia de dinero de una persona a otra. Si dos diáconos recogen las ofrendas y diezmos, cuentan el dinero y se lo entregan al tesorero, el tesorero tendría que firmar un documento donde se deje constancia que recibió el dinero. Cuando a alguien se le pagan sus gastos de viaje, esa persona debe firmar un vale de la caja chica. Incluso el pastor debería firmar por cualquier dinero que haya recibido.

Desarrolle un sistema que satisfaga sus necesidades. Que sea algo práctico, no demasiado complicado. Incluya un presupuesto de trabajo, registros exactos y controles internos.

Notifique

Un tercer aspecto de una buena organización financiera es tener un sistema para notificar a las personas lo que está haciéndose con las finanzas de la iglesia.

Bíblicamente, no creo que esto sea un requerimiento. La Escritura asume que cuando la gente da para el Señor, han cumplido con su responsabilidad y renunciado a cualquier control sobre cómo se va a usar ese dinero. Sin embargo, debido a que protegerá su integridad, es bueno informar a la congregación. La franqueza en los asuntos relacionados con dinero alienta a las personas a dar con mayor entusiasmo.

Se puede informar mensual o trimestralmente; si no, prepare un informe anual de todos los ingresos y egresos en la iglesia. Déle tiempo a la gente para que reflexione sobre el informe y para que haga sus comentarios, preguntas y sugerencias. Si todo se ha hecho correctamente, usted no tiene nada que temer.

Enrole a personas fieles

Para manejar el dinero de la iglesia se requiere de personas fieles. Por eso, se debe tener el máximo cuidado a quién se le da esa responsabilidad. En iglesias pequeñas esta persona probablemente sea un voluntario en lugar de un «empleado». En iglesias más grandes, quien manejará las finanzas debe ser un contador o un administrador. La persona más importante en este aspecto es el tesorero o el contador quienes están encargados de llevar el control de las finanzas de la iglesia. Recolectar el dinero y contarlo puede estar en manos de otras personas. El mismo principio se aplica a todos ellos.

Un tesorero corrupto no ayuda a nadie. Hasta Jesús tuvo esta experiencia.

> Judas Iscariote, que era uno de sus discípulos y que más tarde lo traicionaría, objetó: —¿Por qué no se vendió este perfume, que vale muchísimo dinero, para dárselo a los pobres. Dijo esto, no porque se interesara por los pobres, sino porque era un ladrón y, teniendo a su cargo la bolsa del dinero, acostumbraba robarse lo que echaban en ella. (Juan 12.4–6)

¡Me conforta saber que aun Jesús tuvo problemas con las finanzas en su organización!

Consejos para quienes serán elegidos como tesoreros (o cómo evitar la presencia de un Judas en su iglesia).

- **Escoja basado en el carácter antes que en la profesión.** Demasiadas veces en la iglesia escogemos a un «profesional». Más tarde, su *profesión* no cuadra con su *expresión*, y nos llegamos a encontrar en una *recesión* y la iglesia en una *depresión*. Puede ser bueno escoger contadores o auditores profesionales, pero asegúrese de que antes que eso, reúnan otras calificaciones.

- **Busque la fidelidad.** El tesorero debe ser fiel en asistir a la iglesia, en su compromiso con la iglesia y, en general, en la vida. Recuerde Lucas 16.10: «El que es fiel en lo muy poco, también en lo más es fiel...».

- **Identifique a una persona que sea buena con los detalles.** Un buen tesorero debería ser bueno con los detalles, ordenado y bien presentado. Busque a alguien con fuertes cualidades melancólicas.

- **Busque a alguien que sepa controlar su lengua.** El tesorero tiene conocimientos confidenciales de muchos aspectos de la iglesia. Por eso, es importante que no revele a otros cuánto se le dio a una persona en necesidad o cuánto se le paga al secretario.

- **Busque a una persona susceptible de aprender.** Una persona que cree que lo sabe todo es peligrosa en cualquier área pero especialmente en la que tiene que ver con dinero. Seguramente habrá que enseñarle cómo llevar los libros. Si conoce la parte técnica aun se le puede enseñar más sobre lo que la Palabra de Dios dice en cuanto a finanzas. Ayúdele a entender que su trabajo no es tomar decisiones con el dinero, sino implementarlas. Este es un mal entendido común entre la gente que maneja el dinero de la iglesia.

- **Busque a alguien que sea responsable.** El tesorero es responsable ante la iglesia por la forma en que se manejan las finanzas.

Deberá estar dispuesto a reconocer a la autoridad que está por sobre él. Si es responsable, hará gustoso los informes. Y a tiempo.

- **Escoja a alguien que entienda los principios bíblicos sobre finanzas.** Es importante que el tesorero entienda (o que esté dispuesto a que se le enseñe) los principios bíblicos sobre finanzas. Necesita reconocer que es un mayordomo, no es dueño del dinero de la iglesia. Necesita estar consciente de lo peligroso que es pedir prestado y otros principios bíblicos.

Y NO CEDA A LA TENTACIÓN

El dinero produce sutiles tentaciones a los líderes. Veamos a lo menos tres.

La tentación del ministro en cuanto a obtener dinero.

Todos necesitamos dinero y existe la tentación de servir por dinero. Somos tentados a dar más atención a los contribuyentes ricos que a las viudas pobres. Pensamos en aquel que tiene su casa propia mientras nosotros seguimos alquilando. A veces predicamos para complacer a la gente y obtener su apoyo financiero en lugar de predicar el mensaje que Dios tiene para ellos. Para el líder cristiano, este es un asunto del corazón que trata con el amor al dinero. Piense en los siguientes dos versículos bíblicos:

Cuiden como pastores el rebaño de Dios que está a su cargo, no por obligación ni por ambición de dinero, sino con afán de servir, como Dios quiere. (1 Pedro 5.2)

Porque el amor al dinero es la raíz de toda clase de males. Por codiciarlo, algunos se han desviado de la fe y se han causado muchísimos sinsabores. (1 Timoteo 6.10)

Para evitar esta tentación... recuerde su llamado

Usted no fue llamado para recibir, sino para dar. Dios lo ha llamado para que sea el pastor del rebaño de Cristo, no para recibir algo del rebaño.

La tentación de manipular para conseguir dinero
Muchas veces la necesidad de fondos en la iglesia es tan grande que el líder se siente tentado a usar lo que sea para conseguirlo, incluyendo la manipulación. ¿Cómo ocurre esto?

1. Produciendo un sentimiento de *culpa*

Existe un auténtico peligro de manipulación para producir en las personas un sentimiento de culpa. El líder puede decir: «Cada miembro comprometido dará $20, así es que todo el que quiera ser conocido como un "miembro comprometido" métase la mano al bolsillo». No se trata de algo voluntario sino motivado por un sentimiento de culpa.

Revise los métodos que usa su iglesia para levantar fondos. ¿Anima a la gente a que dé con alegría, de su propia voluntad o trata con manipulación? Vea lo que los siguientes versículos enseñan acerca de la motivación para dar.

El primer día de la semana, cada uno de ustedes aparte y guarde algún dinero conforme a sus ingresos, para que no se tengan que hacer colectas cuando yo vaya. (1 Corintios 16.2)

Soy testigo de que dieron espontáneamente tanto como podían, y aun más de lo que podían, rogándonos con insistencia que les concediéramos el privilegio de tomar parte en esta ayuda para los santos. (2 Corintios 8.3, 4)

No es que esté dándoles órdenes, sino que quiero probar la sinceridad de su amor en comparación con la dedicación de los demás. Ya conocen la gracia de nuestro Señor Jesucristo, que aunque era rico, por causa de ustedes se hizo pobre, para que mediante su pobreza ustedes llegaran a ser ricos. Aquí va mi consejo sobre lo que les conviene en este asunto: El año pasado ustedes fueron los primeros no solo en dar sino también en querer hacerlo. Lleven ahora a feliz término la obra, para que, según sus posibilidades, cumplan con lo que de buena gana propusieron. Porque si uno lo hace de buena voluntad, lo que da es bien recibido según lo que tiene, y no según lo que no tiene. (2 Corintios 8.8–12)

¿Da la gente bajo su liderazgo con un corazón alegre o por un sentimiento de culpa?

2. Animando a dar para recibir

Es bueno animar a la gente a dar, la Biblia claramente enseña que hay bendición cuando damos. Pero es peligroso cuando un líder comienza a animar a la gente a dar para recibir. He oído a predicadores decir: «Si usted da cinco dólares, Dios le mandará diez a cambio». Esta es una motivación peligrosa. Si no tenemos cuidado vamos a hacer que la gente dé para recibir. Esta no es una motivación piadosa sino egoísta. Debemos dar porque amamos a Dios y somos obedientes a sus mandatos. Cuando lo hacemos así, también vamos a recibir sus bendiciones como resultado de la obediencia, no por la motivación. ¡Debemos dar para ser como Jesús!

¿Cuál es el resultado de alentar a la gente a dar para recibir? Los ingresos pueden aumentar por un corto tiempo, pero no producirá la generosidad como la de Cristo.

Para evitar esta tentación... recuerde que el proveedor es Dios.

La tentación de hacer mal uso de los dineros

Cuando un líder tiene el control del dinero, estará tentado a hacer mal uso de él. Esto puede producirse tratando de desviar algo a su propio bolsillo (lo cual puede ser tan sutil como usar un sobre con el membrete de la iglesia para escribir una carta a mamá); o desviando lo dado específicamente para un proyecto para cubrir los gastos de otro.

Pablo reconoció este peligro y respondió en 2 Corintios 8.20–21: «Queremos evitar cualquier crítica sobre la forma en que administramos este generoso donativo; porque procuramos hacer lo correcto, no solo delante del Señor sino también delante de los demás». Él «fue la segunda milla» para evitar críticas en cuanto a cómo estaba manejando el dinero. Quería no solo evitar la tentación sino también cualquiera sugerencia a lo mismo. ¡Pablo fue sabio!

Para evitar esta tentación... recuerde que usted es responsable ante Dios.

Así que cada uno de nosotros tendrá que dar cuentas de sí a Dios. (Romanos 14.12)

Obedezcan a sus dirigentes y sométanse a ellos, pues cuidan de ustedes como quienes tienen que rendir cuentas. Obedézcanlos a fin de que ellos cumplan su tarea con alegría y sin quedarse, pues el quejarse no les trae ningún provecho. (Hebreos 13.17)

A Jesús es a quien tenemos que dar cuenta. El dinero que manejamos en su nombre es un bien sagrado por lo que no debemos ser descuidados con él.

CONCLUSIÓN

La forma en que un líder maneja el dinero es fundamentalmente importante. Debe estudiar y obedecer los principios de Dios; enseñarlos a la gente y establecerlos en la iglesia. Así, las finanzas serán una bendición tanto para los líderes como para sus seguidores.

Tómese unos minutos para hacer la asignación para la acción antes de pasar al capítulo siguiente.

ASIGNACIÓN PARA LA ACCIÓN

1. En una escala de 1 a 10 ¿cómo calificaría usted su obediencia personal a la Palabra de Dios en el área de las finanzas?

   ¿Qué necesita cambiar para mejorar?

2. ¿Qué paso ha dado para estudiar lo que la Palabra dice sobre el dinero?

   ¿Qué más necesita hacer y cuándo lo hará?

3. ¿Qué enseñanzas se han dado en su iglesia en el último año sobre finanzas?

   ¿Qué necesita enseñar y cuándo lo hará?

4. Escriba algunas frases que describan su iglesia en relación con las finanzas. (Pueden ser positivas o negativas.)

5. Refiérase a las tres tentaciones mencionadas cuando tienen que ver con dinero. ¿Cuál de las tres tentaciones es la que más lo acosa?

¿Qué puede hacer para vencer la tentación?

6. Califique su iglesia en las áreas siguientes: (marque la columna que mejor aplique)

Área	No hay	Pobre	Regular	Buena	Excelente
Presupuesto					
Registros exactos					
Controles internos					

7. ¿Qué cambios en el área de las finanzas introducirá en su iglesia como resultado de haber leído o estudiado este capítulo? (Sea específico y dé fechas.)

Capítulo 15

EL LÍDER Y SU JUNTA DE DIRECTORES

Un joven pastor egresa de la escuela bíblica listo para desafiar al mundo. Pero después de su primera reunión con la junta de directores, está listo para renunciar. Un pastor con años de experiencia siente que Dios quiere que se hagan algunos cambios en la iglesia, pero sabe que la junta de directores se opondrá. ¿Qué puede hacer?

Muchos pastores desearían deshacerse de sus juntas y manejar la iglesia solos. Y algunas juntas están esperando la primera oportunidad para deshacerse de su pastor. (Su «junta» quizás se llame «concilio» o «comité» o «directiva» o tenga otro nombre pero, en cualquier caso, es el grupo de liderazgo más alto en la iglesia.) Piense por un momento en lo que ocurriría si el pastor y su junta de directores trabajaran bien, juntos. Ocurrirían varias cosas positivas. Primero, la junta proveería un *buen consejo* al pastor. Los miembros aportarían sabiduría y perspectivas diferentes en los asuntos que tiene que enfrentar la iglesia y después de un análisis y discusión positivos se puede llegar a una decisión loable. Siempre es peligroso que una sola persona tenga demasiado poder. «Cuando falta el consejo, fracasan los planes; cuando abunda el consejo, prosperan» (Proverbios 15.22). Segundo, la junta provee apoyo moral al liderazgo. Es muy poderoso cuando un pastor puede decir: «La junta y yo hemos acordado...». La junta puede ayudar al pastor a no sentirse solo en el ministerio. Un beneficio final es que una junta sana y positiva puede ayudar al pastor a *llevar la carga* de la iglesia. El peso de la responsabilidad que lleva el pastor puede ser compartido con los miembros de la junta. Ellos pueden orar juntos y pensar seriamente sobre asuntos que la iglesia está confrontando. Así, aunque muchos pastores y juntas se esfuerzan por tener una relación saludable, será una relación que beneficiará a ambas partes.

¿Qué puede hacer un pastor para promover relaciones saludables con la junta? A continuación se ofrecen tres sugerencias para que el pastor logre relaciones fluidas con sus juntas.

SELECCIÓNELOS CUIDADOSAMENTE

Muchas iglesias se han estancado debido a que se ha puesto en nivel de liderazgo a las personas equivocadas. Con frecuencia las personas son elegidas para ejercer funciones de liderazgo porque tienen dinero, educación o gozan de prestigio en la comunidad. Pero son carnales espiritualmente y evitarán que la iglesia crezca. En una iglesia se escogió como tesorero a una persona porque era contador. Hizo un buen trabajo profesional pero constantemente oponía resistencia al liderazgo del pastor con lo que provocaba continuos conflictos entre los miembros.

¿Qué debería buscar usted en las personas que pudieran llegar a ser miembros de la junta? Ya vimos en el capítulo ocho el proceso de escoger líderes; de todos modos, vamos a observar varios factores que son especialmente relevantes para los miembros de la junta.

Busque madurez espiritual

No perfección sino madurez. La madurez espiritual debería ser evidente en las actitudes de una persona: su caminar personal con Dios, su vida en familia y sus finanzas. La madurez también se hace evidente en la reproducción espiritual, transfiriendo vida a otros. Los líderes maduros espiritualmente no buscan poder ni posición. Demuestran un compromiso con la iglesia local al asistir fielmente y dar con regularidad.

BUSQUE TAMBIÉN PERSONAS QUE ESTÉN CRECIENDO ESPIRITUALMENTE

Algunos creyentes alcanzan cierto grado de crecimiento pero luego se estancan. En un líder, el crecimiento debería ser un proceso continuo. Recuerde que el crecimiento individual determina el crecimiento de la iglesia. Las personas que crecen están leyendo, asistiendo a seminarios y haciendo preguntas que les ayuden a crecer más.

BUSQUE PERSONAS QUE PIENSEN

No todos en la iglesia tienen la capacidad de pensar y analizar problemas. Todos son conscientes de las situaciones que se producen pero son los líderes los que piensan y buscan las soluciones. No ponga en la junta a personas que se limiten a decir «sí» a todo; usted necesita gente que le ayude a llevar la carga mental, que lo desafíe y corrija si ven que usted está yendo por la dirección equivocada.

Hay pastores que cometen el error de copiar los modelos políticos de escoger los líderes y buscan solo a los que asienten todo con: «Sí, señor» para trabajar con ellos en la junta.

Pastor, usted no puede permitirse el lujo de contar con alguien que encuentre todo bueno; usted necesita gente con discernimiento que incluso se atreva a corregirlo cuando ve que está tomando una dirección inconveniente. «Más vale ser reprendido con franqueza que ser amado en secreto» (Proverbios 27.5). Si al leer esto usted se da cuenta que ya tiene en la junta personas que no piensan, pregúntese: «¿Me siento amenazado por personas que piensan en forma diferente? ¿Estoy dispuesto a admitir que yo no tengo todas las respuestas?».

> Hay pastores que cometen el error de copiar los modelos políticos de escoger los líderes y buscan solo a los *que asienten con todo* «sí, señor» para trabajar con ellos en la junta.

Jesús fue muy cuidadoso cuando se trató de escoger a los miembros de su «junta» de 12 discípulos. Antes de llamarlos pasó tiempo en oración. Los hombres que escogió no tenían la apariencia de líderes fuertes pero los moldeó hasta transformarlos en un grupo poderoso que habría de cambiar el mundo.

¿Qué haría usted si ya tiene personas equivocadas en su junta? Tomar decisiones en este punto es un asunto delicado y dependerá mucho de la forma en que en su iglesia se nombran y quitan líderes. Quizás primeramente y antes de hacer cambios radicales, deba tratar de trabajar duro con estos líderes siguiendo las sugerencias que encontrará a continuación. Si no ve los resultados que espera, reemplácelos cuando sea el momento y busque otros que reúnan las cualidades que hemos señalado.

ENTIÉNDALOS

Después de escoger a su junta, es importante que como pastor usted aprenda a entender a quienes la forman. La relación del pastor con los miembros de la junta puede sufrir serios inconvenientes por falta de entendimiento mutuo.

¿Qué debería entender usted acerca de un miembro de la junta? A lo menos tres cosas son importantes. Primero, entienda, conozca y reconozca sus *dones espirituales*. Los dones espirituales en acción afectarán grandemente la forma en que vea las prioridades y problemas de la iglesia. Si el don de la persona es la evangelización, posiblemente quiera que se use muchos de los recursos de la iglesia en cruzadas y campañas. Si su don es la misericordia, quizás empuje la idea de que la iglesia desarrolle ministerios a favor de los huérfanos y niños de la calle. Si su don es la enseñanza, puede con entusiasmo tratar que se organicen seminarios para los miembros. ¿Puede hacer una lista de los dones espirituales de cada miembro de su junta? (Vaya a la lista que hizo en el apéndice F para ver si aparecen algunos de sus nombres.)

Segundo, entienda la *personalidad o el temperamento* del miembro de la junta. Esto lo vimos en el capítulo nueve; lo animo a que revise esa información sobre los tipos de personalidades. En síntesis, es esto: coléricos: fuertes, agresivos, líderes; sanguíneos: extrovertidos, don de gentes; flemáticos: fáciles de llevar, tranquilos, callados; melancólicos: introvertidos, organizados, detallistas. El temperamento de los miembros de su junta explicará por qué él o ella es agresivo y dominante o callado. Usted necesita aprender a conectarse con cada uno de ellos en maneras diferentes.

Finalmente, entienda el *nivel de influencia* de cada miembro de su junta. Liderazgo es influencia. Es importante entender cuánta influencia tiene el miembro de la junta. Probablemente, haya una persona que influye a las demás. Usted debería pasar tiempo con esa persona, compartiendo su visión y su corazón por el ministerio. Algunos pueden tener influencia en diversas áreas y usted necesita reconocer en qué puntos ellos influyen más.

Jesús entendió a sus discípulos. Él sabía que Pedro era rápido de palabra pero también vio que podría llegar a ser la «roca» de la iglesia. Entendió la necesidad de Tomás de ver la evidencia. Jesús no se relacionó de la misma forma con todos sino que con cada uno según sus características y necesidades. No pasó la misma cantidad de tiempo con todos sino que se concentró en aquellos que tenían una mayor influencia.

Mientras más entienda a los miembros de su junta, más fácil le será trabajar con ellos. Requiere de tiempo y de esfuerzo conocerlos a todos bien, pero por la retribución que se obtiene vale la pena el precio que hay que pagar.

Al mismo tiempo, estará ayudando a los miembros de la junta a que lo entiendan a usted. Abra su corazón a ellos; compártales su visión y sus sueños. Que conozcan sus metas y no tenga miedo de que conozcan sus puntos débiles. (Ya los conocen; más bien están esperando para ver si usted está dispuesto a admitirlos.)

PREPÁRELOS A FONDO

Un consejo final para que los pastores trabajen bien con sus juntas se enfoca en preparar a cada miembro de la junta para el ministerio. Aun cuando haya elegido a las personas correctas y las conozca muy bien, no asuma que no necesitan preparación. Ya hemos visto en Efesios 4.11–12 que su trabajo primario como pastor es «preparar a los santos para el trabajo del ministerio». El pastor es el entrenador (el *coach*) no el jugador estrella. Su papel es asegurarse que los miembros estén adecuadamente preparados para hacer lo que Dios espera que hagan. Esta preparación debería comenzar con aquellos que están más cerca de usted en el liderazgo, su junta. Hay pastores a quienes les cuesta hacer esto porque se sienten intimidados por

> El pastor es el entrenador (el *coach*), no el jugador estrella.

quienes son mayores, ricos o con mejor educación. Ármese de valor: se trata de su trabajo encomendado a usted por Dios y él le capacitará para hacer las cosas bien.

Preparar debe ser un esfuerzo reflexionado; nunca por accidente. Usted debe tener una visión para preparar a la junta y compartir con ellos la visión. Es posible que al principio no reaccionen con mucho entusiasmo, pero si su corazón es recto pronto reaccionarán positivamente. Puede comenzar por simplemente compartir un breve pasaje bíblico y algunos pensamientos al comienzo de sus reuniones. Escoja citas que se refieran al liderazgo espiritual como 1 Pedro 5.1–5; 1 Timoteo 3.1–13; Lucas 22.24–27. Cuando la junta esté lista para un entrenamiento más formal, dedique una reunión al mes para estudiar más a fondo estos versículos. Haga de esta reunión una ocasión muy especial para capacitarse en lugar de discutir asuntos de negocios. Enséñeles sobre los dones espirituales, las personalidades y otros asuntos que hagan de ellos líderes más efectivos.

Otra manera en que puede preparar a los miembros de la junta es proveerles de libros, cintas grabadas y otros recursos. Quizás esto puede ser un poco complicado financieramente pero sería una inversión que producirá tremendo crecimiento. Averigüe si hay seminarios o talleres de entrenamiento a los cuales pueda asistir con los miembros de la junta; esto los animará a todos a crecer juntos. Reflexione en lo que está aprendiendo y qué implicaciones tiene para la iglesia. Use este libro como un recurso para entrenar a sus líderes.

En términos de tiempo y energía, el trabajo de preparación de líderes demanda un compromiso intenso del pastor. Pero al hacerlo, usted verá multiplicado su ministerio en lugar de sumado. Los resultados harán que el esfuerzo haya valido la pena. Jesús fue un maestro preparador. Volcó su vida en sus discípulos. Les enseñó formalmente en el monte aunque también aprovechó las oportunidades de la vida y del ministerio para desarrollar mucho de su enseñanza. Les diseñó el ministerio y les dio oportunidades para hacer el trabajo. Los alentó, los exhortó, anduvo con ellos y les abrió su corazón. Él es nuestro modelo.

Estos consejos constituyen un punto de partida para establecer las mejores relaciones con los miembros de su junta. Cuando usted y su junta trabajen juntos como un equipo y crezcan espiritualmente, su iglesia será transformada. Usted podrá hacer cosas que nunca pensó que sería posible hacer. Que Dios los fortalezca a usted y a su junta para cumplir el llamado que le hizo a usted.

ASIGNACIÓN PARA LA ACCIÓN

Tómese un tiempo para reflexionar sobre las personas que sirven en su junta y responda las siguientes preguntas acerca de ellos:

Nombre	Dones espirituales	Personalidad	Nivel de influencia (en la escala del 1 al 10)
1.			
2.			
3.			
4.			
5.			
6.			
7.			
8.			
9.			
10.			
11.			
12.			

¿Con cuáles miembros de la junta se relaciona mejor?

¿Con cuáles miembros de la junta tiene la relación más débil?

¿Qué podría hacer para mejorar y fortalecer esas relaciones? (Sea específico y ponga una fecha que determine cuándo podría hacerlo.)

Piense en lo que debería ser su trabajo para preparar a estas personas. Determine una estrategia y decida cuándo comenzar a aplicarla. (Sea lo más específico que pueda.)

EPÍLOGO

Lo felicito por haber perseverado hasta el fin. Si ha hecho la asignación para la acción, ya habrá experimentado grandes cambios en su vida. Quiero asegurarle que aún hay mucho más por delante. ¡El mundo está clamando por líderes! ¿Va a aceptar el reto y darse de nuevo para cumplir los propósitos de Dios con su vida? Él lo está llamando para que desarrolle todo el potencial que ha puesto dentro de usted, para que use sus dones, habilidades y pasiones para la construcción de su reino. El Rey extiende sus manos, las pone sobre su cabeza, usted se arrodilla ante él y le dice: «¡Vamos, hijo y dirige! Hazlo a mi manera y para mi gloria. Y cuando lo hagas, te usaré en una forma tal como nunca te imaginaste. Hay mucho más para ti. Te daré la sabiduría que necesitas para que te pongas a la altura de cada reto que te presente. La tarea es grande, pero te he dado mi Espíritu para que la puedas llevar a cabo. Ponte en acción en el nombre de Jesús y dirige como él».

¿Querría tomarse un tiempo ahora mismo para que en silencio se incline ante su presencia y se consagre de nuevo a él, pidiéndole que le diga estas palabras muy dentro de su espíritu? ¡Póngase en camino. ¡Él le está esperando!

¡Que Dios lo bendiga y lo lleve a las más grandes alturas del liderazgo para su gloria!

Apéndice A

MI IDENTIDAD EN CRISTO

(Disponible para bajarlo en la Internet)

Instrucciones: Párese recto frente a un espejo y repita esta declaración en la mañana y en la noche durante treinta días. Dígala en voz alta y créala. Marque el recuadro, abajo, cuando haya completado cada día.

Yo, _____ he sido creado único por Dios como una persona maravillosa. Soy alguien importante porque Cristo murió por mí y me llamó para que fuera su hijo.

Mis pecados han sido perdonados y soy una nueva creación en Cristo. El hombre viejo se ha ido y ha venido el hombre nuevo. He sido completamente perdonado de mi pasado y hecho justo. Estoy libre de toda condenación de pecado. He sido escogido por Jesús mismo y soy un hijo de Dios. He sido bendecido ricamente con toda bendición espiritual en él. Mi Dios ha suplido todas mis necesidades. Mi cuerpo es el templo de Cristo y su Espíritu y su vida habitan en mí.

He sido creado con un enorme potencial para hacer grandes cosas para su reino, y Dios tiene planes maravillosos para mi vida. Soy su obra, creado para hacer cosas buenas. Dios me ha creado para su placer y se deleita en mi vida. Soy único y nadie puede tomar mi lugar. Tengo una buena autoimagen y me respeto a mí mismo como una creación especial de Dios. He sido creado para ser alguien de éxito y desarrollarme diariamente y así llegar a ser todo lo que Dios quiso que fuera al crearme. Con Dios, nada es imposible y a través de Cristo puedo hacer todas las cosas. No tengo el espíritu de temor sino de poder, amor y una mente sana.

Gracias a que él vive en mí, mi vida es un reflejo de todo lo que él es y todo cuanto posee. Estoy cambiando de gloria en gloria.

Disciplino *mi mente* para llevar cautivo cualquier pensamiento pecaminoso. Soy una persona con una actitud positiva y buena hacia mí mismo y hacia otros. He decidido ver lo mejor de la vida y leer o ver todo lo que es positivo y piadoso.

Soy una persona con *metas* claras. Estoy dispuesto a esforzarme al máximo para alcanzar mis metas y sobreponerme a cualquier obstáculo.

Soy líder y como tal influiré positivamente en todos con quienes me relacione. Trato mi *cuerpo* con respeto alimentándome y haciendo ejercicios correctamente para mantenerlo en forma. Estoy fuerte y con buena salud. Respeto a los demás y trato a cada persona como un regalo especial de parte de Dios. He sido llamado para servir con mis dones y habilidades y lo haré con alegría. Soy sensible a las necesidades de los demás y estoy dispuesto a ir la segunda milla por ellos.

Reconozco el poder de *mi lengua* en cuanto a producir vida o destrucción y no voy a dejar que de mi boca salgan palabras malsanas. Hablaré siempre verdad y usaré mi lengua para edificación de otros. Veo lo bueno en otros y los elogio sinceramente. Perdono conscientemente a quienes me malinterpreten y extiendo la gracia de Dios hacia los más débiles.

Uso mi tiempo y me disciplino para ser puntual. Reconozco que mis días están contados y que hoy es una preparación para la eternidad. Por lo tanto, usaré cada momento plenamente para cumplir el destino que Dios me ha dado.

Por la mañana: estas son las cualidades de ganador que Dios creó para mí. Hoy es el primer día del resto de mi vida ¡y es un día maravilloso!

Por la noche: esta noche dormiré maravillosamente bien. Tendré sueños poderosos y positivos. Despertaré por la mañana con mis fuerzas recuperadas y tendré un día magnífico.

(Referencias: Salmos 1.1–3; 34.9–10; 139.14; 149.4; 147.11; Proverbios 3.24–26; Jeremías 29.11; Sofonías 3.17; Romanos 5.1, 8.1, 17; 1 Corintios 3.16; 6.19; 2 Corintios 3.18; 5.17; 1 Pedro 2.9, 10; Efesios 1.3, 4; 2.6, 10; 3.12; 4.29; Filipenses 2.5, 4.19; Hebreos 4.16; 1 Timoteo 1.7)

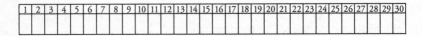

1	2	3	4	5	6	7	8	9	10	11	12	13	14	15	16	17	18	19	20	21	22	23	24	25	26	27	28	29	30

(Este material fue adaptado de los escritos de Zig Ziglar y Neil Anderson.)

Apéndice B

CUADRO PARA LA EVALUACIÓN DEL TIEMPO

(Disponible para bajarlo en la Internet)

Tiempo	Día 1		Día 2		Día 3	
5:00 AM						
5:30 AM						
6:00 AM						
6:30 AM						
7:00 AM						
7:30 AM						
8:00 AM						
8:30 AM						
9:00 AM						
9:30 AM						
10:00 AM						
10:30 AM						
11:00 AM						
11:30 AM						
12:00 PM						
12:30 PM						
1:00 PM						
1:30 PM						
2:00 PM						
2:30 PM						
3:00 PM						
3:30 PM						
4:00 PM						
4:30 PM						

Tiempo	Día 1		Día 2		Día 3	
5:00 PM						
5:30 PM						
6:00 PM						
6:30 PM						
7:00 PM						
7:30 PM						
8:00 PM						
8:30 PM						
9:00 PM						
9:30 PM						
10:00 PM						
10:30 PM						
11:00 PM						
11:30 PM						
12:00 AM						

CUADRO PARA LA EVALUACIÓN DEL TIEMPO

Tiempo	Día 4		Día 5		Día 6	
5:00 AM						
5:30 AM						
6:00 AM						
6:30 AM						
7:00 AM						
7:30 AM						
8:00 AM						
8:30 AM						
9:00 AM						
9:30 AM						
10:00 AM						
10:30 AM						
11:00 AM						
11:30 AM						
12:00 PM						
12:30 PM						
1:00 PM						
1:30 PM						
2:00 PM						
2:30 PM						
3:00 PM						
3:30 PM						
4:00 PM						
4:30 PM						

Tiempo	Día 4		Día 5		Día 6	
5:00 PM						
5:30 PM						
6:00 PM						
6:30 PM						
7:00 PM						
7:30 PM						
8:00 PM						
8:30 PM						
9:00 PM						
9:30 PM						
10:00 PM						
10:30 PM						
11:00 PM						
11:30 PM						
12:00 AM						

CUADRO PARA LA EVALUACIÓN
DEL TIEMPO

Tiempo	Día 7						
5:00 AM							
5:30 AM							
6:00 AM							
6:30 AM							
7:00 AM							
7:30 AM							
8:00 AM							
8:30 AM							
9:00 AM							
9:30 AM							
10:00 AM							
10:30 AM							
11:00 AM							
11:30 AM							
12:00 PM							
12:30 PM							
1:00 PM							
1:30 PM							
2:00 PM							
2:30 PM							
3:00 PM							
3:30 PM							
4:00 PM							
4:30 PM							

Tiempo	Día 7			
5:00 PM				
5:30 PM				
6:00 PM				
6:30 PM				
7:00 PM				
7:30 PM				
8:00 PM				
8:30 PM				
9:00 PM				
9:30 PM				
10:00 PM				
10:30 PM				
11:00 PM				
11:30 PM				
12:00 AM				

Apéndice C

PRIORIDADES: LAS TRES ERRES

El principio de Pareto trabaja en todas las áreas de su vida. Complete la sección siguiente de las tres erres. Puede hacerlo respecto de la familia, el negocio o el ministerio, dependiendo de la posición que esté evaluando.

A. **Requerir** (¿Qué se requiere de mí?)

1. _____ 2. _____
3. _____ 4. _____
5. _____ 6. _____

B. **Retorno** (¿Cuál es el retorno más importante para mi organización?)

1. _____ 2. _____
3. _____ 4. _____
5. _____ 6. _____

C. **Recompensa** (¿Qué es lo que más disfruto al hacer?)

1. _____ 2. _____
3. _____ 4. _____
5. _____ 6. _____

Basado en lo que ha escrito arriba, ¿cuáles serían sus más altas prioridades?

1. _____ 2. _____
3. _____ 4. _____
5. _____ 6. _____

¿Qué cosas de las que está haciendo actualmente debería reducir o eliminar de su agenda?

1. _____ 2. _____
3. _____ 4. _____
5. _____ 6. _____

Apéndice D

PRIORIDADES:
EVALUACIÓN DEL TIEMPO

Complete la hoja para evaluación del tiempo (apéndice B) durante una semana. Solo necesita registrar el tiempo que pasa en su ministerio o trabajo. Luego use los códigos anotados abajo para evaluar segmentos de treinta minutos. Para determinar el número correcto, use las prioridades que estableció en el apéndice C. En el espacio próximo a ellos en el cuadro, escriba el número de la lista siguiente que mejor describa esa actividad de treinta minutos.

1. Requerimiento
2. Retorno
3. Recompensa
4. Las tres
5. Ninguna

Ahora anote la suma en el espacio a continuación. Recuerde que cada espacio representa treinta minutos, así, divida el número 1 entre 2 para obtener el total de horas.

Total número 1 _____ Número de horas _____
Total número 2 _____ Número de horas _____
Total número 3 _____ Número de horas _____
Total número 4 _____ Número de horas _____
Total de horas evaluadas _____
¿Cuántas horas resultaron de las 2 y las 4? _____
¿Qué porcentaje representan del total? _____

(Idealmente el 80% de su tiempo de ministerio debería incluir un alto retorno de 2 y de 4.)

Incluya también en la hoja de evaluación del tiempo sus respuestas a las siguientes preguntas:

1. ¿Cuáles son sus 5 a 8 principales factores de pérdida de tiempo?

2. ¿Cuáles son las 5 principales cosas que puede hacer para controlar mejor el uso de su tiempo?

3. ¿Controla su tiempo o deja que sea controlado por las iniciativas de otros?

¿Qué puede hacer para mejorar en esta área?

Apéndice E

PRIORIZACIÓN DE PROGRAMAS

Instrucciones:
Paso uno: Haga una lista de los programas en la primera columna (1 a 6). Luego vaya a la columna siguiente e identifique los programas que le dan un máximo retorno a la organización. Escriba: «1». Haga lo mismo para el segundo y el tercero en esa columna. Haga una lista de los tres más importantes. Vaya a la columna siguiente e identifique cuál está más cerca del corazón de la gente. De nuevo dé únicamente las tres principales. Continúe con las dos últimas columnas.

Programas	Máximo retorno a la organización	Más cerca al corazón de la gente	Más cerca al corazón del pastor/líderes superiores	Más cerca al corazón de Dios
1. _____	_____	_____	_____	_____
2. _____	_____	_____	_____	_____
3. _____	_____	_____	_____	_____
4. _____	_____	_____	_____	_____
5. _____	_____	_____	_____	_____
6. _____	_____	_____	_____	_____

Paso dos: Evalúe. Fíjese en los programas a los que ha puesto números en cada columna. Esto indica que son de alta prioridad. En algunos casos el programa podría ser de alta prioridad para el líder pero no para la gente. Si tal cosa ocurre, se requiere mejorar la comunicación de la visión. Si es de alta prioridad para la organización pero no para el líder, este debería considerar delegar su autoridad o renunciar. Si es de alta prioridad para Dios pero baja prioridad en otras áreas, el líder debería tratar de cambiar él y la gente mediante la oración, el estudio de la Biblia, etc.

Paso tres: Reescriba sus programas en orden de prioridades
1. _____
2. _____
3. _____
4. _____
5. _____
6. _____

Apéndice F

PRIORICE PERSONAS Y DINERO

Haga una lista de las diez personas más importantes de su organización incluyendo sus dones y en qué área están integradas. Luego, si estima necesario, escriba los cambios que propone para ellos.

	Nombre	Don	Ministerio	Cambios propuestos
1.				
2.				
3.				
4.				
5.				
6.				
7.				
8.				
9.				
10.				

Dinero. Haga una lista de los cinco principales programas en su organización con la cantidad del presupuesto asignada a cada uno de ellos.

	Programa	Cantidad de dinero	% del presupuesto
1.			
2.			
3.			
4.			
5.			

¿Asigna usted el 80% del presupuesto al 20% de los programas más importantes? Si no, ¿qué ajustes necesita hacer?

Apéndice G

ENTRENAMIENTO DEL PRESIDENTE

(Esta sesión de entrenamiento dará instrucción general a la persona que está al frente de un comité o grupo específico. El siguiente se relaciona con el trabajo del secretario y de quien lleva las actas. Reconozca que hay diversas expectativas en diferentes posiciones. De acuerdo con la necesidad, adapte su material a cada situación.)

IMPORTANCIA DEL PRESIDENTE

«Todo se levanta o se viene abajo a causa del liderazgo». El éxito de su comité o ministerio dependerá de su habilidad para dirigirlos. Si el comité como tal no está trabajando bien junto, es su responsabilidad identificar el problema y solucionarlo. Si la moral está baja, usted debe empujarla hacia arriba. Su visión, su compromiso y su pasión podrán, más que cualquiera otra cosa, determinar los resultados.

Por lo tanto...

- Tenga un corazón de siervo
- Manténgase creciendo
- Transmita la visión de Dios al grupo
- ¡No se detenga!

RESPONSABILIDADES DEL PRESIDENTE:

1. **Convocar a reunión.** Si no se convoca, no habrá reunión. Así de sencillo. Es su responsabilidad asegurarse que su comité se reúna todas las veces que sea necesario. No posponga sin fijar fecha y hora para la próxima reunión.

Comunique con la debida anticipación a la oficina si quiere que la reunión aparezca en el boletín. También puede llamar por teléfono o escribir notas a los miembros de su comité si necesitan que se les recuerde la próxima reunión.

2. Presentar la agenda al grupo. El presidente deberá traer a la reunión la agenda y su contenido y presentarla al comité. Por lo general, incluye: lectura y aprobación del acta anterior, firma del acta, nuevos asuntos a tratar, asuntos incluidos con anterioridad y puntos varios.

3. Dirija la discusión y asegúrese que se adopten decisiones satisfactorias. Su función es guiar al grupo en el proceso de análisis y discusión. Cuídese de no dominar la reunión. Permita que los integrantes del comité participen activamente en la discusión. Especialmente en los asuntos de mayor importancia. Es bueno «vender» su visión al grupo, pero asegúrese antes de ofrecerla, que ellos la «comprarán». Si en lugar de hacer una decisión inmediatamente y necesitan tiempo para pensarlo, déles el tiempo que requieran.

4. Supervise que las decisiones se cumplan. A menudo, los acuerdos adoptados por el comité deben implementarse antes de la próxima reunión. Usted es la persona que debe velar porque esto ocurra. Si delega tareas, asegúrese que se cumplan oportunamente.

5. Mantenga a la oficina informada de lo que ocurre en el grupo. Esto puede hacerse al someter las actas o sostener una reunión programada con la persona a la que tiene que informar.

IDEAS SOBRE CÓMO DIRIGIR UNA REUNIÓN

A. Prepárese

Antes de la reunión, establezca la agenda. ¿Qué asuntos se van a incluir? ¿Cuáles son las materias más importantes? ¿Qué se necesitará para presentar ideas? (Si necesita un informe, una carta, un documento, tráigalo.) Asegúrese que el acta de la anterior reunión esté lista. Léala cuidadosamente antes de la reunión para estar al tanto de los asuntos que quedaron pendientes de la reunión pasada. Cuando sea posible, infórmese anticipadamente de lo que se ha hecho y lo que está aún pendiente para economizar tiempo en los informes.

B. Mantenga la dinámica de la reunión

Asigne una determinada cantidad de horas para la duración de la reunión y administre el tiempo para asegurarse que los asuntos que tenían que cubrirse, sean atendidos. Es fácil perder mucho tiempo hablando y hablando sobre cosas insignificantes y de pronto se ve que no se tocaron materias más importantes. Si no se logra un consenso y la decisión no es urgente, póngalo en la agenda de la próxima reunión. Concéntrese en lo esencial. Conceda suficiente tiempo a los miembros de la reunión para que expresen sus opiniones pero cuando se llegue a un acuerdo, no pierda tiempo. Pregunte: «¿Hay alguien que no esté de acuerdo?».

Si comienza a la hora y termina en el tiempo prefijado hará que la confianza entre los miembros se desarrolle bien.

C. Tome decisiones

Nuestra meta en una reunión es tomar decisiones sabias. No dé vueltas y vueltas en torno a una decisión. Si no se llega a una conclusión, posponga, pero, hasta donde sea posible, trate de conseguir una decisión. Apruebe lo que se hará, cuándo y quién lo hará. El secretario le puede ayudar en esto ya que todas las decisiones tendrán que quedar registradas clara y exactamente en el acta.

Apéndice H

EL TRABAJO DEL SECRETARIO DE UN COMITÉ

El trabajo del secretario es muy importante. Cuando se ejecuta apropiadamente, producirá registros duraderos que fácilmente pueden ser útiles para futuras autoridades. Este servicio para el Señor es debidamente recompensado.

Las responsabilidades de un secretario o secretaria son:

1. Escribir las actas de todas las reuniones del comité.
2. Escribir cartas y otra correspondencia oficiales.
3. Mantener los archivos al día y bien organizados.

La toma de actas

Esta es la función más importante de un secretario o secretaria. El propósito de las actas es llevar un registro fiel y permanente de las reuniones del comité. Sin actas escritas, todo pasaría a depender de la memoria lo cual, obviamente, no es garantía de fidelidad ni de eficiencia.

Actas bien llevadas hacen más fácil darles seguimiento a las decisiones del comité y permite que otras autoridades que vengan después entiendan las acciones llevadas a cabo por sus predecesores.

ALGUNOS «SÍ» Y «NO» AL ESCRIBIR UN ACTA:

1. Escriba los nombres de todas las personas presentes, el lugar donde está teniendo lugar la reunión y la hora (de inicio y de terminación). Normalmente, quien escribe el acta es el secretario. Si otra persona lo hace, debe escribir, en seguida de su nombre «tomó el acta».
2. Identifique con un subtítulo cada punto tratado. Esto ayudará a encontrar más tarde fácilmente un asunto determinado. El subtítulo deberá resumir el tema al que se refiere. Por ejemplo, Punto 4:

excursión de la clase de jóvenes; o, Punto 3: reunión de compañerismo mensual. Si subraya los subtítulos será aun mejor.

3. Asegúrese que cada asunto sea presentado debidamente. Escriba para beneficio de quienes no participaron en la discusión ni en la toma del acuerdo. Pregúntese: ¿podrá alguien que no estuvo presente en la reunión entender lo que ocurrió? Por ejemplo: «El presidente informó sobre la necesidad de recolectar dinero entre todas las madres». O, «Se leyó una carta del pastor en la que requería que todos los miembros asistieran al retiro de líderes».

4. Anote todas las decisiones y los nombres de quienes han sido encargados de cumplirlas. Por ejemplo: «Después de discutir y analizar el tema, se acordó que el presidente escriba una carta al director». O, «La hermana Johnson hablará con el pastor sobre esta situación».

5. Use frases completas para resumir los asuntos analizados. No incluya puntos.

6. Es posible que usted prefiera tomar notas «en borrador» de la reunión para luego ponerlas «en limpio». Si lo hace así, páselas cuanto antes para evitar que algunas cosas se le olviden. Y se le olvide también archivar el acta.

7. Deje un margen amplio en el lado izquierdo de las hojas para que, una vez archivadas no sea difícil leer las actas.

8. Vea ejemplos de formato (apéndice I)

Para escribir cartas oficiales

1. Cuando la circunstancia lo requiera, use papel membretado.

2. Haga copias para los miembros del comité, para el archivo y para el concilio de la iglesia (o la junta de directores).

Mantener el archivo

1. El archivador deberá mantenerse en la oficina de la iglesia excepto durante las reuniones.

2. Archive documentos y actas en el orden en que las reciba.

Apéndice I

MODELOS DE ACTAS

ACTAS DE _____ DE LA IGLESIA
(Concilio, comité designado)

REUNIÓN CELEBRADA EL _____ (fecha) en
_____ (local)

PRESENTES: AUSENTES:
1.   , Presidente   1.
2.   , Secretario   2.   , con excusa
3.
4.

AGENDA:
1. Confirmación de últimas actas
2. Asuntos nuevos
3. (Cualesquiera otros puntos de la agenda)
4. Asuntos varios

La reunión se abrió con una oración por _____
(nombre de la persona) a las _____ horas.

Acta 1. Confirmación de últimas actas.
    Las actas de la sesión de _____ (fecha) fueron leí-
das por (nombre de la persona). (Después de algunas correcciones)
_____ propuso y _____ secun-
dó que eran una copia fiel de las actas. (Si hay correcciones mayores, deberán insertarse aquí. Por ejemplo: «Se notó que en el acta 3 debería agregarse
lo siguiente: todos estuvieron de acuerdo en orar por este asunto».)

Acta 2. Asuntos nuevos (Vienen de las actas anteriores y es solo para
asuntos que necesitan acción adicional. Idealmente, esto debería ser una

parte breve de la reunión evitando repetir lo que se dijo en la reunión anterior cuando se trataron.)

    a. (Identifique el asunto con el mismo subtítulo que se le había dado en la sesión anterior.)
Resuma lo que se hizo o no se hizo y cualquiera decisión que se haya tomado por el comité. Por ejemplo: «El presidente informó que el permiso ha sido aprobado y ya se recogió».
    b.

Acta 3 (asuntos de la otra agenda)
Resuma el análisis hecho por el grupo, especialmente por quien presentó el caso, cualquiera decisión que se haya adoptado y quién es la persona responsable de darle seguimiento.

Acta 4 Asuntos varios. (Esto puede incluir asuntos de último minuto que los miembros presenten después que el presidente haya agotado su agenda.)

    1.
    2.
    3.

(No habiendo otros asuntos que tratar) se puso fin a la reunión con oración por_____ (nombre de la persona) a las _____ (horas).

Las actas detalladas arriba fueron confirmadas (aprobadas) el _____ (deje la fecha en blanco hasta que se produzca la confirmación o aprobación).

Presidente _____ Secretario/a _____

MUESTRA DE CARTA DE CONTRATACIÓN Y TÉRMINOS DEL EMPLEO

Re: NOMBRAMIENTO

Después de nuestra entrevista del _____ me es grato informarle que usted ha sido elegido para ejercer el cargo de _____. La descripción de su trabajo es como sigue:

(Detalle punto por punto)

Cualesquiera otras responsabilidades serán asignadas por _____.

Responsabilidad. Usted será directamente responsable ante _____.

Le ruego que lea los «Términos y condiciones de trabajo» que le adjunto y si está de acuerdo, fírmelo y devuélvanos una copia.

Esperando una respuesta favorable de su parte.

Suyo en el servicio de Cristo,

(Empleador)

Muestra de «Términos y condiciones de trabajo»

Nota: (esta es únicamente una muestra y deberá ser adaptada a las necesidades y características de su organización.)

Este acuerdo es entre _____ (empleado) y _____ (empleador)

Los siguientes términos y condiciones aplican:

INICIO DEL TRABAJO. El trabajo comienza el _____. Habrá un periodo de probatoria de noventa días, que finalizará el _____, la permanencia en el trabajo dependerá de un acuerdo mutuo.

SALARIO. El salario mensual será de _____ incluido un subsidio para vivienda, y que se pagará al fin de cada mes (si se incluyeran otros beneficios, agréguelos aquí).

SERVICIO MÉDICO. Habrá un servicio médico de _____. Y que beneficiará al empleado, su esposa y los hijos. El dinero de las facturas por tratamiento médico se reembolsará contra presentación de los correspondientes recibos.

REVISIÓN. El salario y los beneficios se revisarán en _____ (mes) de cada año.

HORARIO DE TRABAJO. El horario normal de trabajo será de lunes a viernes, de 8:00 a.m. a 5:00 p.m. y los sábados de 8:00 a.m. a 1:00 p.m. con una hora para el almuerzo.

FERIADOS. Los feriados reconocidos por el gobierno se pagarán normalmente.

LICENCIAS. Las licencias anuales pagadas serán de _____ comenzando al final de los seis meses de trabajo, previa aprobación por escrito por _____ (opcional). Además, el empleado podrá hacer uso de _____ días libres. Cualquiera cantidad de días después de cinco serán deducidos de las licencias anuales del empleado.

TERMINACIÓN. Este acuerdo puede ser terminado por cualquiera de las partes con un aviso por escrito de treinta días o compensación de ese tiempo, excepto en caso de negligencia grave en las funciones o conducta incompatible con el testimonio cristiano. En tales casos, el contrato podrá terminarse por escrito con efecto inmediato y sin compensación.

Los detalles enumerados arriba son entendidos y aceptados por ambas partes, en testimonio de lo cual firman:

Empleado: _____ Fecha: _____

Empleador: _____ Fecha: _____

FORMULARIO PARA EVALUACIÓN DEL PERSONAL

Nombre: _____
Fecha de la evaluación: _____

Parte uno: concerniente al empleado y al empleador

(Evaluarse cada uno en una escala de 1–10)

1. Actitud (¿Posee usted una actitud positiva hacia el trabajo, otros miembros del personal, clientes?) _____
Comente:

2. Calidad de trabajo (¿Es su trabajo excelente?) _____
Comente:

3. Cantidad de trabajo (¿Cuánto alcanza a hacer en un día?) _____
Comente:

4. Relación con otros miembros del equipo de trabajo (¿Cómo es su relación con el resto del equipo?) _____
Comente:

5. Don de gentes (¿Cuán buena es su relación con otros? ¿Atrae gente a usted? ¿Ven los demás en usted una persona amistosa y afectiva? ¿Acostumbra sonreír?) _____
   Comente:

6. Puntualidad (¿Hace su trabajo dentro del tiempo destinado para ello?) _____
   Comente:

7. Administración del tiempo (¿Utiliza bien el tiempo en el trabajo?) _____
   Comente:

8. Crecimiento personal (¿Está usted creciendo en todo su potencial?) _____
   Comente:

9. Impresión (Si usted fuera la única persona representándonos a nuestros miembros, ¿tendrían una buena impresión de nosotros?) _____

10. Ideas (¿Se le ocurren ideas para mejorar la calidad de su trabajo o de su ministerio?) _____

Comente:

11. ¿Entiende y apoya nuestra visión y nuestros valores? _____
Comente:

Parte dos: solo para que la complete el empleado. Responda a las siguientes preguntas:

1. ¿En qué áreas de su trabajo se siente más satisfecho?

2. ¿En qué áreas siente una mayor frustración? (Esto podría incluir asignaciones que no le agradan o áreas en las cuales no se desempeña muy bien, etc.)

3. ¿En qué áreas siente que necesita mejorar? ¿Qué cree que debe hacer para lograrlo?

4. ¿En qué área del trabajo le gustaría disponer de más tiempo?

5. ¿Es su descripción de trabajo lo suficientemente clara para usted? (¿Entiende lo que se espera de su desempeño laboral?)

6. ¿Es su salario adecuado para atender a sus necesidades básicas? Marque la que mejor aplique. (No, Apenas, Suficiente, Más que suficiente)

7. ¿Tiene usted alguna necesidad que le gustaría que su empleador atendiera que actualmente no está siendo considerada?
    Explique:

8. ¿Tiene usted alguna sugerencia que pudiera hacerlo más efectivo en su ministerio o hacerle sentir más cómodo?

9. ¿Qué hago (empleador) para motivarlo?

10. ¿Qué hago que lo desmotiva? (Pierde la moral.)

11. ¿Qué metas tiene para el año que viene? ¿Cómo puedo ayudarle a lograrlas?

12. ¿Qué es lo que más me ayuda a conocerlo a usted y entender de verdad al «verdadero usted»?

Firma: _____   Fecha: _____

Apéndice L

EJEMPLO DE LIBRO DE CAJA Y FORMULARIO PARA REPORTES FINANCIEROS

Muestra de libro de caja de la Iglesia del Espíritu Santo

Dinero efectivo

Fecha	Transacción	Entrada	Salida	Balance
	Balance			0
Ene 2	Diezmos	5000		5000
	Ofrendas	500		5500
Ene 3	Depósito		5000	500
Ene 5	Compra de sobres		100	400
Ene 9	Diezmos	4000		4400
	Ofrendas	600		5000
Ene 10	Depósito		3000	2000
Ene 11	Publicidad para la campaña		800	1200
Ene 11	Libros para la escuela dominical		200	1000
Ene 11	Libros para discipulado		500	500
Ene 17	Diezmos	2000		2500
	Ofrendas	200		2700
Ene 18	Depósito		2000	700
Ene 24	Diezmos	1000		1700
	Ofrendas	100		1800
Ene 31	Reporte del banco	9500		11300
Ene 31	Salario del pastor		10000	1300
Ene 31	Enviado a la sede central		1100	200

Banco

Fecha	Transacción	Entrada	Salida	Balance
	Balance			0
Ene 3	Depósito efectivo	5000		5000
Ene 10	Depósito efectivo	3000		8000
Ene 18	Depósito efectivo	2000		10000
Ene 31	Retiro		9500	500

Informe financiero Iglesia del Espíritu Santo

Enero 20_____

Balance   0.00

ENTRADAS:

	Diezmos:	12.000
	Ofrendas:	1.400
Total entradas		**13.400**

SALIDAS:

Salario	10.000
Sede central	1.100
Gastos oficina	100
Campaña evangelística	800
Discipulado	500
Escuela dominical	200
Varios	0

Total salidas:	**12.700**
Entradas/menos en el período	**700**

Balance   700

Balance dinero efectivo:	200
Balance en el banco:	500
Total	700

Apéndice M

RECOMENDACIÓN DE LIBROS Y OTROS RECURSOS PARA UN CRECIMIENTO CONTINUO

Anderson, Neil. *Rompiendo las cadenas.*
Barna, George. *The Power of Team Leadership.*
Blanchard, Ken. *El corazón de un líder.*
———. *El secreto.*
Blanchard, Ken y Cathy S. Truett. *El factor generosidad.*
Blanchard, Ken y otros. Al. *Leadership by the Book*
Briner, Bob y otros. *More Leadership Lessons of Jesus: A Timeless Model for Today Leaders*
Byler, Jon. *7 Keys to Financial Freedom.*
———. *Authority.*
———. *El corazón del líder.*
———. *The Art of Christian Leadership*
———. *The Purpose Driven Church Bible Study Guide.*
———. *Use that Gift* (Para cualquiera de estos títulos contacte al autor en Jon@ LeaderServe.com).
Covey, Stephen. *Los 7 hábitos de la gente altamente efectiva.*
Eims, LeRoy. *Cómo ser el líder que debieras ser.*
Finzel, Hans. *Los líderes: sus 10 errores más communes.*
———. *Líderes competentes.*
Foster, Richard. *Celebración de la disciplina.*
Haggai, John Edmund. *Liderazgo que perdura en un mundo que cambia.*
Hendricks, Howard. *Enseñando para cambiar vidas.*
Hunter, Jim. *The Servant.*
Hybels, Bill. *Liderazgo audaz* (especialmente útil para pastores).
Jacobs, Daniel. *De los escombros al regocijo* (un estudio sobre el liderazgo cristiano eficaz basado en el libro de Nehemías).
Kouzes, James M. y Barry Z. Posner. *El desafío del liderazgo.*
Kreider, Larry. *Authentic Spiritual Mentoring.*
———. *The Biblical Role of Elders for Today's Church.*
LaHaye, Tim. *Why You Act the Way You Do* (excelente para entenderse a usted mismo y a otros; explica los temperamentos)
Lencioni, Patrick. *Las cinco disfunciones de un equipo.*
Littauer, Florence. *Enriquezca su personalidad.*
MacDonald, Gordon. *Ponga orden en su mundo interior.*

Marshall, Tom. *Understanding Leadership.*

Maxwell, John C. *Actitud de vencedor.*

_____. *Biblia de liderazgo de John C. Maxwell* (una Biblia excelente con reflexiones sobre el liderazgo, Reina-Valera 1960).

_____. *Compañeros de oración.*

_____. *Desarrolle el líder que está en usted.*

_____. *Desarrolle los líderes que están alrededor de usted.*

_____. *El lado positivo del fracaso.*

_____. *El viaje del éxito.*

_____. *Ética: la única regla para tomar decisiones.*

_____. *Injoy Life Club* (Serie de grabaciones sobre el liderazgo. Agotado pero para más información vea Recursos en la Internet, abajo).

_____. *Las 21 leyes irrefutables del liderazgo.*

_____. *Los 21 minutos más poderosos en el día de un líder.*

_____. *Piense para obtener un cambio.*

_____. *Priorities, the Pathway to Success* (Vídeo).

Maxwell, John y Jim Donovan. *Seamos personas de influencia.*

Meyer, Joyce. *El campo de batalla de la mente.*

_____. *El desarrollo de un líder.*

_____. *Cómo tener éxito en aceptarte a ti mismo.*

Munroe, Myles. *Convirtiéndose en un líder.*

_____. *De la idea a la acción.*

Pollock, David. *Church Administration the Dollars and Sense of it.*

Sanders, Oswald. *Liderazgo espiritual* (una lectura clásica sobre el liderazgo cristiano).

Silvoso, Ed. *Anointed for Business.*

Smith, Ken. *It's About Time* (un libro excelente sobre el manejo del tiempo).

Swarr, Sharon. *Transform the World* (negocios y misiones).

Tennyson, Mack. *Church Finances for People who Count.*

Veith, Gene. *God at Work* (sobre la vocación).

Warren, Rick. *Una iglesia con propósito.*

_____. *Una vida con propósito.*

Wilkinson, Bruce. *El dador de sueños.*

_____. *La oración de Jabes.*

_____. *Las 7 leyes del aprendiz* (excelente para maestros. También disponible en vídeo).

_____. *Secretos de la vid.*

_____. *Teaching with Style* (serie de vídeo. Excelente para profesores).

Ziglar, Zig. *Más allá de la cumbre.*

_____. *Permanezca arriba, arriba, siempre en un mundo que va hacia abajo, abajo.*

RECURSOS EN LA INTERNET

(disponibles en inglés. También puede visitar nuestro sitio para estos enlaces)

http://www.ncd-international.org, The Home for Natural Church Development. Opera con la premisa de que una iglesia sana crecerá y cuenta con herramientas para medir la salud de una iglesia en ocho áreas clave.

http://www.pastors.com, Rick Warren's Ministry ToolBox es un boletín de noticias semanal que contiene gran cantidad de sugerencias, contactos y artículos para ayudarle en su ministerio. (También tiene muchos otros recursos para pastores, correos electrónicos gratuitos para iglesias, etc.)

www.walkthru.org, Walk Through the Bible tiene muchos seminarios y recursos para el entrenamiento de profesores.

http://paul-timothy.net, recursos para entrenar pastores e iniciadores de iglesias en múltiples idiomas.

www.assess-yourself.org, pruebas gratuitas por la Internet para medir dones espirituales, carácter, amor a Dios, visión global y obstáculos para el crecimiento.

www.lared.org, un ministerio dedicado a enseñar principios bíblicos especialmente para gente de negocios. Se puede «bajar» material de enseñanza en formato PDF y contenido audio.

http://www.world-map.com, provee gratis la revista *ACTS* y el libro *Sheperd's Staff* a líderes en países en desarrollo.

http://www.leadersource.org/resources/audio/index.php, enseñanzas por audio de Malcolm Webber.

http://www.highiqsociety.org/iq_test/, test gratuito para medir la inteligencia.

http://www.biblestudytools.com/, gratis por la Internet, herramientas y recursos para estudios bíblicos.

http://www.ocafrica.net. OC Africa publica *The Church Leader in Africa* que puede verse en línea.

BOLETINES GRATUITOS POR CORREO ELECTRÓNICO SOBRE LIDERAZGO

Leadership Magazine. Revista gratuita por el pastor Gregg Johnson. Se puede conseguir en forma de correo electrónico o impresa en www.leadershipteachingmagazine.com/subscribe. Ejemplares archivados con material excelente se encuentran disponibles en: www.leadershipteachingmagazine.com/archives.

Leadership Letters. Gratuita a través de correo electrónico por Malcolm Webber, www.leadershipletters.com.

The Leadership Link. Recursos y boletín gratuito por correo electrónico por Tim Elmore enfocado en el liderazgo de jóvenes. http://growingleaders.com.

«Leadership Wired». Boletín de noticias gratis por correo electrónico por John
   Maxwell y *Pastor's Coach*, boletín de noticias gratuito por Dan Reiland, www.
   injoy.com/newsletters.

Ministry ToolBox, un boletín de noticias semanal gratuito publicado por Rick
   Warren con gran contenido de sugerencias, contactos y artículos diversos que le
   ayudarán en su ministerio, www.pastors.com.

BIBLIOGRAFÍA

Anderson, Neil. *Rompiendo las cadenas*. Miami: Unilit, 2001.

Blanchard, Ken. *El corazón de un líder*. Ciudad de México: MacGraw-Hill, 2000.

Barna, George. *The Power of Team Leadership*. Colorado Springs, CO: WaterBrook Press, 2001.

Chironna, Mark. *Breaking The Boundaries of The Possible*. New Kensington, PA: Whitaker House, 1996.

Covey, Stephen. *Los 7 hábitos de la gente altamente efectiva*. Barcelona: Paidós, 2007.

Douglass, Merrill. *Success Secrets*. Colorado Springs, CO: Honor Books, 1997.

Doyle, Charles Clay, Wolfgang Mieder y Fred R. Shapiro. *The Dictionary of Modern Proverbs*. New Haven, CT: Yale UP, 2012.

Elmore, Tim. *Mentoring: How to Invest Your Life in Others*. Kingdom Publishing House, 1995.

Finzel, Hans. *Los líderes: sus 10 errores más communes*. México: Las Américas, 2001.

Habecker, Eugene. *Rediscovering the Soul of Leadership*. Colorado Springs, CO: Victor Books, 1996.

LaHaye, Tim. *Why You Act the Way You Do*. Wheaton, IL: Tyndale, 1984.

Lencioni, Patrick. *Las cinco disfunciones de un equipo*. Barcelona: Urano, 2003.

Littauer, Florence. *Enriquezca su personalidad*. Miami: Unilit, 1993.

Mahoney, Ralph. *The Shepherd's Staff*. Burbank, CA: World MAP, 2002.

Mason, John. *Un enemigo llamado promedio*. Nashville: Grupo Nelson, 1996.

Maxwell, John C. *Be All You Can Be*. Colorado: Chariot Victor Publishing, 1987 [*Sé todo lo que puedas ser*. Miami: Vida, 2003].

_____. *Desarrolle el líder que está dentro de usted*. Nashville: Grupo Nelson, 1996.

_____. *Desarrolle los líderes que están alrededor de usted*. Nashville: Grupo Nelson, 1996.

_____. *El lado positivo del fracaso*. Nashville: Grupo Nelson, 2000.

_____. *El viaje del éxito*. Nashville: Grupo Nelson, 2000.

_____. *Las 17 cualidades esenciales de un jugador de equipo*. Nashville: Grupo Nelson, 2002.

_____. *Priorities, the Pathway to Success*. (Vídeo). Atlanta: INJOY, 1999.

Maxwell, John C. y Jim Donovan. *Seamos personas de influencia*. Nashville: Grupo Nelson, 1998.

Molitor, Brian D. *The Power of Agreement*. Nashville: Broadman & Holman, 1999.

Munroe, Myles. *Convirtiéndose en un líder*. New Kensington, PA: Whitaker House, 2009.

_____. *De la idea a la acción: cómo entender y movilizar tu potencial*. Buenos Aires: Peniel, 2011.

Porter, Mark. *The Time of Your Life*. Kansas City: Walterick, 1988.

Renner, Rick. *Who Is Ready for a Spiritual Promotion?* Tulsa, OK.: Rick Renner Ministries, 2000.

Sanders, Oswald. *Liderazgo espiritual*. Grand Rapids: Portavoz, 1995.

Smith, Ken. *It's About Time*. Wheaton, IL: Crossway Books, 1992.

Stevenin, Thomas J. *People Power: Tapping the Spirit of Quality Performance & Service in Your Organization*. Chicago, IL.: Northfield, 1996.

Wilkinson, Bruce. *Las 7 leyes del aprendiz*. Miami: Vida, 2006.

Wiwcharuck, Peter. *Building Effective Leadership*. Alberta, Canadá: International Christian Leadership Development Foundation, 1987.

Ziglar, Zig. *Más allá de la cumbre*. Nashville: Grupo Nelson, 1996.

_____. *Nos veremos en la cumbre*. Gretna, CA: Pelican, 1982.

NOTAS

INTRODUCCIÓN

1. John C. Maxwell, *Desarrolle el líder que está en usted* (Nashville, TN: Grupo Nelson, 1996), p. x.

PRIMERA PARTE

1. Myles Munroe, *Becoming a Leader...Everyone Can Do It* (Bakersfield, CA: Pneuma Life, 1993), p. 80.
2. J. Oswald Sanders, *Liderazgo espiritual* (Chicago: Moody, 1994), p. 52, en la edición en inglés.

CAPÍTULO 1

1. Maxwell, *Desarrolle el líder que está en usted*, p. 1.
2. Gail Sheehy, citado en Bob Phillips, *The Star Spangled Quote Book* (Eugene, OR: Harvest House, 1997), p. 162.
3. Ronald Osborn, citado en Phillips, *Star Spangled*, p. 162.
4. Erasmo, «Letter to Jacob Batt (12 April 1500)», en *Collected Works of Erasmus. Vol. 1, The Correspondence of Erasmus, Letters 1 to 141, 1484 to 1500* (Toronto : University of Toronto Press, 1974).

CAPÍTULO 2

1. John C. Maxwell, *Be All You Can Be* (Colorado Springs: Chariot Victor, 1987), p. 29 [*Sé todo lo que puedas ser* (Miami: Vida, 2003)].
2. Myles Munroe, *Understanding Your Potential* (Shippensburg: Destiny Image, 1992), p. 1 [*De la idea a la acción: cómo entender y movilizar tu potencial* (Buenos Aires, Argentina: Peniel, 2011)].
3. Maxwell, *Be All You Can Be*, p. 37.

4. Henry Ford, citado en *El viaje del éxito* (Nashville: Grupo Nelson, 2000), p. 14.

5. Munroe, *Understanding Your Potential*, p. 23.

6. Tim LaHaye, *Why You Act the Way You Do* (Wheaton, IL: Tyndale, 1984), p. 23.

7. J. Oswald Sanders, *Spiritual Leadership* (Chicago: Moody, 1994), p. 109 [*Liderazgo espiritual* (Grand Rapids, MI: Portavoz, 1995)].

8. John C. Maxwell, *El lado positivo del fracaso* (Nashville: Grupo Nelson, 2009), p. 102.

9. Myles Munroe, *Becoming a Leader* (Bakersville: Pneuma Life, 1993) pp. 35, 40, 170 [*Convirtiéndose en un líder* (New Kensington, PA: Whitacker House, 2009)].

10. Zig Ziglar, *See You at the Top* (Gretna: Pelican, 1982) p. 315 [*Nos veremos en la cumbre* (Gretna, CA: Pelican, 1982)].

11. John C. Maxwell, *El mapa para alcanzar el éxito* (Nashville: Grupo Nelson, 2008), p. 11.

12. Maxwell, *El mapa para alcanzar el éxito*, p. 12.

13. Ibíd, p. 14.

14. Ibíd, p. 100.

15. John C. Maxwell y Jim Donavan, *Seamos personas de influencia* (Nashville, TN: Thomas Nelson, 1997), p. 135.

16. Rick Renner, *Who is Ready for a Spiritual Promotion?* (Tulsa, OK: Rick Rener Ministries, 2000) p. 143.

17. Eugene Habecker, *Rediscovering the Soul of Leadership* (Colorado Springs: Victor Books, 1996) p. 27.

18. Maxwell, *Be All You Can Be*, p. 26.

19. Ziglar, *See You At the Top*, p. 92.

20. Maxwell, *Be All You Can Be*, p. 28

21. Maxwell, *El lado positivo del fracaso*, p. 2.

22. Ken Blanchard, *The Heart of a Leader* (Washington: Eagle, 2002) p. 18 [*El corazón de un líder* (Ciudad de México, México: McGraw-Hill, 2000)].

23. Tim Elmore, *How to Invest Your Life in Others* (Indianapolis, IN: Kingdom, 1995), p. 148.

24. Munroe, *Understanding Your Potential*, p. 93.

25. Sanders, *Liderazgo espiritual*, p. 127.

26. Maxwell, *El lado positivo del fracaso*, p. 139.

27. Maxwell, *El mapa para alcanzar el éxito*, p. 137.

Capítulo 3

1. Maxwell, *Desarrolle el líder que está en usted*, p. 155.

2. Bruce Wilkinson, conferencia en Nairobi, Kenia, enero 2001.

3. Munroe, *Becoming a Leader*, p. 137.

4. Bruce Wilkinson, conferencia en Nairobi, Kenia, enero 2001.

5. Ibíd.

6. Andy Stanley, *Visioneering: God's Blueprint for Developing and Maintaining Personal Vision* (Portland, OR: Multnomah, 2005), p. 42.

7. Ralph Mahoney, *The Shepherd's Staff* (Burbank, CA: World MAP, 2002), p. 180.

8. Wilkinson, conferencia en Nairobi, Kenia, enero 2001.

9. Ibíd.
10. Mark Chirona, *Breaking The Boundaries of The Possible* (New Kensington, PA: Whitaker House, 1996).
11. Maxwell, *Desarrolle el líder que está en usted*, pp. 162–66.

CAPÍTULO 4

1. Zig Ziglar, *Más allá de la cumbre* (Nashville: Grupo Nelson, 1995), p. 217.
2. Maxwell y Donovan, *Seamos personas de influencia*, p. 157.
3. Myles Munroe, *Becoming a Leader* (New Kensington, PA: Whitaker House; edición de cuaderno, 2009), p. 73.

CAPÍTULO 5

1. Mark Porter, *The Time of Your Life* (Kansas City, MO: Walterick, 1988) p. 94.
2. John Mason, *Un enemigo llamado promedio* (Nashville: Grupo Nelson, 1996, 2006), p. 29.
3. Ken Smith, *It's About Time* (Wheaton, IL: Crossway, 1992), pp. 59–61.
4. Charles Caleb Colton, *Lacon or Many Things in Few Words Addressed to Those who Think*, vol. 1 (Filadelfia: Porter & Coates, 1865), p. 220.

CAPÍTULO 6

1. Thomas J. Stevenin, *People Power: Tapping the Spirit of Quality Performance & Service in Your Organization* (Chicago: Northfield, 1996), p. 140.
2. Maxwell, *Desarrolle el líder que está en usted*, p. 22.
3. John C. Maxwell, *Las 17 cualidades esenciales de un jugador de equipo* (Nashville: Grupo Nelson, 2002), pp. 138–39.
4. Maxwell, *Desarrolle el líder que está en usted*, p. 27.
5. Porter, *The Time of Your Life*, p. 11.
6. Merrill Douglass, *Success Secrets* (Tulsa, OK: Honor, 1997), p. 45.
7. Oswald Chambers, *My Utmost for His Highest* (1935, reimpr. Uhrichsville, OH: Barbour, 1963), devocional de 9 diciembre [*En pos de lo supremo* (Barcelona: Clie, 2009)].
8. Bruce Wilkinson, conferencia en Nairobi, Kenia, enero 2001.
9. Steven Covey, *The 7 Habits of Highly Effective People* (Nueva York: Simon & Schuster, 1989), p. 161 [*Los 7 hábitos de la gente altamente efectiva* (Barcelona, España: Paidós, 2010)].

SEGUNDA PARTE

1. John C. Maxwell, *Be a People Person: Effective Leadership Through Effective Relationships* (Colorado Springs, CO: David C. Cook, 2007), p. 65.
2. Hans Finzel, *The Top 10 Mistakes Leaders Make* (Colorado Springs, CO: Cook Communications, 2004), p. 13 [*Los líderes: sus 10 errores más comunes* (México: Las Américas, 2001)].

CAPÍTULO 7

1. Maxwell, *Be All You Can Be*, p. 162.

CAPÍTULO 8

1. Benjamin Franklin, *Poor Richard's Almanack* (1733–1758; reimpr. Barnes & Noble, 2004), para agosto de 1734, p. 19.

CAPÍTULO 9

1. LaHaye, *Why You Act the Way You Do*, p. 23.
2. Blanchard, *The Heart of a Leader*, p. 14.
3. Ver LaHaye, *Why You Act the Way You Do*, pp. 37–58.
4. Citado por George Barna, *The Power of Team Leadership* (Colorado Springs, CO: WaterBrook, 2001), p. 76.
5. LaHaye, *Why You Act the Way You Do*, p. 200.

CAPÍTULO 10

1. Blanchard, *The Heart of a Leader*, p. 14.
2. Citado por Barna, *The Power of Team Leadership*, p. 76.
3. Brian D. Molitor, *The Power of Agreement* (Nashville: Broadman & Holman, 1999), p. 220.
4. Ver Patrick Lencioni, *The Five Dysfunctions of a Team* (San Francisco: Jossey-Bass, 2002), especialmente p. 27.
5. Covey, *The Seven Habits of Highly Effective People*, p. 92.
6. Se atribuye la cita a Robert J. Kursar en Charles Clay Doyle, Wolfgang Mieder y Fred R. Shapiro, *The Dictionary of Modern Proverbs* (New Haven, CT: Yale UP, 2012), p. 57.
7. John C. Maxwell, «Leadership Wired», carta informativa, mayo 2002.

CAPÍTULO 13

1. Peter Wiwcharuck, *Building Effective Leadership* (Three Hills, Alberta, Canadá: International Christian Leadership Development Foundation, 1987), p. 180.
2. Maxwell, *Desarrolle el líder que está en usted*, p. 207–208.
3. Sanders, *Liderazgo espiritual*, p. 138.
4. Ibíd.
5. John C. Maxwell, *Desarrolle los líderes que están alrededor de usted* (Nashville: Grupo Nelson, 1996), p. 163.

ACERCA DEL AUTOR

Jon Byler tiene pasión por ver a los líderes de las iglesias crecer y desarrollarse hasta la madurez. Líderes como Cristo. Su compromiso es desarrollar líderes por medio de una alianza internacional para el entrenamiento de líderes a través de su condición de director LEAD para Global Disciples (ver www.GlobalDisciples.org para más información). También es autor de una revista electrónica de cada quince días, «Reflexiones para líderes-siervos», disponible en inglés y en español en su sitio web, LeadersServe.com. Vivió por espacio de trece años en Thika, Kenya, y en la actualidad reside en Lancaster, Pennsylvania. Él y su esposa Loice son padres de tres hijos. Jon tiene experiencia como pastor y ha escrito varios libros.

7 Keys to Financial Freedom
A Church With a Purpose, Guía para una serie de estudios bíblicos.
El corazón del líder
Free at Last, estudio sobre liberación
Pits, Prisons and Palaces, un estudio de la vida de José
Preaching to Change Lives, un texto de homilética
Steps to Maturity, curso de 10 lecciones sobre el discipulado
The Christian and Authority
Use that Gift, un estudio sobre la vida de José

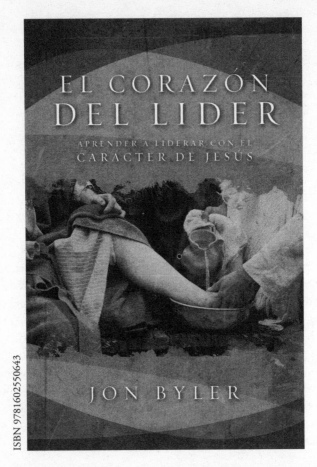

El corazón del líder, libro complementario de *El arte del liderazgo*, disponible en Grupo Nelson